电子商务人才培养系列教材·服务岗位群

电子商务客户服务

（第2版）

方荣华　李　美　主　编

凌雪莹　谢芝兰　副主编

电子工业出版社

Publishing House of Electronics Industry

北京·BEIJING

内 容 简 介

本书充分体现任务引领、实践导向的课程设计思想，突出职业教育"学以致用、做学合一"的鲜明特色，以创业为驱动，以实战为磨砺，实现中职电子商务专业学生"做""学""创"合一，真正培养学生岗位综合职业能力，为学生以后的创业奠定良好的基础。本书主要内容包括：项目 1，走进电子商务客户服务；项目 2，电子商务客服的沟通技巧；项目 3，网店客户分析；项目 4，售前客服技巧；项目 5，售中客服技巧；项目 6，售后客服技巧；项目 7，电子商务客服交易风险防范；项目 8，电子商务客服职业倦怠调整；项目 9，编制电子商务客服工作手册。

本书既可作为电子商务专业相关课程的教材，也可作为相关电子商务客户服务人员的培训用书。

图书在版编目（CIP）数据

电子商务客户服务 / 方荣华，李美主编. —2 版. —北京：电子工业出版社，2021.9

ISBN 978-7-121-42001-6

Ⅰ. ①电… Ⅱ. ①方… ②李… Ⅲ. ①电子商务－商业服务－中等专业学校－教材 Ⅳ. ①F713.36

中国版本图书馆 CIP 数据核字（2021）第 187614 号

责任编辑：罗美娜 　　　　特约编辑：田学清

印　　　刷：三河市华成印务有限公司

装　　　订：三河市华成印务有限公司

出版发行：电子工业出版社

　　　　　北京市海淀区万寿路 173 信箱　　　邮编 100036

开　　本：880×1230　　1/16　　印张：19　　字数：438 千字

版　　次：2016 年 1 月第 1 版

　　　　　2021 年 9 月第 2 版

印　　次：2023 年 12 月第 6 次印刷

定　　价：52.00 元

凡所购买电子工业出版社图书有缺损问题，请向购买书店调换。若书店售缺，请与本社发行部联系，联系及邮购电话：（010）88254888，88258888。

质量投诉请发邮件至 zlts@phei.com.cn，盗版侵权举报请发邮件至 dbqq@phei.com.cn。

本书咨询联系方式：（010）88254617，luomn@phei.com.cn。

前言

信息技术的迅猛发展，让电子商务成为我国新经济的中坚力量。加快电子商务的发展，是企业降低成本、提高效率、拓展市场和创新经营模式的有效手段。电子商务的快速发展给中职学校的电子商务专业建设带来了巨大挑战。为了让中职学生有更多的专业选择权和课程学习的选择权，让学生的教学环境更好地对接职业岗位环境，本书充分体现任务引领、实践导向的课程设计思想，突出职业教育"学以致用、做学合一"的鲜明特色，本着"以生为本、激发兴趣、重在实践"的主旨，将技能操作、活动组织、案例剖析等内容作为教学任务，建立全新的电子商务实战教学模式，以满足学生和社会需求为目标的编写指导思想，以创业为驱动，以实战为磨砺，实现中职电子商务专业学生"做""学""创"合一，真正培养学生岗位综合职业能力，为学生以后的创业奠定良好的基础。本书在编写中力求突出以下特色。

（1）以实用为核心，以实战为基础。全书以客服岗位的工作内容为主线，以培养学生电子商务客户服务的核心技能为重点，以项目为引领，以任务为驱动，以活动为载体，结合电子商务职业领域分布、岗位工作任务和职业能力要求，降低理论难度和知识要求，以够用、适用、实用为度，力求做到学以致用。

（2）对传统教学模式中电子和商务类课程相互割裂的教学内容进行取舍、优化整合和学科综合，即参照岗位工作体系，转换典型工作任务，开发教学项目，以教学项目为载体进行跨学科多元化综合，进行理实一体化教学设计，完成从职业体系到知识体系的转化，实现知识技能的同步提升，零距离对接岗位需求。

（3）打破原来"重理论、轻实践"的学科知识体系课程，适应行业变化，贴近实际应用，以"必需、够用"为原则，突出核心能力培养，遵循职业能力发展，以"宽基础、活模块"为原则重新构建互为依托、前后衔接的中职电子商务的全新课程体系。

（4）体现前瞻性和开放性。本书以浙江省电子商务课程改革和示范校重点专业建设的调研数据为依托，以行业协会、网商企业的实践操作为样本，在编写过程中，兼顾电子商务专业的新知识、新理念、新技术、新工具、新模式、新流程，创新教学内容，采用任务实践的编写体系，满足开放性教学和本土化教学的需要，以及不同层次的学生学习的需要。

PREFACE

（5）遵循行动导向的教学理念，以"问题引入"提升学生学习兴趣，激发学生主动探究学习内容；"做中学"，让学生有效对接岗位工作任务，灵活实现学习任务和工作内容的转化；"必备知识"，可以满足够用和自身发展的需要，紧扣行业新动向和新趋势；"案例分析""读一读""做一做""想一想"，能增加学习过程的趣味性，突出岗位实践能力的培养；而"拓展学习"，可以满足不同层次学生的教学要求，有利于实现因材施教。

本书适应的教学对象为电子商务专业中职学生、各级培训机构的初中级培训学员及电子商务企业员工。本书共有 9 个教学项目，参考学时为 72 学时，具体见下表。

项 目 序 号	项 目 名 称	参 考 学 时
项目 1	走进电子商务客户服务	8
项目 2	电子商务客服的沟通技巧	6
项目 3	网店客户分析	6
项目 4	售前客服技巧	8
项目 5	售中客服技巧	6
项目 6	售后客服技巧	6
项目 7	电子商务客服交易风险防范	6
项目 8	电子商务客服职业倦怠调整	6
项目 9	编制电子商务客服工作手册	6
综合考评		4
机动		10
合计		72

本书由方荣华、李美担任主编，由凌雪莹、谢芝兰担任副主编。参与编写的人员还有许燕飞、周俊雯、朱秀芬、范青红、梁铖、张婷、陈利君。同时，本书在编写过程中，参阅了大量其他专家和学者的相关书籍，以及大量的网络资料，在此对相应作者一并表示感谢。

本书配有电子教学参考资料包，内容包括教学课件、教学设计、习题库及习题答案，请有此需要的教师登录华信教育资源网（http://www.hxedu.com.cn）免费下载。

由于电子商务的快速发展，编者的水平和时间有限，书中难免有不足及错漏之处，衷心希望使用本书的师生和其他读者能针对书中问题提出批评、建议和意见，以使本书进一步完善，也可以将反馈信息以电子邮件方式发送至 zjlyfrh@163.com。

编　者

目录

CONTENTS

CONTENTS

CONTENTS

项目 1
走进电子商务客户服务

学习目标

通过学习本项目，你应该能够：

（1）理解电子商务客户服务的含义；

（2）区分电子商务客服的类型；

（3）了解电子商务客服的素质要求、知识要求与技能要求；

（4）使用电子商务客服的常用交流工具；

（5）了解电子商务客服工作流程；

（6）掌握电子商务客服岗位要求，具有初步的职业生涯规划。

随着网络的普及、网民数量的急剧增加、网络购物的快速增长，以及不断增长的网民购物的实际需求，网店也开始不断增多，以此为基础的电子商务行业快速发展，由此衍生出一个相应的岗位——电子商务客户服务。作为电子商务行业众多岗位之一的电子商务客户服务，将对你的职业生涯产生巨大影响，快速发展的电子商务行业将使这一岗位的人才需求出现井喷式增长。本项目主要完成 3 个任务：认识电子商务客户服务的含义与类型；关注电子商务客服的素质要求；认知电子商务客服岗位。

任务 1.1　认识电子商务客户服务的含义与类型

问题引入

对网购非常有兴趣的张明，在读初中时就经常自己购买需要的产品，或为人代购。对此，在填报志愿时，他无须其他人的指导，毅然选择了就读中职学校电子商务专业，打字速度超快的他天生就具有成为一名优秀客服的潜质。那么，到底什么是电子商务客户服务呢？与其他服务人员又有什么区别？

_____

_____

_____

你知道吗？

资料显示，2019年，消费者在淘宝上购买了1亿多包螺蛳粉，平均每天至少有1万个"00后"在淘宝下单面膜，截至2020年3月，淘宝月度活跃用户达到8.46亿人，同比增长1.25亿人。自2013年起，我国已连续八年成为全球第一大网络零售市场。2020年，我国网上零售额达11.76万亿元，较2019年增长10.9%。其中，实物商品网上零售额9.8万亿元，占社会消费品零售总额的24.9%。截至2020年12月，我国网络购物用户规模达7.82亿人，较2020年3月增长7215万人，占网民整体的79.1%。

活动 1.1.1 理解电子商务客服的含义

做中学

● 请在你的家人、朋友和同学中做个小调查，了解他们是否经常网购，选择哪些网购平台。请将调查结果填入表1-1中。

表1-1 网购基本情况调查汇总

网 购 群 体	调 查 人 群		网 购 情 况		网 购 平 台						
	男	女	经常	偶尔	淘宝	天猫	京东	苏宁易购	拼多多	网易严选	其他
"00后"											
"90后"											
"70后""80后"											
"50后""60后"											
说明	电话：		旺旺：		邮箱：			其他：			

● 请你依据表1-1，设计一份网购基本情况调查表。结合教材中的必备知识理解电子商务客户服务的含义。

必备知识

1. 电子商务客户服务的含义

任何能提高客户满意度的内容都属于客户服务，电子商务客户服务（简称电子商务客服）是指在开设网店这种新型商业活动中，充分利用各种通信工具，并以网上即时通信工具（如阿里旺旺）为主，为客户提供相关服务的人员。

电子商务客服是承载着客户投诉、订单业务受理（新增、补单、调换货、撤单等）、通过各种沟通渠道参与客户调查、与客户直接联系的一线业务受理人员。

这种服务形式对网络有较高的依赖性，所提供的服务一般包括客户答疑、促成订单、店铺推广、完成销售、售后服务等方面。

2. 电子商务客服的目标

那么，在电子商务中，客服的目标是什么？即让来的人都买，让买的人买更多。也就是平常所说的转化率和客单价，提升转化率和客单价就是客服的目标。

转化率是电商运营中的一个重要指标，是电商内功修炼的展示，可以说是千万商家最关注的，也是最难界定的指标。客单价是淘宝每一个客户平均购买商品的金额，即平均交易金额。

$$转化率=交易次数/访问数$$

$$客单价=有效订单总金额（已成交）/成交订单总笔数$$

3. 电子商务客服的意义

1）树立良好的企业形象

对于一个电商企业而言，客户看到的商品都是一张张的图片和相关的文字描述，既看不到商家本人，又看不到商品本身，无法了解企业实际情况，因此往往会产生距离感。这个时候，客服就显得尤为重要了。客户通过与客服交流，如客服的一个笑脸（阿里旺旺表情符号）或者亲切的问候，可以让客户逐步地了解商家的服务和态度，让企业在客户心目中逐步树立起良好形象。

2）提高成交率

客服在线能够随时解答客户的疑问，可以让客户及时了解到商品，确认商品是否与实际相符，可以打消客户的顾虑，从而快速促成交易。

客服面对犹豫不决的客户时，他们所具有的专业知识和销售技巧，可以帮助客户选择合适的商品，促成客户的购买行为，从而提高成交率。

没有付款的客户，客服要及时跟进，通过向客户询问汇款方式等督促客户及时付款。通过客服良好的引导与服务，客户可以顺利地完成订单，从而提高成交率。

3）提高客户回头率

客户在与客服良好沟通后，完成了一次交易，不仅了解了商家的服务态度，还对商家的商品、物流等有了切身的体会。当客户需要再次购买同样的商品时，就会倾向于选择他所了解的商家，从而提高客户回头率。

4）给客户带来更好的购物体验

客服有个很重要的角色就是可以成为客户在网上购物过程中的"保险丝"，客户线上购物出现疑惑时，客服的存在可以给客户带来更好的购物体验。

如果把客服仅仅定位于和客户的网上交流，那么可以说这只是服务客户的第一步。一个有着专业知识和沟通技巧的客服，可以给客户提供更多的购物建议，更好地解答客户的疑问，更快速地对客户的售后问题给予反馈，从而更好地服务于客户。只有更好地服务于客户，才能获得更多的成交机会。

【案例1-1】

亚马逊的电商客户关系管理

亚马逊中国，原名卓越亚马逊，秉承"以客户为中心"的理念。亚马逊中国承诺"天天低价，正品行货"，致力于从低价、精品、便利三个方面为客户打造一个可信赖的网上购物环境。2019年8月19日亚马逊公司宣布以7500万美元收购卓越网，使亚马逊全球领先的网上零售专长与卓越网深厚的中国市场经验相结合，进一步提升了客户体验，并促进了中国电子商务的成长。

亚马逊中国采取的客户关系管理战略为维可牢战略，其核心是精心设计与客户之间的接触过程，以便尽可能适应不同客户的接触过程。亚马逊中国为客户提供商家信息，针对客户的需求做出及时、迅速的反应，满足客户需求，培养客户忠诚度。亚马逊中国始终秉承的原则是做任何决策的时候，都要首先从客户的角度考虑，然后从客户的需求出发。

亚马逊中国对"以客户为中心"的理念大致分为以下三个方面。

（1）基于体验的物流体系：借助信息系统对库房结构进行优化设计；自建物流中心，大大缩短了配送时间，降低了客户成本；自建配送队伍；扩大仓库容量，增加客户多样性选择；以客户满意度为考评指标，及时掌握客户动态并回应。

（2）客户服务系统：在客户登录亚马逊系统至购买完毕退出期间，亚马逊中国以技术为支撑，以主动接触为方式，利用后台系统对客户信息进行全面挖掘和记录。主要从客户互动、交易资源中收集信息，并从这些信息中发现记录客户价值、需求、行为，然后以此为依据向客户提供个性化服务。亚马逊中国以"敏锐把握客户希望，需要什么，并迅速实现"为客户关系管理理念，以客户为中心设计了一系列人性化设置，与此同时获取大量信息，与客户达成"双赢"。在交易完成后，亚马逊中国以各种理由向客户推送商品推荐信息，如购物车中还未付款的商品、基于客户个性化需求的商品推荐、基于客户对某个产品关注的个性化推送等。

（3）售后服务系统：客户评价方面，直观反映了客户对产品的偏爱，操作快捷，形式更易于接受，便于客户交流，也更直接体现了客户的想法；商品咨询和退换货方面，系统操作较为简单，信息搜索迅速，各产品售后电话分类详细全面，全天候在线咨询服务，沟通便捷。

案例思考：

亚马逊中国"以客户为中心"的理念分为哪些方面？对你有什么启示？

4. 电子商务客服与传统客服的区别

1）概念和工作内容的区别

传统客服通过电话接入提供服务。电子商务客服（这里特指天猫、京东、独立商城等实物商品零售客服）通过在线接入提供服务。

2）岗位设置的区别

传统客服有现场管理岗位、培训管理岗位、质量管理岗位。电子商务客服也是一样的，区别主要在于电子商务客服的售后岗位和评价岗位。

3）服务类型的区别

传统客服一般使用电话进行沟通，而电子商务客服几乎全部都是在线客服或者混合型，大多使用文字聊天。并且电子商务客服能够一对多处理客户的问题，而传统客服只能做到一对一处理客户的问题。

互联网与传统媒体截然不同之处在于网络的"互动性"。电子商务客服互动式的服务不但使渠道多样化，而且使客服拥有强大的客户处理能力。电子商务客服常用的交流工具包括电子邮件、网络电话等，是一个输入输出双向的互动式服务渠道。企业可以把售前服务、售中服务、售后服务等客户服务搬到网上，不仅可以用来加强与客户之间的联系，及时满足客户的需求，还可以收集客户信息，从而提升企业的竞争力。

> **议一议** 电子商务客服与传统客服是对立的还是相互借助弥补的？目前流行的O2O模式对电子商务客服的要求是什么？

✕ 拓展学习

● 登录百度（www.baidu.com），输入关键词"兼职客服与专业客服的区别"进行搜索，并将相关内容填入表1-2中。

表1-2　兼职客服与专业客服的区别

比 较 项 目	兼 职 客 服	专 业 客 服
能力经验		
人员管理		
商品知识		
服务费用		

● 小组讨论：你还了解电子商务客服的其他含义吗？推荐代表课内进行交流。

活动 1.1.2　区分电子商务客服的类型

做中学

查找相应的信息，结合教材中的必备知识了解电子商务客服的类型。

● 登录百度，输入关键词"苏宁易购"，了解该企业的历史和发展情况。

● 登录苏宁易购集团公司网站首页，了解公司的市场经营状况和竞争，登录苏宁官方商城，了解其网上销售状况。

● 利用课余时间或节假日，调查本地的苏宁实体店铺，了解其经营的主要商品和商品价格。

● 根据以上调查所搜集到的资料，各小组讨论分析苏宁公司的商品特点和不同网店的经营特色，以及苏宁线上线下的销售模式对客服的要求，把搜集到的资料整理好，推荐代表课内进行交流。

必备知识

1. 影响客户购买行为的主要因素

影响客户购买行为的因素有很多，主要有个人因素、社会因素、文化因素、心理因素，它们影响客户购买的直接性不同，其识别性也不同。

1）个人因素

个人因素是客户购买行为最直接的影响因素，客户购买行为受其个人特性的影响，特别是受其年龄所处的生命周期阶段、职业、经济状况、生活方式、个性及自我观念的影响。

2）社会因素

客户购买行为也受到诸如参照群体、家庭、社会角色与地位等一系列社会因素的影响。

3）文化因素

文化因素对客户行为的影响难以识别，又较广泛、深远，文化是人类欲望和行为基本的决定因素，动物的行为主要受其本能的控制，而人类的行为大部分是通过学习而获得的，社会阶层是重要的文化因素之一。因此，市场营销者可以通过对社会阶层的识别来进行市场细分，从中选择目标市场，并进行恰当的市场营销策略安排。

4）心理因素

心理因素指的是动机、知觉、学习、信念和态度等，它们对客户购买行为都有较大影响。

2. 客户离开的原因

调查报告显示客户离开的原因基本上是他们得不到他们想要的，而这又往往与价格高没有太大的关系。

45%的客户离开是因为"很差的服务"。

20%的客户离开是因为没有人关心他们。

（以上就有65%的客户离开是因为客服做得不好，而不是因为价格高。）

15%的客户离开是因为他们发现了更低的价格。

15%的客户离开是因为他们发现了更好的商品。

5%的客户离开是其他原因。

3. 电子商务客服的类型

一个完整的销售流程应当至少包括售前服务、售中服务和售后服务三个阶段，这三个阶段，其实有人为的因素在里面，真正的销售过程是这三个阶段不断交互的过程。以"售前"的执着发掘客户新的及可能的需求，以"售中"的认真服务和仔细交流，实现与客户共同进步，相互依存，以"售后"的责任感，解决客户的后顾之忧。所以，电子商务客服分为售前客服、售中客服、售后客服三类。

1）售前客服

售前服务（Pre Sale Service）是客服在客户未接触商品之前所开展的一系列刺激客户购买欲望的服务，主要提供信息、市场调查预测、商品定制、加工整理、提供咨询等。

（1）对售前客服的要求：①细心，有强烈的责任感；②善于言谈和敢于表达自己，有亲和力，观察能力强，敏感度高；③熟悉店铺商品的各项属性；④主动性强，主动推荐，挖掘客户需求；⑤熟悉目标客户的购买时间段，并能合理设置商品下架时间；⑥能熟悉店铺商品关键词的遴选及使用，并能及时更换调整；⑦有较好的文字功底，能针对店铺商品撰写合适的软文。

（2）售前客服的职能：售前客服是店铺的形象，是吸引客户进入店铺、促成交易的第一要素，首要的工作就是要做好客户购物的引导工作，做到"不放过每个进店的客户"，并尽可能提高客户进店购物的客单价，提高全店的转化率。

2）售中客服

售中服务（Sale Service）是客服在商品销售过程中为客户提供的服务。为客户介绍、展示商品，详细说明商品的使用方法，耐心地帮助客户挑选商品，解答客户提出的问题等。售中服务与客户的实际购买行动相伴随，是促进商品成交的核心环节。

（1）售中客服的每日工作流程：①进入后台，查看前一日的所有订单，是否有异常的订单（含申请退款的订单）；②查看工作台的留言，客户留言的问题要及时解决，无论客户是否在线，一定要及时回复，以便客户在上线后可以看到；③售后问题做好简单记录，并发给售后客服做好存档记录，以便后期查询；④客户拍下之后，12个小时之内没有付款的，应该及时和客户联系，适当催单。

（2）快速回复：面对客户的询问，要尽快回复客户，快速回复是满意服务的第一步。售中客服可以在桌面上放一个小音箱，音量调大，这样即使偶尔离开电脑，也能在第一时间听到阿里旺旺的提示音，从而在第一时间做出回复。

（3）语言得体：语言得体就是让客户看到售中客服跳动的语言后感到舒服。在与客户沟通的过程中一定要用尊称"您"，而且不能用"亲"作为开头语。客户看到一个"您"字，一种发自内心的舒服和被尊重感就油然而生了，当一个人感到被别人尊重时，他也一定会有意识地去尊重对方。和客户交谈的第一步不允许用"亲"这个淘宝用语，因为相对比较保守和传统的人未必能接受这个称呼。当然，售中客服可以在交谈中自然从"您"过渡到"亲"，有意识地拉近距离。

（4）态度积极：售中客服的消极态度客户能够感受到，售中客服的积极态度客户同样也能够感受到。售中客服对客户要笑脸相迎，笑语解答会感染客户。所以，当售中客服在回复客户时，如果是积极的态度，面带微笑地回复，客户是可以感受到的。

（5）回答专业：如果客户询问一个问题，售中客服说不知道，又询问一个问题，售中客服说不清楚，那么售中客服肯定是留不住客户的。作为客户，他可能除了自己看中的商品，并不熟悉其他商品，而作为售中客服，则必须熟悉店铺的每款商品，才能给客户提供专业的意见和建议。

（6）善于引导：每一个客户进入店铺，往往只是因为他看到了店铺内的某一款商品，有了购买意向，这时售中客服一定要了解客户的潜在需求，对客户加以引导，提高成交率，即要做好关联销售推荐。

> **想一想** 分组讨论，一个客户购买了一个iPhone11手机壳，这个客户的关联需求还有什么？如果你是店铺客服，你会怎么做？

【案例1-2】

传统早餐店的启示

一家早餐店在出售豆浆时，店员总是会询问客户："先生/小姐，要不要加蛋？"结果是一半左右的客户同意加一个蛋。而隔壁还有一家早餐店，他们的店员在出售豆浆时总是询问客户："先生/小姐，加一个蛋还是加两个蛋？"大半的客户回答是"加一个蛋"，也有少部分爱吃蛋的客户回答"加两个蛋"，只有极少数的客户回答"不加蛋"。同样是询问，结果却大不相同，这就是引导销售的结果。我们总在选取工具做关联营销，其实站在销售第一线的客服才是好的关联营销推手。

3）售后客服

售后服务（After Sale Service）是客服对客户在购买商品后提供多种形式的服务的总称，其目的在于提高客户满意度，建立客户忠诚度。凡与所销售商品有连带关系，并且有益于客户的服务都属于售后服务，主要包括商品配送、商品退换、商品维修、接受投诉并告知客户保养、使用技术等方面的服务。

（1）电子商务售后服务的特点。

① 不可感知性。电子商务模式下的售后服务具体为"表现"而非实物，是某种形式的"客户体验"，通过售后服务咨询、商品注意细节、商品故障维修咨询等把服务的质量"有形"地提供给客户。

② 移动性。目前，绝大多数的客户必须通过互联网进行网上交易。但是，相应的售后服务必须提供到处在不同地理位置的客户身上，服务才算完成。

③ 灵活性。电子商务被西方学者比喻为"积木式"的功能设计。这个比喻恰当地体现了电子商务的灵活性。为客户量身打造个性化商品与服务是一种以客户为中心的管理方法，也是电子商务要想成功必须采取的经营方式。根据客户的要求适时提供或者改变服务的内容和方式，是提高客户满意度的有效方式。

电子商务模式下的售后服务还具有和传统售后服务相同的特点，如不可分离性、差异性、不可贮存性等。

（2）电子商务售后服务的原则。

① 礼尚往来原则。礼尚往来原则也可以称为互惠原则，客服在和客户达成交易关系时，可以在适当的时机，赠送客户一些有纪念性的小礼品，让客户感到被重视。当客服需要信息时，客户也会告诉商品的使用效果等相关信息，甚至把店铺竞争对手的一些信息告诉客服。所以客服帮客户的忙，对客户做出让步，会让客户感觉自己也应该替客服做些事情，巩固与客户的关系，会带来连续的消费行为。

【案例 1-3】

如何理解礼尚往来原则

在人们的潜意识里，礼尚往来原则有很大影响力。例如，当你到水果摊买水果时，看到橘子或苹果，这时卖水果的老板会剥一个橘子，或者切一片苹果让你品尝，你因为觉得水果好吃，而购买他的水果。当你到百货公司购物时，有些促销员会请你品尝牛奶，你如果觉得不错，就会购买一大瓶牛奶，这就是礼尚往来原则。你对我好，我对你更好，这是一种社会与文化的规范，当别人给予我帮助时，我希望也能给予回报。这样可以增进和客户的关系，就有了做成下一次生意的可能。

想一想 分组讨论，结合自己店铺的实际情况，我们能为客户做些什么事情？能赠送客户什么样的小礼品？又如何在实际操作中巧妙地运用礼尚往来原则？

② 承诺与惯性原则。在心理学上，影响人们动机与说服力的一个重要因素叫作承诺与惯性原则，它是指人们对过去做过的事情有一种强烈连贯性的需求，希望维持一切旧有的形式，使用承诺来扩充观念。客户有一种什么样的习惯，或者说他做事的方法或处理事情的态度，你要掌握这种原则。承诺与惯性原则就是客服如何更进一步与客户相处。

③ 社会认同原则。社会认同原则也叫从众心理。购买商品和服务的人数能极大地影响客户的购买决策，让更多的人来购买就是客服的首要任务。如果客服与客户的关系处理得很好，这时店铺又推出了一款新的商品，客服就可以这样告诉客户："您看店铺的商品还没有上市就已经有很多客户下了订单，您看这是某某报纸对我们这款商品的报道，社会对我们的评价都不错……"当他看到这些信息时，他会觉得"嗯，不错，人家都买了，我也应该买"，这就叫社会认同原则。

④ 使用者的证言原则。这也是促使客户购买商品的一种原则，询问曾经买过店铺商品的客户，或使用店铺商品的客户，用他们的一些见证，告诉新客户，这也是影响客户购买决策的一种方法。所以客户的评价能影响商品的销售。

⑤ 名人效应原则。名人都会拥有很多"粉丝"，他的举止行为会影响"粉丝"的购买行为，让名人来代言商品，能加快商品销售的速度，更快把商品推向市场，激发客户的购买欲望。

⑥ 客户关怀原则。老客户介绍的潜在客户比新客户更为有利，它的成功概率是新客户的15倍。一名优秀的客服，会注重培养他的忠实客户，从而利用忠实客户带来大批的新客户，这就是在运用客户关怀原则。

今天的售后服务并不是客户已经买了店铺的商品，客服去给他做服务，而是建立在一种和谐的人际关系上的。在客户还没有购买店铺的商品之前，客服可以使用以上原则，使客户更相信店铺的商品，更相信客服。而已经购买过店铺商品的客户，客服也要让他与你维持一种更信赖的关系。

（3）售后客服每日工作流程。

①查看阿里旺旺客户留言，并及时回复处理。②每天对最新成交订单进行物流跟踪，抢在客户之前发现问题，及时处理，对于疑难件做好跟踪记录。③对于客户的物流催单问题，应第一时间联系相关物流公司的客服，将物流信息反馈给客户，并安抚客户的情绪，做好记录持续跟踪。④进入后台看评价管理，若有评价内容需要解释的应及时处理，并注意中差评的处理时间及修改评价的时间节点。⑤对已经成交的客户进行关怀，如节日时问候客户、客户生日时发送关怀短信等，让客户感受到客服的温暖。

【案例1-4】

售后处理不当造成的差评

13:50:41
你好

1001 13:50:42
您好，客服雨泉为您服务。

13:50:48
鞋子收到了

1001 13:50:54

恩恩，

13:51:05
就是鞋子两边不平

1001 13:52:24
亲，那个是正常情况的呢，穿穿就好的哦

1001 13:52:29

1001 13:52:52
这款鞋子，上面的鳞片装饰可以自己弄的哦

> 做好心理准备，"战争"要开始了，收到鞋子就来找客服的大多是售后问题，遇到这种情况不用惊慌，先调出客户的购买记录，是好是坏客服都要做好准备

> 客户刚说鞋子不平，客服就告诉他是正常情况，穿穿就好，是否很应付呢？客户会觉得如果我想到穿穿就好，我就不用跟你说了。还有一种情况是，客户觉得穿得不舒服，并没打算退换货，就想得到一个安慰，但是客服还不知道具体情况就马上推卸责任，客户能满意吗？客服在不了解什么情况的时候，要先搞清楚情况，问清楚客户说的不平是指什么。可选择让客户拍照，如果是尺寸或者大小问题，则不用拍照，进行退换

想一想　当还不了解客户提出的问题时，客服自认为是鞋子上面鳞片的问题，这说明什么？客服的回答能说服客户吗？

1001 13:53:07
很个性的呢

13:53:17
脚跟不舒服，给顶着

13:53:26
左边平的穿得刚好

1001 13:53:45
啊，那是什么情况呢，可以拍个照片给我看看吗

13:53:47
右边突起来，顶着

13:53:53
好，==

1001 13:53:56
好的，麻烦亲了

你好

> 换句话来说，"给您带来不便相当抱歉，您方便拍个照片给我看一下吗，我好知道是哪里出了问题"。如果真的是质量问题，客户一般都会拍照发过来的

> 这里是对的，因为如果确实是质量的问题，这当然要麻烦客户拍照了

16:01:12

请接一下

1001　16:01:34

你发给我

客服大忌，不管是售前还是售后，客服都要尊重客户，都要用"您"

16:02:12

16:02:18

这个位置

16:03:13

一高一低的

1001　16:05:01

亲，说的是边缘上吗

这里是对的，客服要弄清楚哪里出了问题，然后对症下药

16:05:07

是的

1001　16:06:24

您说2只不一样是吗

16:06:26

左鞋边缘接口是平的，穿着没问题

16:06:55

右鞋边缘接口高低，

1001　16:07:23

亲，您好我刚刚到仓库看了。这款都是这样的哦

16:07:31

不会吧

1001　16:07:40

是的呢

这会显得客服缺乏自信，带很大的搪塞成分。再则，在客服自己还不知道是不是质量问题的时候就全盘否定了公司的产品，客户是否会怀疑整个公司的产品和服务呢？客服可以这么说："图片上那一高一低不是特别明显，如果您不是特别满意，您先把鞋退回来，我收到后拿去跟仓库的鞋对比一下，看是您这双鞋有问题还是这款鞋子本身是这样的，如果确实是您这双鞋有问题，我们给您换一双，运费我们承担，如果是仓库的鞋都有问题，您也可以选择退货。"

16:07:44

高低鞋怎么穿呢

16:07:48

能申请退款吗

1001　16:08:05

就是这样设计的，脚要穿在这个边缘里面的

1001　16:08:36

"高低鞋怎么穿呢"？

1001　16:08:49

边缘就是会高一点出来的

16:09:03

左边的怎么不会高一点出来呢

千万不要回避客户所提到的问题，搞不清楚客户的问题、需要什么样的解决方式，客服就没办法对症下药，那么客服所说的话就会显得很苍白，连自己都说服不了，如何说服客户呢？

1001　16:10:06

因为这款鞋子就是这样设计脚在里面的

1001　16:10:32

不影响我们再次销售都是可以退换货的

客户开始有情绪了，因为他已经开始怀疑产品、客服的服务，甚至客服的人品了，如果继续推托只会引起客户的反感、憎恶

但你要两边一样的才能说服客户

16:11:37

两边根本就不一样，如何说服客户呢

客服要有判断意识，这个时候客户这么说是合情合理的

16:11:52

不要跟我说，这样的设计是时尚吧？

1001 16:11:58
亲，我理解您。

1001 16:12:09
这个是有一点差别

1001 16:12:33
会有一点相差的呢

既然理解了，就要采取行动，如果换句话说："亲，这个我能理解。那您看这样，如果您觉得这个是质量问题，您先发回来我看一下，我收到后拿去跟仓库的对比一下，如果确实一高一低很明显的话，就给您换一双，运费公司来承担。"这时候客户就会觉得有道理。不管怎么样，先让客户把鞋退回来，鞋到了才好解决

那现在要怎么解决呢

1001 16:12:57
不影响我们再次销售都是可以退换货的

我想换一双可以吗？

客户刚开始只是想说要换一双，如果真的是质量问题，该是公司承担的，一定要主动承担

1001 16:13:25
亲，可以的

16:13:34

那运费怎么算？

1001 16:13:44
但我刚刚到仓库看了，都会稍微一点差别的呢

16:13:57

粉红色的也是这样

1001 16:14:01
其实这里并不影响美观和穿着

客户只是奇怪，想知道粉红色的是不是也是这样，如果不是，那他可以勉强换粉红色的

1001 16:14:04
亲，是的呢

是不影响美观和穿着，但是影响脚感哦，如果你花钱买一双有质量问题的鞋子，你会满意吗？不要过于应付客户

16:14:3

美观是无所谓，主要是我穿着不舒服，两边都不一样

说到这里，如果我是客户，我也会生气的

1001 16:14:37

1001 16:14:37
这个穿久了就会一样的呢

1001 16:14:43
恩恩，明白

16:14:58

换一双的话运费怎么算呢

换同一个颜色同一个号码，理所当然，公司来出运费。更何况客户已经买了运费险，本来就不需要考虑这个问题，结果客服不知道，弄巧成拙

1001 16:15:08
但是都是会凸起来的边缘

16:15:31

尽量帮我找一双平一点的吧

16:15:54

能将就我就将就，可就是穿着不舒服

1001 16:16:36
嗯嗯

1001 16:12:
您那边发出来的运费你那边承担，公司承担发出去的运费

没必要的语言，容易让客户反感，给予差评

1001 16:18:32
就是您收到鞋子给我们发回来，我们帮您换一双

结果迎来了差评，让客服一阵痛哭。

案例思考：

为什么客户会给予差评？从客服与客户的对话中，你有什么启示？

试一试 分组讨论，如果你是店铺客服，你会怎么做？说明具体的对话及理由。

拓展学习

● 通过上网搜索、查阅资料等方式，每位同学收集至少三个成功的售前客服、售中客服、售后客服的案例，并将相关内容填入表1-3中。

表1-3 电子商务客服的成功案例

分 类	案 例 名 称	案 例 来 源	启 示
售前客服			
售中客服			
售后客服			

● 讨论：根据案例提炼出三类电子商务客服在工作过程中的注意事项，同时进行客服工作过程的模拟训练。除了必备知识中的分类，电子商务客服还有其他分类方法吗？各小组汇总学习结果，推荐代表在班级交流发言。

活动1.1.3 技能训练：千牛平台的安装使用

小组合作开展训练，针对淘宝新的规定，商家使用千牛平台，具体要求如下。

1. 千牛下载官网

千牛下载官网（http://work.taobao.com/）界面如图1-1所示。

议一议 千牛有两个版本：一个是移动版的（包括iPhone版和Android版等）；另一个是PC版的。根据自己店铺的实际需要，下载相应版本，两个版本的设置和使用方法大同小异。

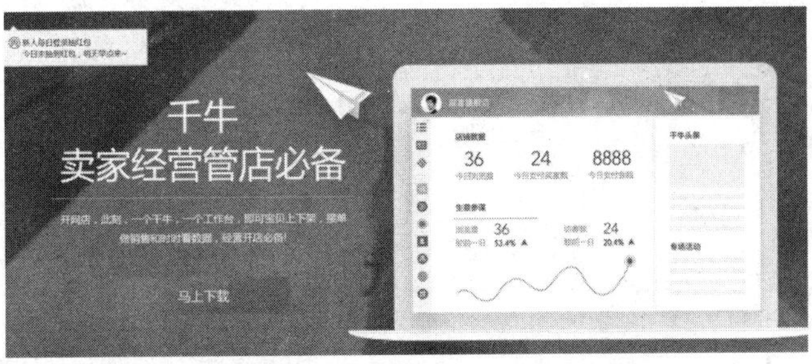

图 1-1　千牛下载官网界面

2．使用方法

（1）登录界面。

登录的账号、密码是申请的阿里旺旺账号和密码，千牛登录界面如图 1-2 所示。

图 1-2　千牛登录界面

（2）功能解说。

右侧是＿＿＿＿＿＿＿＿＿＿＿＿＿＿＿＿＿＿＿＿＿＿＿＿＿＿＿＿＿＿＿＿＿＿＿＿＿＿

左侧是＿＿＿＿＿＿＿＿＿＿＿＿＿＿＿＿＿＿＿＿＿＿＿＿＿＿＿＿＿＿＿＿＿＿＿＿＿＿

插件市场有＿＿＿＿＿＿＿＿＿＿＿＿＿＿＿＿＿＿＿＿＿＿＿＿＿＿＿＿＿＿＿＿＿＿＿

能添加的数据是＿＿＿＿＿＿＿＿＿＿＿＿＿＿＿＿＿＿＿＿＿＿＿＿＿＿＿＿＿＿＿＿＿

子账号权限设置＿＿＿＿＿＿＿＿＿＿＿＿＿＿＿＿＿＿＿＿＿＿＿＿＿＿＿＿＿＿＿＿＿

功能归纳为四句话：＿＿＿＿＿＿＿＿＿＿＿＿＿＿＿＿＿＿＿＿＿＿＿＿＿＿＿＿＿＿

＿＿＿

> **议一议**　选择细分市场时除了以上因素，你觉得还有哪些因素需要考虑？

3．使用的注意事项

注意事项：＿＿＿＿＿＿＿＿＿＿＿＿＿＿＿＿＿＿＿＿＿＿＿＿＿＿＿＿＿＿＿＿＿＿＿

＿＿＿

＿＿＿

教师点评

任务 1.2　关注电子商务客服的素质要求

问题引入

与传统客服相比，电子商务客服更具有实时性、方便性和高效性，电子商务的巨大发展趋势也越来越被中小企业看好，在这样的背景下，电子商务客服就显得尤为重要。张明对这一岗位人员的素质要求还不是很明确，你觉得有哪些呢？

_____

_____

_____

你知道吗？

你知道客服沟通的"七步诗"吗？第一步招呼，"及时答复，礼貌热情"；第二步询问，"热心引导，认真倾听"；第三步推荐，"体现专业，精确推荐"；第四步议价，"以退为进，促成交易"；第五步核实，"及时核实，客户确认"；第六步道别，"热情道谢，欢迎再来"；第七步跟进，"视为成交，及时沟通"。做好客服沟通的"七步诗"能使客服的交易水平和店铺的复购率得到提升，但是也需要客服具有良好的素质和高超的技能。运用幽默的话语和阿里旺旺的动态表情可以为交谈增添不少气氛，能够让客户知道客服的热情和亲切，增添对店铺的好感，这对提高交易成功率有所帮助；通过引导的方式，了解客户更多的信息；根据收集到的客户信息，推荐给客户合适的商品而不是贵的商品，让客户感到客服的热心和专业；规范、公平、明码标价，在坚持原则不议价的情况下，可以适当给予优惠或赠送小礼品以满足个别客户追求更加优惠的心理；及时跟客户核实地址、电话等个人信息是否准确，另外特别关注个性化留言，做好备忘录，有效避免错发、漏发等情况的发生；客服的诚恳热情，能提高客户再次购买的概率。

活动 1.2.1　探寻电子商务客服的素质要求

做中学

● 小组合作，在百度或搜狗等搜索引擎使用"电子商务客服""客服""网店客服"等关键词搜索，进行资料查找，注意搜索百度百科、专家名人、知名企业的说法，把不同的搜索结果填入表 1-4 中。

表 1-4　搜索结果比较

定 义 来 源	定 义	你 的 理 解
百度百科		
专家名人		
知名企业		

● 讨论：不同的定义对客服的素质要求是否有差异？除了采用搜索引擎了解电子商务客服的素质要求，结合教材中的必备知识，你认为电子商务客服还有其他素质要求吗？

必备知识

一名合格的电子商务客服，应该具备一些基本的素质，如心理素质、品格素质、技能素质及其他综合素质。

1．心理素质

电子商务客服应具备良好的心理素质，因为他们在进行客户服务的过程中，往往承受着各种压力、挫折，没有良好的心理素质是不行的，具体如下。

（1）应变能力。

（2）承受挫折、打击的能力。

（3）情绪的自我掌控及调节能力。

（4）积极进取、永不言败的良好心态。

【案例 1-5】

突发事件解决

一个客户在我们店铺购买 3 个保温杯后没有及时付款（见图 1-3），我们的客服善意提醒他及时付款，以方便我们按时发货，他却发来一个国旗的图案说我们的店铺有问题。

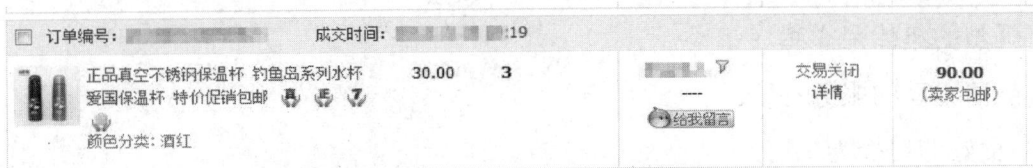

订单编号：	成交时间： :19					
正品真空不锈钢保温杯 钓鱼品系列水杯 爱国保温杯 特价促销包邮 颜色分类:酒红	30.00	3		交易关闭 详情	90.00 (卖家包邮)

图 1-3　订单信息

客户：你们店铺发了国旗的图标，等着政府的人来找你们吧。

客服：亲，您说这个图标是我们发的？

客户：对的。

客服：亲，感谢您对店铺的关怀，麻烦您告知是什么时候发的？

客户：你管什么时候发的。

客服：亲，这样的东西我们也不能随便发的，对吧？

客户：慢慢等吧，政府的人也会来找你们老板拉去坐几天的。

客服：亲，如果您对我们的商品有任何意见，欢迎指教。

客户：第十九条，不得升挂或者使用破损、污损、褪色或者不合格的国旗，不得倒挂、倒插或者以其他有损国旗尊严的方式升挂、使用国旗。

客服：亲，您说的有道理，但我们没有做过这样的事情。

客户：那你等着吧。

客服：亲，我们店铺只售保温杯，您可以仔细看看。

客户：好的。

客服：亲，您还付款购买吗？

案例思考：

这样的突发事件尽管不多见，但还是有可能遇上，客服要有应变能力，同时还要注意言词不能过激，否则会带来很多麻烦。如果你遇到了突发事件，你会怎么做？

2．品格素质

（1）忍耐与宽容。

（2）热爱企业，热爱岗位。

（3）谦和的态度。

（4）不轻易承诺，承诺了就要做到。

（5）谦虚是做好电子商务客服工作的要素之一。

（6）拥有博爱之心，真诚对待每一个人。

（7）勇于承担责任。

（8）强烈的集体荣誉感。

（9）热情主动的服务态度。

（10）良好的自控力。

3．技能素质

（1）良好的文字语言表达能力。

（2）高超的语言沟通技巧和谈判技巧。

（3）丰富的行业知识及经验。

（4）熟练的专业技能。

（5）敏锐的观察力和洞察力。

（6）良好的人际关系沟通能力。

（7）专业的客户服务电话接听技巧。

（8）良好的倾听能力。

读一读

2020 年 4 月 28 日，中国互联网络信息中心（CNNIC）发布第 45 次《中国互联网络发展状况统计报告》（以下简称《报告》）。《报告》显示，截至 2020 年 3 月，我国网络购物用户规模达 7.1 亿人，较 2018 年年底增长 1 亿人，占网民整体的 78.6%；手机网络购物用户规模达 7.07 亿人，较 2018 年年底增长 1.16 亿人，占手机网民的 78.9%。截至 2020 年 3 月，我国网络支付用户规模达 7.68 亿人，较 2018 年年底增长 1.68 亿人，占网民整体的 85%；手机网络支付用户规模达 7.65 亿人，较 2018 年年底增长 1.82 亿人，占手机网民的 85.3%。

截至 2020 年 3 月，全国网络直播用户规模达 5.6 亿人，较 2018 年年底增长 1.63 亿人，占网民整体的 62%。2020 年 1—2 月份，全国实物商品网上零售额同比增长 3%，实现逆势增长，占社会消费品零售总额的比重为 21.5%，比上年同期提高 5%。

4．其他综合素质

（1）具有"客户至上"的服务观念。

（2）具有独立处理工作的能力。

（3）分析解决各种问题的能力。

（4）协调人际关系的能力。

议一议　从上面的数据中你发现了什么问题？快速增长的电子商务对客服的需求又有什么值得关注的地方？你觉得电子商务客服的前景如何？

✖ 拓展学习

小组合作学习，掌握网络商务信息的方法。

● 登录百度（www.baidu.com）、谷歌（www.google.cn）、搜狗（www.sogou.com）、神马搜索（面向移动端用户）（https://m.sm.cn/）、UC 浏览器搜索（www.uc.cn）、网易搜索（www.163.com）等搜索引擎，搜索"电子商务客服"词条，分析各搜索引擎的搜索结果有何区别。

● 利用以上搜索结果中的一种，查找相关客服成功或者失败的案例，对照其客服素质要求，分析原因，小组交流后推荐代表在课内进行交流。

成功案例描述：_____

_____

_____

_____

原因：_____

失败案例描述：_____

_____

_____

_____

原因：_____

本小组推荐的代表：_____

活动 1.2.2　感受电子商务客服的知识要求

做中学

● 结合自己店铺的商品实际状况，利用搜索引擎（如百度、搜狗等）查找相应商品的属性，了解商品知识和相关商品知识，小组之间相互进行交流，完善商品知识。

销售商品：_____

主要材料：_____

商品所在类目：_____

主要材料特点：_____

相关商品知识：_____

● 结合教材中的必备知识，设计一份本网店的商品备忘录，要求如下：商品属性、材料特点、商品结构、关联商品属性、主要竞争对手商品的特点。

必备知识

1. 商品知识

1）商品的专业知识

客服应当对商品的种类、材质、尺寸、用途、注意事项等都有一定的了解，最好还应当了解行业的有关知识。同时对商品的使用方法、洗涤方法、修理方法等也要有一个基础的了解。

2）商品的关联知识

不同的商品适合不同的人群，如化妆品，不同皮肤性质的客户在选择化妆品上会有很大差别；又如衣服，不同年龄、不同生活习惯的客户会有不同的需要；再如玩具，有些玩具不适合太小的婴儿，有些玩具不适合太大的儿童等。这些情况都需要客服有基本的了解。

此外，对同类的其他商品也要有基本的了解，这样客户在询问不同类商品差异时，客服可以更好地回复和解答。

3）专业术语

专业术语的使用能加强与客户的沟通，让客户真正感受到你的建议对他有极大的帮助，更能让客户信服，尽快促成交易。

【案例1-6】

女装的色彩搭配知识

女装的色彩搭配分为两大类：一类是对比色搭配，另一类是协调色搭配。

▲对比色搭配分为以下两种。

1. 强烈色配合

强烈色配合是指两个相隔较远的颜色相配，如黄色与紫色、红色与青绿色，这种配色比较强烈。

日常生活中，我们常看到的是黑、白、灰与其他颜色的搭配。黑、白、灰为无色系，所以无论它们与哪种颜色搭配，都不会出现太大的问题。一般来说，同一个色在与白色搭配时，会显得明亮；在与黑色搭配时会显得昏暗。因此，在进行服饰色彩搭配时应先衡量一下，你是为了突出衣饰的哪个部分。不要把沉重色彩，如深褐色、深紫色与黑色搭配，这样会和黑色呈现"抢色"的效果，令整套服装没有重点，而且服装的整体表现也会显得很沉重、昏暗无色。

黑色与黄色搭配，十分亮眼；红色和黑色搭配，非常隆重，也不失韵味。

2. 补色配合

补色配合是指两个相对的颜色的配合，如红与绿、青与橙、黑与白等，补色相配能形成鲜明的对比，有时会收到较好的效果。

▲协调色搭配分为以下两种。

1. 同类色搭配原则

同类色搭配原则是指深浅、明暗不同的两种同一类颜色相配，如青配天蓝、墨绿配浅绿、咖啡配米色、深红配浅红等，同类色搭配的服装看起来柔和文雅。粉红色系搭配的服装，让整个人看上去柔和很多。

2. 近似色相配原则

近似色相配原则是指两个比较接近的颜色相配，如红色与橙红或紫红相配，黄色与草绿色或橙黄色相配。

2．网站交易规则

1）一般交易规则

网店客服应该把自己放在商家的角度来了解网店的交易规则，更好地把握自己的交易尺度。有时，客户可能是第一次在网上交易，不知道如何进行，这时网店客服除了要指导客户去查看网店的交易规则，还需要在一些细节上一步步地指导客户如何操作。

此外，网店客服还要学会查看交易详情，了解如何付款、修改价格、关闭交易、申请退款等。

2）支付宝等支付网关的流程和规则

了解支付宝等支付网关的流程和规则，可以指导客户通过支付网关完成交易，查看和更改目前的交易状况等。

3．物流及付款知识

1）如何付款

现在网上交易一般通过支付宝付款和银行付款来完成。

银行付款可以选择网上银行付款或柜台汇款。告知客户汇款方式时，应详细说明银行卡号码和收款人姓名。

客服应该建议客户尽量采用支付宝等网关付款方式完成交易。如果客户拒绝使用支付宝交易，我们需要判断客户是有其他的顾虑还是不方便，如果客户有其他的顾虑，应该尽可能打消客户的顾虑，促成客户完成支付宝交易；如果客户确实不方便，我们应该向客户了解他所熟悉的银行，然后提供给客户相应准确的银行卡号码，并提醒客户付款后及时通知。

2）物流知识

（1）了解不同的物流及其运输方式。

① 邮寄：邮寄分为平邮（国内普通包裹）、快邮（国内快递包裹）和 EMS。

② 快递：快递分为航空快递包裹和汽运快递包裹。

③ 货运：货运分为汽运和铁路运输等。

④ 最好还应了解国际邮包（包括空运、空运水陆路、水路）。

（2）了解不同物流的其他重要信息。

① 了解不同物流的价格：如何计价，以及报价的还价空间还有多大等问题。

② 了解不同物流的速度。

③ 了解不同物流的联系方式：在手边准备一份各个物流公司的电话表，同时了解如何查询各个物流的网点情况。

④ 了解不同物流应如何办理查询。

⑤ 了解不同物流的包裹撤回、地址更改、状态查询、保价、问题件退回、代收货款、索赔的处理等。

⑥ 掌握物流常用的网址和信息，以及快递公司的联系方式、邮政编码、邮费查询、汇款方式等。

> **想一想** 电子商务客服应具备的知识还有哪些？你能把这些知识归类并整理吗？针对自己店铺的情况，你认为还应该增加哪些具备的知识？

✖ 拓展学习

● 请利用互联网查找女装、美容护肤、酒水、户外用品、床上用品这五类商品的专业知识，把结果填入表1-5中。

表1-5 不同类目商品的专业知识

类　目	商 品 名 称	专 业 知 识
女装		
美容护肤		
酒水		
户外用品		
床上用品		

● 利用搜索引擎或者店铺与快递公司的合约，列出不同快递公司的快递费用，把结果填入表1-6中。

表1-6 不同快递公司的快递费用

快递公司	首 重 费 用	续 重 费 用	计 算 方 式
顺丰			
天天			
韵达			
邮政			
……			

活动 1.2.3　感受电子商务客服的技能要求

🔍 做中学

● 针对自己店铺的实际商品编写一份营销软文，小组进行交流，选出最佳软文进行课内展示。

● 针对自己店铺的实际商品编写故事，让有故事的商品去打动潜在的客户，从而达到销售的目的。

● 结合教材中的必备知识和自己店铺的实际商品编写一份显示网店 logo、颜色搭配得当、文字描述简洁明了、突出重点、行文排版合理、使用商品图片、体现客户关怀理念的页面。

必备知识

营销类网店的客服应具备一些诸如文字表达、资料收集、动手实践、参与交流、思考总结、适应变化、终身学习的能力，具体如下。

1. 文字表达的能力

把问题说清楚，这是作为客服的基本能力，对商品描述、商品说明、商品背后的故事、商品的功能属性等要表达清楚。

2. 资料收集的能力

收集资料主要有两个方面的价值：一是保存重要的历史资料；二是尽量做到某个重要领域资料的齐全。如果能在自己工作相关的领域收集大量有价值的资料，那么对自己的工作而言将是一笔巨大的财富。

3. 动手实践的能力

需要客服自己动手、参与网店营销过程中的各个方面。很多时候，一些问题不自己动手是很难有深刻体会的，有些问题也只有在自己动手操作后才能发现，并且可以找到解决的办法。在网店营销学习的过程中自己动手的地方越多，对网店营销的理解就会越深刻。

4. 参与交流的能力

从本质上来说，网店营销的主要任务是利用互联网促成营销信息的有效传播，而交流本身就是一种有效的信息传播方式，互联网提供了很多交流的机会，如论坛、博客、专栏文章、邮件列表等。

5. 思考总结的能力

网店营销现在还没有形成非常完善的理论和方法体系，同时也不可能保持现有理论和方法的长期不变，目前一个很现实的问题是，网店营销的理论与实践还没有有效结合起来，已经形成基本理论的方面也并未在实践中发挥应有的指导作用。因此，在网店营销的实际工作中，很多时候需要靠客服自己对实践中发现的问题进行思考和总结。

6. 适应变化的能力

适应变化的能力也可以称为不断学习的能力。由于互联网环境和技术的发展变化很快，如果几个月不上网，可能就已经跟不上了。网店营销学习和应用尤其如此。一本书从写出来到到达学生手中可能已经过去很长时间了，然后从学生学习到毕业后的实际应用可能又需要很长的时间，因此一些具体的应用方法会发生很大变化，但网店营销的思想一般并不会随着环境的变化而发生根本的变化。

7. 终身学习的能力

电子商务行业发展得很快，技术、模式、观念不断变化，所以客服要培养终身学习的能力。

想一想 以上所说的能力，对电子商务客服来说，哪些是必需的？对照自己，思考自己是否适合从事电子商务客服工作？如果不适合，你该怎么做？

✖ 拓展学习

- 利用互联网查找客户差评的能力。
- 利用互联网查找评价解释和修改评价的能力。

活动 1.2.4　技能训练：网购流程体验

体验网上购物，小组合作开展训练，具体要求如下。

1. 选择购物平台

在阿里巴巴旗下的淘宝、天猫、特色中国或者京东、亚马逊等网络购物平台中，确定两家购物网店，由组长确定组员分工，小组内的成员要选择不同的购物网店进行访问体验，主要关注客服的服务情况，汇总后对各网店进行对比分析，将体验结果填入表 1-7 中。

表 1-7　购物平台分析

网 店 内 容	体 验 结 果
电子商务模式	
销售商品类目	
支付方式	
物流配送	
客户沟通	
售后服务	
安全保障	
商品质量	

议一议 你会在哪个网店购买商品？从商品种类、质量保障、价格、销量、支付方式、物流配送及售后服务等方面说明你的考虑因素。

本小组确定购买的商品：＿＿＿＿＿＿＿＿＿＿＿＿＿＿＿＿＿＿＿＿＿＿

选择的购物网店：＿＿＿＿＿＿＿＿＿＿＿＿＿＿＿＿＿＿＿＿＿＿＿＿

选择该购物网店的理由：＿＿＿＿＿＿＿＿＿＿＿＿＿＿＿＿＿＿＿＿

＿＿＿＿＿＿＿＿＿＿＿＿＿＿＿＿＿＿＿＿＿＿＿＿＿＿＿＿＿＿＿＿

2. 做好网购前的准备

各小组在选定的购物网店学习网上购物的操作步骤，了解网购中常见的问题，从客户的角度来看待客服的知识、技能。

想一想 在网上购物时，你会担心哪些问题？应该怎么做才能有效避免这些问题的发生？客户担心的问题，从客服的角度看应该怎么解决？

在网购前需要做好的准备工作：＿＿＿＿＿＿＿＿＿＿＿＿＿＿＿＿＿＿

＿＿＿＿＿＿＿＿＿＿＿＿＿＿＿＿＿＿＿＿＿＿＿＿＿＿＿＿＿＿＿＿

3. 网上购物操作

在选定的购物网店上选购商品，分别练习立即购物和购物车购物，请将从登录网店到下订单、撤销订单、更换商品下订单的操作步骤记录下来，并对购物流程进行截图，完成网上购物体验报告。

议一议 在网上购物的各个环节中，卖方的业务活动有哪些？作为客服，你觉得你选定的购物网店的客服是否优秀？

4. 交流网上购物体验

各小组成员进行交流，谈谈自己的网上购物体验，并推荐代表在班级交流。

（1）与实体商店购物相比，购物网店的客服该做的：＿＿＿＿＿＿＿＿＿

＿＿＿＿＿＿＿＿＿＿＿＿＿＿＿＿＿＿＿＿＿＿＿＿＿＿＿＿＿＿＿＿

（2）网上支付与物流配送在电子商务中的作用：＿＿＿＿＿＿＿＿＿＿

＿＿＿＿＿＿＿＿＿＿＿＿＿＿＿＿＿＿＿＿＿＿＿＿＿＿＿＿＿＿＿＿

教师点评

任务 1.3 认知电子商务客服岗位

问题引入

张明觉得一个电子商务企业发展到一定程度，随着客服的增加，就需要进行规范化的管理，对客服的工作流程和岗位职责也应该细分，只有这样才能保证电商企业的健康发展。那么，电子商务客服的流程和岗位职责到底有哪些？具体的要求又有哪些？

_____

_____

你知道吗？

《中国互联网络发展状况统计报告》显示，2019 年，全国网上零售额达 10.63 万亿元，其中实物商品网上零售额达 8.52 万亿元，占社会消费品零售总额的比重为 20.7%。值得注意的是，电商直播发展迅速，截至 2020 年 3 月，电商直播用户规模达 2.65 亿人，占网购用户的 37.2%，占直播用户的 47.3%，占网民整体的 29.3%。在这样巨大的市场诱惑下，实现传统企业的转型，采用"电商换市"来确保企业在新一轮经济发展中的地位，企业需要大量的电子商务专才，这其中电子商务客服的需求必然巨大，熟悉电子商务客服流程的应用性人才需求，为中职电子商务客服人才的培养开辟了巨大空间。

活动 1.3.1 分析电子商务客服的工作流程及岗位职责

做中学

● 利用网络查找售前客服、售中客服和售后客服的工作流程。

售前客服的工作流程：_____

售中客服的工作流程：_____

售后客服的工作流程：_____

● 利用搜索引擎查找电子商务客服的岗位职责。

● 结合店铺实际存在的问题，列出可能存在的问题和解决方法，并填入表 1-8 中。

表 1-8　店铺可能存在的问题和解决方法

序　号	店 铺 状 况	可能存在的问题	解 决 方 法
1	流量不足		
2	转化率低		

续表

序 号	店 铺 状 况	可能存在的问题	解 决 方 法
3	重购率低		
……	……		

● 小组讨论：针对店铺实际存在的问题，列出有效的解决方法，并结合教材中的必备知识进行解决。

必备知识

电子商务企业可以结合自身网店的特点，编制适合自身商品销售及售后服务的流程表，让客服按流程办事，这样既可以提高客服的工作效率，又可以减少客服在工作中的错误的产生。一般应包含以下几个方面。

1. 电子商务客服的工作流程

（1）回复留言。

（2）给客户发送成交信。

（3）给拍下商品后 3 天内未选择交易的客户发送交易提醒信。

（4）给拍下商品后 7 天内未选择交易的客户发送交易警告信。

（5）发送交易警告信后 7 天，申请退回交易成交费。

（6）客户重复拍下商品的处理。

（7）缺货的在线商品处理。

（8）修改在线商品。

（9）信用评价。

（10）常规应用软件的使用。

2. 销售流程

1）售前服务

（1）提供商品搜索和比较服务。

网上商店有很多家，在每一家网上商店，特别是大型零售商店中又有许多种类繁杂的商品。客户在网上购物时遇到的一个主要问题就是如何找到特定的商品。

为了方便客户购物，网上商店应提供搜索服务，使客户可以快速找到想要的商品。另外，在网上购物不像在传统商店那样可以直观地了解商品，所以网上商店还应提供一些商品的有关信息，以便客户做出决策。

（2）为客户提供个性化的服务。

网上商店应根据客户的不同身份、爱好和需求，将每一个客户视为特殊的一员对待，自动提供不同的商品信息和服务，方便客户购买商品，让客户有宾至如归的感觉。

例如，客户一进入网上商店，电子商务中的跟踪技术就可以跟踪客户，客户看过哪类商品，最后购买什么，在购买之前看过什么，哪些是详细看过的，哪些是简单浏览的，客户在这个站点行动的轨迹就会有详细的纪录。根据客户的行为，网上商店可为客户提供不同的服务信息。

（3）建立客户档案，对客户进行消费诱导服务。

客户在网上商店注册时，会填写自己的基本资料，这时网上商店应把客户的基本资料保存在档案库中，即使客户再次光顾，也要把他浏览或购买的信息存入档案库，并以此为依据有针对性地开发或刺激客户潜在的需求，不断开拓市场。

2）售中服务

（1）招呼——及时答复，礼貌热情。

当客户来咨询时，先问候一句"您好，欢迎光临"诚心致意，让客户产生亲切的感觉。不能只单独回一个字"在"，给客户冷漠的感觉，也不能客户问一句，客服答一句，这时候有可能跑单。可以运用幽默的话语和阿里旺旺的动态表情增添交谈的气氛，能够让客户知道客服的热情和亲切，增加客户对店铺的好感，有助于提高交易成功率。当客户来咨询时，要第一时间回复客户，因为客户买东西往往会货比三家，可能同时会跟几家客服联系，这时谁第一时间回复，谁就占了先机。

（2）询问——热心引导，认真倾听。

通过引导的方式，搜索客户更多的信息。当客户还没有目的性，不知道自己需要买什么时，要有目的地向客户推荐。如果询问的商品刚好没货了，不要直接回复没有，可以这样回答："真是不好意思，这款卖完了，有刚到的其他新款，给您看一下吧。"即使没有也要让客户看看店里其他的商品。

（3）推荐——体现专业，精确推荐。

根据收集到的客户信息，推荐给客户合适的商品而不是贵的商品，让客户感受到客服的专业。用心为客户挑选商品，不要让客户觉得客服是为了商业利益。

（4）议价——以退为进，促成交易。

在规范、公平、明码标价、坚持原则不议价的情况下，可以适当给予优惠或赠送小礼品以满足个别客户追求更加优惠的心理。如果客户说贵，这时可以顺着客户的意思，承认商品的确贵，但是要委婉地告诉客户应全方位比较，一分钱一分货，还要看商品的材质、工艺、包装、售后等。当语句很长时，不要一次性打很多字，因为客户等久了可能就没有耐心了，可以一行为一段，然后发出去，这样不会让客户等太久。

（5）核实——及时核实，客户确认。

客户拍下商品后，客服应该及时跟客户核实地址、电话等个人信息是否准确，另外要特别关注个性化留言，做好备忘录，有效避免错发、漏发等情况，尽可能控制售后不必要的麻烦和纠纷。

（6）道别——热情道谢，欢迎再来。

无论成交与否，都要表现得大方热情，特别是要让因为议价没有成交的客户明白店铺不议价的经营模式。因为客服的诚恳热情，引来回头客的概率也相当高。在成交的情况下，可以这样回答客户："您好，谢谢您选购我们的商品！请您等待收货，欢迎再次光临，祝您生活愉快！"

（7）跟进——视为成交，及时沟通。

订单问题：对于拍下来未付款的交易要及时跟进，在适当的时间和客户及时沟通核实，了解客户未付款的原因，及时备货，以便促成交易达成。

物流问题：要及时查看订单物流有没有疑难件，及时跟进查询，如果发现疑难件要第一时间通知客户并说明情况，避免售后因物流产生纠纷。如果接到客户反馈物流停止更新，要记录客户 ID 进行跟踪处理，做到对客户负责，即使遇到不可避免的物流问题，也要让客户感受到客服在用心为他处理，有时可以避免很多纠纷。

3）售后服务

（1）向客户提供持续的支持服务。

网上商店可通过在线技术交流、在线技术支持、常见问题解答、资料图书馆、实时通信及在线续订等服务，帮助客户在购买后更好地使用商品。

（2）开展客户追踪服务。

在越来越激烈的市场竞争中，网上商店应对所有的客户提供追踪服务，而不再仅仅限定在某一时间、区间。网上商店为客户建档，利用网络的强大优势，对客户的售后服务应该是终生的。良好的售后服务是留住客户的好方法。

在电子商务环境下，网上商店对客户的服务不再是当客户提出某种要求时的被动反应，而是积极地为客户着想，只有这样才能使客户真正体会到"上帝的感觉"。当然，网上商店在提供具体服务时可根据服务的种类将服务区分为有偿服务和免费服务。

（3）良好的退换货服务。

由于在线购物时，客户不能真实、直观地了解商品，难免会出现一些差错。网上商店应提供良好的退货服务，这样可以增加客户在线购买商品的信心。

例如，亚马逊网上商店的客户在拿到订货的三十天内，可以将完好无损的书和未开封的 CD 退回，亚马逊网上商店将按原价退款。如果是亚马逊网上商店的操作失误而导致的退货，亚马逊网上商店的退款将包括运费。

（4）处理中差评的流程。

① 给客户打电话或者阿里旺旺留言前的准备工作。

了解中差评的内容、购买款式、当时的聊天记录，分析大致原因。弄清楚是质量问题，还是客服的服务态度问题，或是物流的问题。针对中差评，首先要抱着积极的态度和客户沟通。另外，对自己现有的售后处理方式要了解，在后面的聊天过程中才能有效地沟通和解决。

② 给客户打电话或者阿里旺旺留言的开场白。

"您好，我是××店铺的售后专员，我叫××，我想给您回访，您看现在方便接听电话吗？或者使用阿里旺旺聊天方便吗？"这么做的目的很简单，我们要征求客户的意见，如果不方便就在客户方便的时间再打电话，给客户留下好印象，这和第一次见面是一样的道理。如果客户有时间接这通电话，那么要先做回访，如包包使用得如何、朋友反馈包包搭配起来怎么样等话题，而且要一一记录下来，这样对下面问题的处理就可以有的放矢了。

③ 在电话或者阿里旺旺中引入正题。

"是这样子的，您在我们家购买了包包，已经给我们确定收货了，但是您给了我们一个中差评，您说（评价内容说一遍）。"

这个时候要特别认真倾听，并做好记录，看看问题究竟出在哪里。倾听客户说话，需要不时和客户确定，等客户说完，再进行解释。

中差评的修改方法：进入"我的淘宝"→"信用管理"→"评价管理"→"给他人的评价"，找到这个交易，单击"我要修改"按钮，然后进行修改就可以了。

> **议一议** 《淘宝规则》第三十九条：买卖双方在支付宝交易成功后十五天内可以进行评价。评价包括"信用评价"及"店铺评分"。淘宝中评不加分，差评扣一分。
>
> 淘宝会员在淘宝每使用支付宝成功交易一次，就可以对交易对象做一次信用评价。评价分为"好评""中评""差评"三种，每种评价对应一个信用积分，具体为，"好评"加一分，"中评"不加分，"差评"扣一分。
>
> 交易双方互评的，评价内容将在交易双方全部完成"中评"或"差评"后48小时全网显示并计分；48小时内是"生效中"状态。仅一方做出"中评"或"差评"的，评价内容将在评价有效期结束后48小时全网显示并计分；48小时内是"生效中"状态。
>
> 作为客服，关注这些评价有什么意义？

✖ 拓展学习

电子商务客服常见事务处理流程图

电子商务客服常见事务处理流程图如图 1-4、图 1-5、图 1-6 所示。

等待客户/主动营销

客户询问

提示店铺优惠政策和店铺热门商品 ← 零售 / 批发 → 告诉客户批发的条件

是否有货？

认真查看商品描述，把其中需要注意的地方告知客户 ← 是 / 否 → 和客户说明并加好友，有货通知或推荐相近商品

是否有要求？ — 是 → 备注相应的旗帜

否

查韵达快递是否能到？ — 否 → 推荐其他物流，说明延长一天发货

是

1.与客户确认地址、电话。
2.说明发货，填单，预计到货时间
3.签收注意事项

是否新客户

告知客户收到商品，尽量给一些有字的好评，有什么问题首先联系客服协商解决 ← 否 / 是 → 强调评价对店铺的重要性，告知客户有什么问题首先联系客服协商解决

再次感谢客户的来临

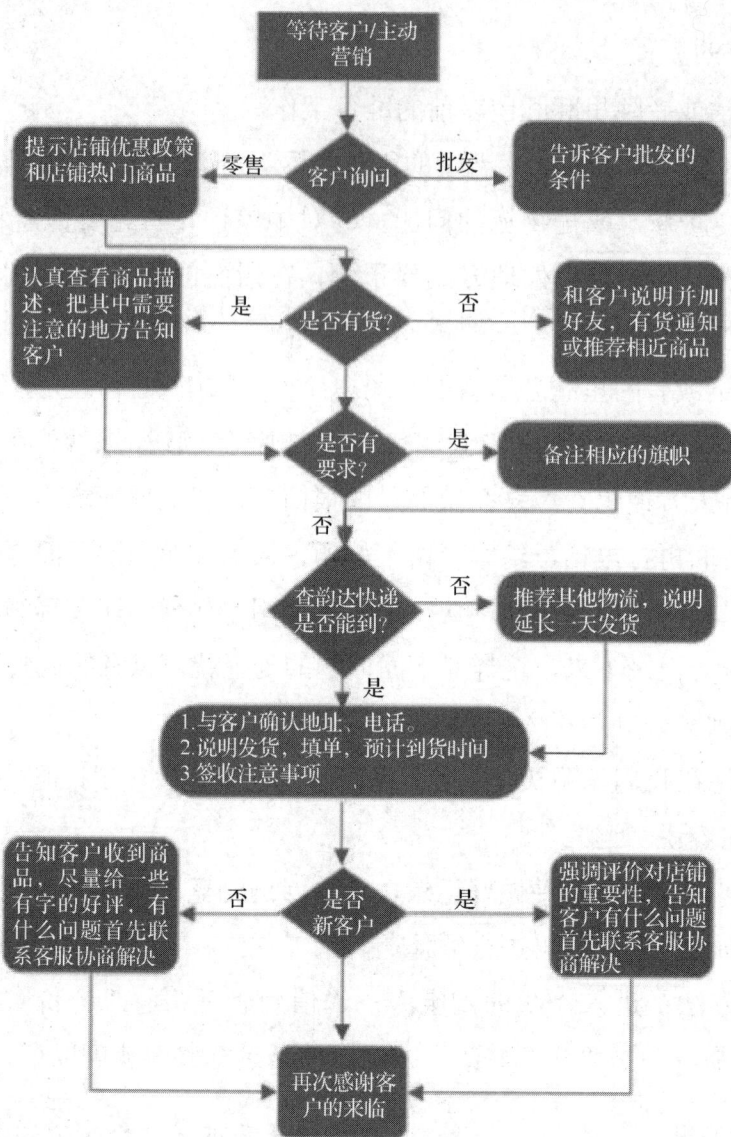

图1-4　客服售前流程图

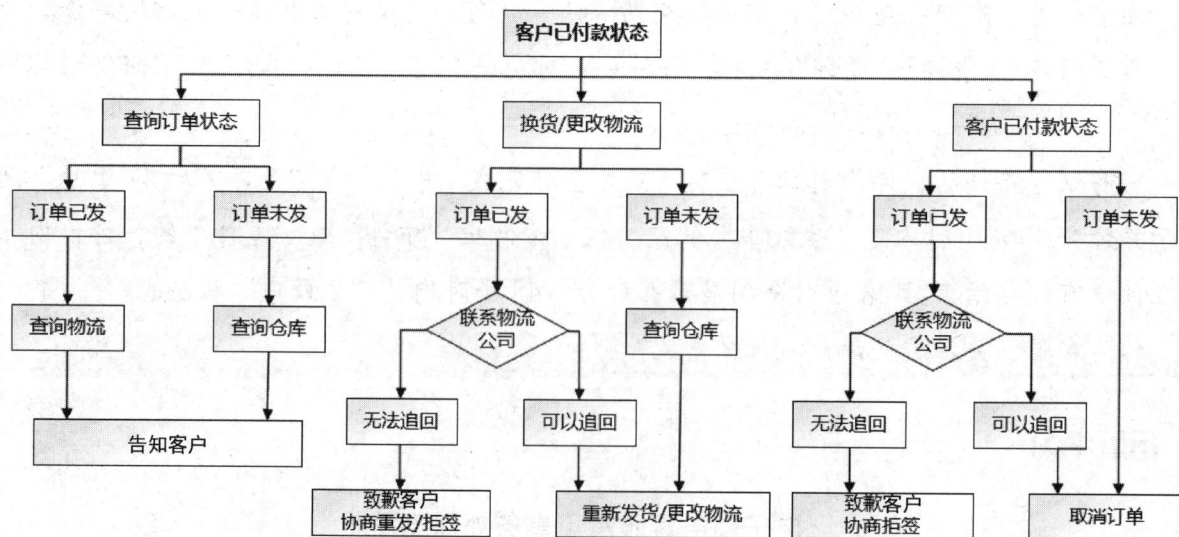

客户已付款状态

查询订单状态　　换货/更改物流　　客户已付款状态

订单已发　订单未发　订单已发　订单未发　订单已发　订单未发

查询物流　查询仓库　联系物流公司　查询仓库　联系物流公司

告知客户

无法追回　可以追回　　无法追回　可以追回

致歉客户协商重发/拒签　重新发货/更改物流　致歉客户协商拒签　取消订单

图1-5　查询、查件、取消订单流程图

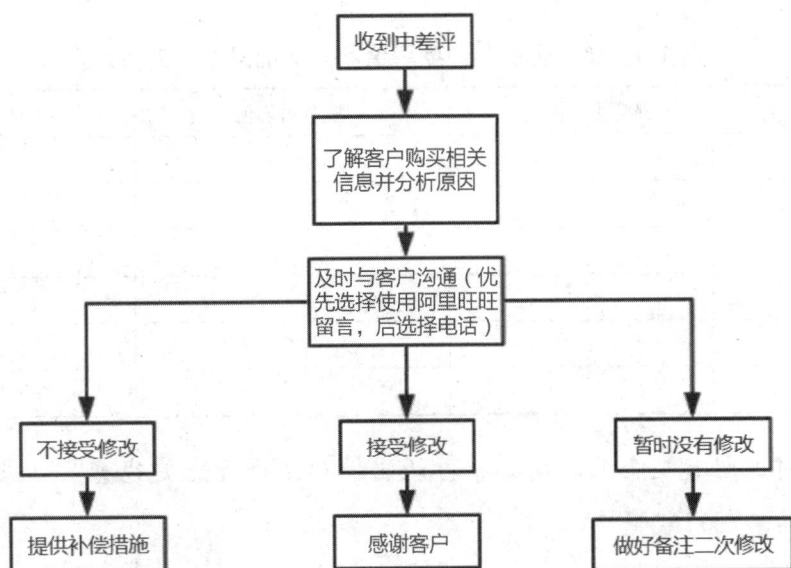

图 1-6　中差评处理流程图

3. 电子商务客服的岗位职责

（1）负责网店日常销售工作，引导客户购物。

（2）负责解答客户问题，促成商品成交。

（3）接单、打单、查单及客户的售后服务。

（4）整理网店销售数据和资料。

（5）与客户在线交流，了解客户需求，妥善处理客户投诉，保证客户满意。

（6）日常促销活动维护、平台网站（淘宝等）页面维护。

（7）解决客户的疑问（关于商品、快递、售后、价格、活动、支付方式等）、处理交易纠纷、售后服务，以及订单出现异常或者无货等情况时与客户进行沟通协调。

（8）了解客户的实际需求：明示需求还是暗示需求。

（9）了解客户是否满意。

（10）了解客户的期望值（我们的服务是否超过客户的期望）。

（11）跟进回访，服务升级（如何提升个性服务，下一步的服务可做哪些改进）。

> **想一想**　客户的期望值与客服的商品介绍有何关联？客服该如何客观地做好商品的推荐？

✖ 拓展学习

● 从网上查询并比较不同行业的典型企业客户期望值和企业商品推荐的关系，并将相关内容填入表 1-9 中。

表 1-9　典型企业客户期望值和企业商品推荐的关系

类　别	典 型 企 业	客户期望值	企业商品推荐
服装行业			
保健品行业			
家具行业			
手机行业			
化妆品行业			
食品行业			

● 讨论：你对这些典型企业的商品推荐认同吗？是否还能更完善？如果你是该企业的客服，你会如何挖掘客户的期望值？

活动 1.3.2　明确电子商务客服岗位要求

做中学

● 登录百度，输入关键词"客服岗位要求"进行搜索，记录搜索结果，小组交流。
● 登录百度，查找因客服语言沟通问题导致客户流失的案例，小组交流讨论产生问题的原因，结合教材中的必备知识再次确认电子商务客服岗位要求，推荐代表课内交流。

必备知识

网络购物因为看不到实物，所以给人的感觉比较虚幻，为了促成交易，客服必将担任重要的角色，因此客服岗位要求规范客服的沟通交谈技巧，促成订单的成交。

1. 态度方面

（1）树立端正、积极的态度。

当售出的商品出现问题时，无论是客户的问题还是快递公司的问题，客服都应该及时解决，不能回避、推脱。积极主动与客户进行沟通，尽快了解情况，尽量让客户觉得他是受尊重、受重视的，并尽快提出解决办法。除了与客户的金钱交易，还应该让客户感受到购物的满足和乐趣。

（2）要有足够的耐心与热情。

客服常常会遇到一些客户，喜欢打破砂锅问到底。这个时候就需要有足够的耐心与热情，细心地回复，让客户产生信任感，即使对方不买也要说声"欢迎下次光临"，呈现客服的良好素质；客服经常会遇到客户砍价的情况，在彼此能够接受的范围内适当让步，即使回绝也应该是婉转的，可以引导客户换个角度来看商品，让他感觉有足够的性价比。总之，要让客户感觉到客服的热情。

2．表情方面

微笑是对客户最好的欢迎。客服在与客户交流时，即使是简单的问候也要送上一个真诚的微笑，虽然客户看不见客服，但是可以通过言语感受到客服的真诚。此外，多用些阿里旺旺的表情，也能收到很好的效果。阿里旺旺的表情会将客服的情感信号传达给客户。

3．礼貌方面

一句"欢迎光临"，一句"谢谢惠顾"，短短的几个字，会产生意想不到的效果。礼貌待客，让客户真正感受到尊重。

沟通过程的关键不是客服说的话，而是客服如何说话。让我们来比照下面的不同说法，感受不同的效果："不行"和"真的不好意思哦"比较，前者生硬，后者比较有人情味；"不接受见面交易"和"不好意思我平时很忙，可能没有时间和您见面交易，请您理解哦"比较，相信同学们都会感觉后一种语气更能让人接受。

4．语言文字方面

（1）少用"我"字，多使用"您"或者"咱们"这样的字眼：让客户感觉客服是在为他考虑，尽力帮他。

（2）常用规范用语。

常用规范用语有"请""欢迎光临""认识您很高兴""希望在这里能找到您满意的商品""您好""请问""麻烦""请稍等""不好意思""非常抱歉""多谢支持"等。

（3）客户服务语言中不应有负面语言。

什么是负面语言？例如，"我不能""我不会""我不愿意""我不可以"等。

当客服说"我不能"的时候，客户的注意力就不会集中在客服所能给予的事情上，他会集中在"为什么不能""凭什么不能"上。正确语言："看看我能帮您做什么。"

当客服说"我不会"时，客户会认为客服在抵抗；而客服希望客户的注意力集中在自己讲的话上，而不是注意力被转移。正确语言："我能为您做的是……"

当客服说"我不愿意"时，与客户的沟通会马上处于一种消极气氛中。正确语言："不知道能为您提供哪些帮助，非常愿意帮助您。"

让客户接受客服的建议，应该告诉他理由；不能满足客户的要求时，要告诉他原因。

5．阿里旺旺方面

（1）阿里旺旺沟通的语气和阿里旺旺表情的活用。

在阿里旺旺上和客户对话时，语气应尽量活泼生动，不要让客户感觉被疏忽了。如果实在很忙，不妨客气地告诉客户"对不起，我现在比较忙，我可能会回复得慢一点儿，请理解"。

尽量使用完整客气的语句来表达，若想告诉客户不讲价，应该礼貌而客气地告诉客户"对不起，我们店的商品不讲价"，并解释原因。

如果客服没有找到合适的语言来回复客户的留言，与其用"呵呵""哈哈"等语气词，不如使用阿里旺旺表情。一个生动的表情能让客户直接体会到客服的心情。

（2）阿里旺旺使用技巧。

我们可以通过设置快捷短语来实现忙乱时候的快速回复。例如，欢迎词、不讲价的解释等，以及日常工作中客户问得比较多的问题，都可以设置为快捷短语，从而节约大量的时间，达到事半功倍的效果。

通过阿里旺旺的状态设置，可以给店铺做宣传，如在状态设置中写一些优惠措施、节假日提醒、推荐商品等。

如果暂时不在工位上，可以设置"自动回复"，在自动回复中加上一些自己的话，以免让客户觉得自己被冷落了。

6．针对性方面

任何一种沟通技巧，都不是对所有客户一概而论的，针对不同的客户应该采取不同的沟通技巧。

（1）对商品了解程度不同的客户，沟通方式也有所不同。

① 对商品缺乏认识的客户。这类客户缺乏商品知识，对客服依赖性强。对于这类客户，客服要细心解答，多从他的角度考虑来给他推荐，并且告诉他推荐的理由。对于这样的客户，客服解释得越细致他就会越信赖。

② 对商品一知半解的客户。这类客户看商品比较主观，易冲动，不太容易相信客服。对于这样的客户，客服需要控制情绪，耐心地回答，向他展现丰富的专业知识，让他认识到自己的不足，从而增加对客服的信赖。

③ 对商品非常了解的客户。这类客户知识面广、自信心强，问题往往都能问到点子上。对于这样的客户，就要表示出你对他专业知识的欣赏，用虚心的态度和他探讨专业的知识，给他推荐专业的，告诉他"这个才是好的，您一看就知道了"，让他感觉到自己真的被当成了内行人，而且你尊重他，给他的推荐肯定是专业的。

（2）对价格要求不同的客户，沟通方式也有所不同。

① 大方的客户，不讨价还价。对于这类客户记得表达你的感谢，并且主动告诉他店铺的优惠措施，会赠送什么样的小礼物，让客户感觉物超所值。

② 试探性讨价还价的客户。对于这类客户既要坚定地告诉他不能还价，又要态度和缓地告诉他商品的价格是物有所值的，同时感谢他的理解与合作。

③ 爱讨价还价的客户。对于这类客户，除了要坚定重申我们的原则，还要有礼有节地拒

绝他的要求，不要因他各种威胁或祈求动摇。适当的时候建议他再看看其他同类便宜的商品对比一下。

（3）对商品要求不同的客户，沟通方式也有所不同。

① 购买过类似商品的客户。这类客户对购买商品的质量会有清楚的认识，需要我们客观推荐，如实描述。

② 将信将疑的客户会问："图片和商品是一样的吗？"对于这类客户我们要耐心解释，在肯定商品是实物拍摄的同时，还要提醒他难免会有色差等，让他有一定的思想准备，使他不至于把商品想象得过于完美。

③ 挑剔的客户会反复问："有没有瑕疵？有没有色差？有问题怎么办？怎么找你们……"对于这类追求完美主义的客户，我们要实事求是地介绍商品，把一些可能存在的问题都告诉他，告诉他没有东西是十全十美的。

7. 心理素质方面

客服还应具备良好的心理素质，因为在客户服务的过程中，承受着各种压力、挫折，良好的心理素质是不可或缺的。具体如下。

（1）随机应变的能力。

作为客服，每天都要面对不同的客户，很多时候客户会带来一些挑战，这就需要客服拥有极强的应变能力，快速回复问题，解答客户疑问。

（2）承受挫折、打击的能力。

很多客服在工作过程中都遇到过被客户误解甚至辱骂的情况，更有甚者，客户越过客服直接向其主管投诉，导致客服被主管找来谈话，因此客服需要具有一定承受挫折、打击的能力。

（3）情绪的自我掌控及调节能力。

每天在面对不同的客户时，可能会遇到一些客户过激的语言甚至谩骂，会影响客服的心情，这就要求客服要及时调节自己的情绪，不影响接下来的服务对象，让自己保持一个良好的工作状态。

8. 品格素质方面

（1）不轻易承诺，说到就要做到。

对于客服，通常很多企业都有明确要求：不轻易承诺，说到就要做到。客服不要轻易承诺，随便答应客户做什么，这样会使自己很被动。但是客服必须兑现自己的诺言，一旦答应客户某件事情，就要尽心尽力地做到。

（2）勇于承担责任。

客服在工作中出现问题时，同事之间往往会相互推卸责任。客服是一个企业的服务窗口，应该去化解因企业给客户带来损失而造成的矛盾。因此，作为客服，要主动化解出现的矛盾，勇于承担责任。

（3）拥有博爱之心，真诚对待每一个人。

拥有博爱之心，真诚对待每一个人。这个博爱之心是指要达到"人人为我，我为人人"的思想境界。日本企业在面试客服时，会专门聘用有博爱之心的人。

（4）谦虚是做好客户服务工作的要素之一。

谦虚是一种美德。一名客服需要有很强的专业知识，如果他什么都做，什么都会，这样就有可能不谦虚，就会认为客户说的话都是外行话。特别是对做维修的人来说，谦虚更为重要。例如，IT行业的客服，多数都需要上门提供维修服务，客服靠专业知识和技能提供服务。在这个领域，他们可能是专家，客户也许会说出外行的话。如果客服不具备谦虚的态度，就会在客户面前炫耀自己的专业知识，而揭客户的短，这是客户服务中很忌讳的一点。

（5）要有强烈的集体荣誉感。

客户服务强调的是一种团队精神。企业的客服，需要互相帮助，必须有团队精神。人们常说某个球队特别有团结精神，特别有凝聚力，是指什么？这主要是指每一个球员在赛场上不是为自己进球，而是为了全队能获胜。客服也是一样，其所做的一切，不是为了表现自己，而是为了能把整个企业的客户服务工作做好。这就是团队集体荣誉感，这就是团队精神。

> **想一想** 在客户购买商品的不同时段，客服应该采用哪些方法来尽可能使交易成功？如何与客户进行良好的沟通来实现忠实客户的培养？

✖ 拓展学习

● 利用网络或者其他资料查找客服岗位要求还有哪些方面。收集整理，小组讨论，推荐代表课内交流。

● 提供相应的3个案例，并将案例带给我们的启示整理进行课堂交流。

案例1：_____，来源：_____，

启示：_____

_____

案例2：_____，来源：_____，

启示：_____

_____

案例3：_____，来源：_____，

启示：_____

_____

_____

教师点评

活动 1.3.3 技能训练：撰写电子商务客服职业生涯规划书

认知电子商务客服职业，根据个人发展的实际要求，制定个人在今后 3～5 年的职业生涯规划，具体要求如下。

1. 自我分析

在教师的指导下，从个人基本情况、职业价值观、职业兴趣、职业能力、性格特征、优缺点等方面进行自我分析。

2. 职业分析

通过开展调查、查阅资料等方式，对电子商务专业的市场前景、就业状况有明确认识，填写表 1-10。

表 1-10 电子商务职业分析表

行业分析		
专业认识		
职业认识	初次就业岗位	
	知识要求	
	能力要求	
	综合素质要求	
	资格证书要求	
	职业发展前景	

3．环境分析

分析家庭环境、学校环境、社会环境和职业环境等对未来从事电子商务职业的影响。

4．目标与计划

提出切实可行的个人目标（短期目标、中期目标和长期目标），就如何实现目标明确具体的计划和努力方向。

5．制定规划

汇总上述内容，撰写个人职业生涯规划书，并以简报或展板的形式在班级展示交流。

教师点评

项目小结

通过本项目的学习，我们认识到电子商务客服是指在开设网店这种新型商业活动中，充分利用各种通信工具，并以网上即时通信工具（如阿里旺旺）为主的，为客户提供相关服务的人员。电子商务客服是承载着客户投诉、订单业务受理（新增、补单、调换货、撤单等）、通过各种沟通渠道获取参与客户调查、与客户直接联系的一线业务受理人员。电子商务客服所提供的服务一般包括客户答疑、促成订单、店铺推广、完成销售、售后服务等，即要做好四件事情：树立良好的企业形象、提高成交率、提高客户回头率、给客户带来更好的购物体验。好的电子商务客服是企业成功的关键。从经济学角度来说，现代市场竞争需要的不再是一味地打"价格战"，"服务战"占了越来越大的比例。而所有这一切要由电子商务客服来完成。企业也好，网店也罢，提高电子商务客服的服务水平尤为重要，迫在眉睫。售前客服、售中客服和售后客服，是一个不可分割的整体，是永远的互动过程。企业对电子商务客服的职业素质、知识、技能有着独特的要求，同时我们要了解电子商务客服的工作流程及岗位职责，明确电子商务客服岗位要求，熟悉相应交易规则，在帮助客户的同时取得交易的成功。即让来的人都买，让买的人买更多，这就是电子商务客服的本质。同时，在明确电子商务客服岗位要求的基础上，要做好个人职业生涯规划。

项目 2
电子商务客服的沟通技巧

学习目标

通过学习本项目，你应该能够：

（1）理解电子商务客服沟通技巧的含义；

（2）掌握电子商务客服沟通技巧的组成；

（3）熟悉电子商务客服接待沟通的专业知识；

（4）掌握电子商务客服的专业用语和礼仪；

（5）熟悉千牛的设置技巧。

随着网络购物的兴起，网店经营的日益火爆，一个全新的职业——电子商务客服悄然兴起了。电子商务客服沟通技巧你知道多少呢？售前需要沟通，售后还要跟踪，遇到纠纷更要沟通。客服沟通无处不在，技巧决定交易成败。作为客服，我们要让客户方便快速地体验到我们所提供的服务，在购物的过程中一定要让客户感到愉快，良好的客户沟通可以改善客户体验，提高客户的购买率，还可以极大地促进客户的重购行为，甚至让客户成为产品（服务）的推广者。本项目主要完成两个任务：了解电子商务客服沟通技巧的组成；体验千牛的使用效应。

任务 2.1 了解电子商务客服沟通技巧的组成

问题引入

有网购经历的张明，深知客服的重要性，但是对于客服如何有效与客户进行沟通，引导客户愉快购物，他还缺乏全面的认知。他想成为一名优秀的客服，但是他对沟通技巧很茫然：客服沟通该做什么？哪些是客服的专业用语和礼仪？常见的沟通工具——千牛，如何进行设置？这些他都需要学习。

你知道吗？

销售的困境本是沟通的困境，销售的难题也是沟通的难题。要想走出销售困境，首先要突破沟通瓶颈。你知道客户服务的 58 个禁忌吗？所有的禁忌其实就是缺乏沟通、缺乏用心的交流，客服沟通其实贵在用心，只要用心体会客户感受、用心查找工作过失、用心解决客户问题、用心拉近客户距离，一切服务问题便烟消云散了。你也会成为一名优秀的客服。

销售大师原一平曾经说过："影响销售成交与否的关键因素是销售员的沟通能力。"事实也正是如此，套用一句 NBA 广告词来表达就是——"无沟通，不销售！"

活动 2.1.1 熟悉电子商务客服接待沟通的专业知识

做中学

● 查找相应的信息，结合教材中的必备知识了解电子商务客服接待沟通的素质要求。

（1）登录百度，输入关键词"客户服务的 58 个禁忌"，了解相关内容。

（2）对照客户服务的 58 个禁忌，查看自己犯了几个禁忌，小组间进行交流沟通，列出具有的禁忌，将结果填入表 2-1 中。

表 2-1 客服禁忌汇总

禁忌类别	具 有 的	如何改进
专业素质禁忌		
心理承受禁忌		
客户投诉抱怨		
客服处理禁忌		
客户刁难处理		
服务技巧禁忌		
客户沟通禁忌		
说服客户禁忌		

● 请你依据表 2-1，设计一份接待沟通基本情况调查表。结合教材中的必备知识理解电子商务客服接待沟通的素质要求。

必备知识

同活动 1.3.2 明确电子商务客服岗位要求中的必备知识。

【案例 2-1】

从一个故事看沟通的重要性

麦克走进餐馆,点了一份汤,服务员马上给他端了上来。服务员刚走开,麦克就嚷嚷起来:"对不起,这汤我没法喝。"服务员重新给他上了一份汤,他还是说:"对不起,这汤我没法喝。"服务员只好叫来经理。经理毕恭毕敬地朝麦克点点头,说:"先生,这汤是本店拿手的,深受欢迎,难道您……""我是说,调羹在哪里呢?"

案例思考:

知错就改,当然是一件好事。但我们常常改掉正确的,留下错误的,结果是错上加错。这就是问题的症结所在——缺乏沟通。那么,什么是有效的沟通?

拓展学习

● 登录百度,输入关键词"客服沟通技巧"进行搜索,并将相关内容填入表 2-2 中。

表 2-2　客服沟通技巧项目比较

比 较 项 目	你 查 到 的	你 的 理 解
坚守诚信		
留有余地		
倾听意见		
准确推荐		
坦诚介绍		
换位思考		
尊重对方		
坚持原则		
检讨自己		
表示感谢		

● 小组讨论:你了解的电子商务客服沟通技巧还有哪些?推荐代表课内交流。

活动 2.1.2　掌握电子商务客服的专业用语和礼仪

做中学

查找相应的信息,结合教材中的必备知识了解电子商务客服的专业用语和礼仪。

● 登录百度,输入关键词"电子商务客服专业用语"。

● 登录百度,输入关键词"电子商务客服礼仪"。

● 根据以上调查所搜集到的资料，各小组讨论分析，把收集的数据整理好，推荐代表课内交流。

● 对表 2-3 中的客服语言进行选择，并说明理由，同时理解网络语言与书面语言的区别运用。

表 2-3　客服语言比较

客服语言比较	你 的 选 择	你 的 理 解
"不行"和"真的不好意思哦"		
"嗯"和"好的，没问题"		
"不接受见面交易"和"不好意思我平时很忙，可能没有时间和您见面交易，请您理解哦"		
"我不能做"和"我们能为您做的是"		

必备知识

1. 电子商务客服专业用语和礼仪的基本准则

态度：要求礼貌，但不能过于亲密。

方法：在服务过程中应尽量为客户着想。

称呼：对客户称呼使用"您"。

规定：无法满足客户的要求，第一句话需要回答："非常抱歉……"

2. 欢迎语

当接收到客户发送的第一条消息时，要迅速回应，不能让客户的等待时间超过10秒，欢迎语包含自我介绍和笑脸表情。具体格式如下。

（1）您好，我是×号客服。很高兴为您服务，有什么可以为您效劳的？（笑脸表情）

（2）您好，我是×号客服。很高兴为您服务，您刚才说的商品有货。现在满××元包邮，满××元有其他优惠活动。（笑脸表情）

（3）您好，我是×号客服，很高兴为您服务。请问有什么需要，我能为您效劳。（笑脸表情）

（4）您好，我是×号客服。很高兴为您服务。我需要为您看一下库存单，麻烦您稍等。（笑脸表情）

（5）您好，需要和您先说明的是我们公司对价格有比较严格的规定，所有优惠基本是目前的活动优惠，感谢您的理解和支持。（笑脸表情）

（6）您好，欢迎光临××旗舰店，×号客服竭诚为您服务。（笑脸表情）

3. 对话用语

对话用语要与客户建立真诚的沟通，对话环节是客户对公司产品了解的一个过程，客服首先要对公司产品有一个深入了解，站在一个"大师"级别的高度，解答客户对产品的疑问，还可以适当引用一些专业性术语、权威性数字。但在介绍产品时，客服要采用让客户便于理解的话语，关键还是在于自身对产品的了解，同时要加入表情。

（1）亲爱的客户，您说的我的确无法办到。希望我下次能帮到您。

（2）好吧，如果您相信我个人的意见，我推荐几款，纯粹是个人意见啊，呵呵……

（3）哦，您的眼光真不错，我个人也很喜欢您选的这款。（害羞表情）

（4）价格上的区别主要是鞋的样式、工艺、新老款。例如，有的新款要贵一点儿，有的磨砂皮的板鞋是新款的，就比较贵，但是鞋子的质量比较好，这些因素使价格有差异。

（5）我们家商品的价格是这样的，有的普通的可能会便宜一点儿，有的看起来差不多但价格上要差很多，主要是材料和做工的不同，贵的成本很高但质量也是过硬的。同时高档商品的包装和低档的包装也有很大的感官区别。

例如以下对话场景。

客户：看这鞋子好像是 2019 款的，是不是已经过时了？

客服：亲，您真有心，一看就知道您经常关注这个牌子。这款鞋子的确跟 2019 年的那款有些相似，但是我们加入了 2020 年流行的铆钉、紫色花纹等元素。请放心，这绝对是一款 2020 年非常流行的鞋子呢。

客户：这个鞋子尺码标准吗？

客服：亲，您放心呢，这个鞋子尺码是标准的，你平时穿几码鞋子就买几码，如果需要舒适点儿，您可以买大一码。

客户：好的，你们这个鞋子尺码要是不合适可以退换吗？

客服：这个您放心呢，我们家商品是全部赠送运费险的，不满意的话，亲可以申请七天无理由退换。不过亲，您要退换货的话，要注意产品不影响二次销售哦！

客户：好的，那我拍下了。

客服：亲，好的，那请您确认一下订单信息，我们这里尽快给您安排发货。

> **试一试**　分组讨论，客户对产品、品牌、售后、质量、客服都会有哪些不同的要求。如果你是店铺客服，你会怎么做？你是否有更好的应答语言来满足客户的要求？

4. 议价的对话用语

议价是较普遍的对话内容，是当前客服工作中较常见、头疼的问题。在网购过程中，讨价还价已经成为大多数客户的习惯。针对客户的议价，有效的对答能降低沟通成本。议价过程的核心思想：告知其商品的价格是无法优惠的，产品质量是有保证的，结合客户反应，适当给予一些赠品或者优惠运费，达成交易。客户要议价，无非以下几个理由：宝贝标价与实际价值不符；产品价格较之前上涨较多；经济承受能力问题，超出预算；同行价格更低。客服可以参考以下回复。

（1）亲知道，价格和价值是成正比的，您虽然暂时买的比较贵，但是从长远来说还是很便宜的，优质材料的衣服成本高，但是比较耐穿，我们真心不希望您买的衣服在您洗过一两次之后就放衣柜了。（微笑表情）

（2）亲，本店产品已经是最低价了呢，而且您也要多多考虑宝贝本身带来的价值哦。

（3）亲，非常抱歉，价格是公司的规定，作为小小的客服，我是没有办法改变价格的。对于您真正喜爱的宝贝多付一点点儿钱，也是值得的。（机智表情）

（4）亲，您在购买产品时价格确实是需要考虑的因素，但产品的质量和售后服务才是更重要的因素！这样您才能买得放心、用得舒心呀！（憨笑表情）

（5）亲，这款已经是特价了，原价是×××元的，公司规定不允许客服修改价格，都是本着薄利多销的原则在经营，而且宝贝都是七天无理由退货的。在您收到货物的七天之内，只要您不满意我们的产品，都是可以无理由退货的，但请亲注意一下，所退的产品不要影响我们的二次销售哦。

各类不同状况的议价对话。

（1）活动期间可以便宜点吗？

客服：亲，抱歉啊。我们是不议价的哦。现在是活动期间，您拍下的价格已经非常优惠了。（微笑表情）

（2）买得多有优惠吗？

客服：亲，我们的活动是××，而且都是包邮的哦。价格上请您放心，我们线上线下都是统一定价的，这个××活动是我们线上独享的活动，线下是没有这个优惠活动的，所以您已经享受最大的实惠啦！（吐舌头表情）

（3）买了还会再来，能优惠吗？

客服：亲，买过且交易成功后您就是××旗舰店尊贵的会员了，再次来购买，亲就可以享受会员价格购买了。（飞吻表情）

（4）优惠后再还价。

客服：亲，已经给您优惠价格了哦。这个价格是××旗舰店老客户的价格待遇呢，其他人都是原价购买的哦，是看亲中意××产品，又跟我聊得挺投机的，特意向主管为您申请的价格，希望亲能理解。（憨笑表情）

（5）别家的比你们便宜。

客服：亲，我们产品都是线上线下价格统一的，质量是有保证的。别家产品不是很清楚呢，我们是××旗舰店天猫品牌直销，保证天猫正品哦！

（6）多次议价的客户。

客服：我只是一个小小的客服，没有权限修改价格的，这样吧，我去帮您向我们主管申请一下，看看能不能拿到折扣，不过这样的机会是很难的，我尽量帮您申请吧。麻烦您稍等我两分钟。（等待 2～3 分钟后再回复客户以下语句）

客服：亲，主管说因为天猫价格修改不了，不过我给您争取到了一份精美礼品。这份礼品质量很好的，您看这样好吗？（机智表情）

【案例 2-2】

多次议价的启示

客户：你好，这款产品多少钱？价格可不可以低点儿啊？

客服：亲，很抱歉哦，天猫商城没有办法修改价格的。

客户：第一次买你们这个品牌的产品，价格低点儿的话，以后肯定会经常来买你家的呀！

客服：亲，您在购买产品时，价格确实是需要考虑的因素，但产品的质量和售后服务才是更重要的因素！我们是××在天猫商城上的官方旗舰店，产品及质量都是有官方保障的哦。

客户：但是我觉得你们的价格有点儿偏高啊，要是能低点儿就好。

客服：亲，这个价格真的没办法低哦，天猫商城是不支持修改价格的，真的没办法。

客户：那算了，我再逛逛别家的吧。

客服：您这次确定需要多少呢？

客户：暂时先买两罐。要是喜欢就继续跟你家合作呀。

客服：那您稍等一下，我向主管为您申请一下优惠价格，不一定能成功哦，我尽量为您申请吧。您稍等我一下。

客服：亲，主管说因为天猫商城价格修改不了，可以赠送您一份精美礼品。这份礼品质量很好的，您看可以吗？

客户：那不为难你了，我这次买了之后再买应该会有优惠吧？

客服：嗯，是的。买过且交易成功后您就是××旗舰店尊贵的会员了，再次来购买，亲就可以享受会员价格了。

案例思考：

天猫商城的价格为什么不能单独给客户修改？会员价格与普通客户的价格为什么不同？如何设置会员？

拓展学习

淘宝客服议价十大法则

1. 商品价值转移法

当碰到客户纠结价格的时候，不要被客户带到议价的问题里面出不来，客服应该迅速做出反应，把客户往产品本身的价值、性价比、店铺服务上面引导，说服客户停止议价，将客户的关注点指向产品本身的价值和优点。

2. 赠送礼品法

面对一直纠缠价格问题的客户客服可以根据店铺情况适当地赠送一些小礼品，要突出赠品的价值，从而转移客户在产品价格上的预期。这里需要注意的一点是，一开始不要太快承诺赠送礼品，否则就会显得礼品本身的价值过低。

3. 诉苦法

当客户在为某产品的价格纠结的时候，可以向客户发送一些痛苦的表情，用表情告诉客户，自己真的无能为力，确实没有议价空间了。

4. 定价权力转移法

当客户纠结价格时，在客服实在没有让价空间的情况下可以告知客户，产品价格是店长根据市场销售情况统一定好的，客服是没有权力主动降价的。

5. 举例指引法

举一些当天或者之前客户购买的例子告知正在询问的客户，让客户看看销售数据，让客户知道他将购买的产品是很畅销的，从而打消客户对价格的疑虑。

6. 产品对比法

对不同品牌和不同售卖时期的产品进行对比，告知客户现在是优惠期，现在的价格是最适合入手的。

7. 主动出击法

当面临客户纠结产品价格的时候，可能一段时间内客户都不再说话，客户在犹豫要不要购买，这个时候客服就不能一直等着不和客户互动，应该主动出击，帮客户做决定。可以多说说产品的优点，让客户安心。

8. 价格拆分法

将产品拆分为更细小的单元，告诉客户小单元的价格非常便宜。例如，一瓶99元的维生素片，客服可以告知客户一瓶里面有100粒，每天吃1粒，就只需要花费0.99元，让客户感觉物超所值。

9. 沟通情感法

当客户议价时，可以适时绕开客户关注的价格点，和客户聊聊产品的实用性，聊聊客户购买产品是送给什么人使用的，和客户有一个初步的情感沟通往往会事半功倍。

10. 赞美法

面对客户由于价格原因犹豫不决迟迟不下单时，客服还可以赞美一下客户的眼光，间接提醒客户他正在看的产品非常适合他，让客户更轻松地下单。其实只要掌握了议价心理方面的技巧，促成订单并不难。

要促成产品的成交，客服和客户的互动是必不可少的，互动越深入，促成下单的概率就越大。希望上面分析总结的淘宝客服议价十大法则能够帮到各位客服，一旦大家能将以上议价话术灵活应用到日常接待工作中去，相信会对店铺产品的转化率带来很大帮助。

5. 支付的对话用语

客户付完款以后客服的迅速回答，能够给客户专业的信赖感。

（1）新客户，在支付操作过程中遇到一些问题，无法及时完成支付。这时，客服需要主动联系客户，以关心的口吻，了解客户碰到的问题，给予指导，直到客户完成付款。

若迟迟未见客户付款，客服可以这样说："亲，您好，是支付上遇到问题了吗？有不清楚的地方，可以告诉我，或许我能帮到您。（笑脸表情）"

（2）需要优惠运费的订单，在跟客户达成一致后，需要等客户拍下订单，然后修改价格，客户再进行支付。

客服可以这样跟客户说："您好，您拍下来后，先不要进入支付页面，我修改好运费后，您再支付。"

（3）客户完成支付后，客服可以说："亲，已经看到您支付成功了，我们会及时为您发货，感谢您购买我们的商品，有任何问题，可以随时联系我们，我是×号客服。"

6. 物流的对话用语

大多数客户购买商品的时候纠结快递时间，统一回答就可以解决客户的重复提问。在网购过程中，物流是很重要的一个环节，牵动着买卖双方的心。

（1）售前。

客服：我们默认快递是××快递。江浙沪皖一般××天左右到货，其他地区××天左右到货。

（2）售后。

客服：稍等，为您换货的单号是××××，已经显示在派送的路途中了，这两天请注意查收哦。

7. 欢送+好评的对话用语

当完成交易时，要有对应的欢送语，并引导客户给出好评。在沟通过程中，尽量避免使用否定词，如不能、没有、不可以之类。

（1）未达成订单欢送语。

客服：亲，非常感谢您的光临，很遗憾没能跟您完成这次交易，希望您可以收藏本店店铺××旗舰店，以后本店不定期也会有促销活动哦，欢迎随时关注我们，再次感谢您的光临！

（2）达成订单欢送语。

客服：谢谢您对本店的支持，希望您对我们的服务满意，欢迎您下次惠顾。亲可以收藏我们店铺，欢迎亲下次再来！

客服：感谢您的惠顾，期待您的再次光临，收到货满意请给我们好评，我们珍惜每位客户对我们的评价。如果对我们的商品或服务不满意，可以随时和我们联系，我们会服务到您满意为止！（笑脸表情）

客服：您好，感谢您的惠顾，您对×号客服的服务是否满意？如果满意，请您给我们5分好评，××旗舰店有您更精彩！（笑脸表情）

8. 售后的对话用语

售后的处理流程：安抚→查明原因→表明立场→全力解决→真诚道歉→感谢理解。

（1）您好，是有什么问题让您不满意了吗？如果是我们或快递公司的原因给您造成的不便，很抱歉给您添麻烦了，公司现在实行无条件退换商品，请您放心，我们一定会给您一个满意的答复。

（2）请您放心，公司会给您一个满意的解决方式，但需要您的配合：

① 发送受损商品的电子照片给我们。

您可以用手机拍摄商品图片，登录淘宝，通过旺旺对话框发送图片。如果您的手机拍摄像素看不到商品瑕疵或受损情况，可以用数码相机拍摄图片，进行传输保存，联系售后客服，使用邮箱或者微信发送。

② 我们会征求您的意见，一般有3种解决办法。

一是您认为瑕疵影响不大可以接受，您同意按原价五折的价格留下本商品，我们把余款直接转到您的支付宝账户。

二是您认为瑕疵不可以接受，我们会重新为您发货，根据照片情况我们通知您是否将不满意的商品退回。

三是您认为瑕疵不可以接受，需要退款，根据照片情况我们通知您是否将不满意的商品退回。

（3）这个事情给您添麻烦了，请接受我们的歉意。（微笑表情）

（4）购买是一个快乐的过程，您的满意是我们最大的动力，是我们应该做的，感谢您的理解和支持。（吐舌头表情）

【案例2-3】--

售后处理的对话

● **情景对话一**

客户：有人在吗？

客服：您好，我是8号客服，很高兴为您服务，有什么我可以效劳的。（笑脸表情）

客户：这都多少天了，我的东西还没收到，你们怎么搞的？

客服：十分抱歉，耽误您的时间了，稍等一下我查查物流信息。

（这时，客服应该核查客户订单、查询物流信息，不能让客户等待时间过长。）

客户：速度！

客服：您好，刚查了物流信息，货已经到您当地了，可能是……还没有给您派送。（回复文字过多时，可以分段发给客户，避免让客户等待时间过长。）

客服：实在抱歉，由于快递的问题，耽误您时间了。这样，我们现在联系快递公司，问问具体情况，然后回复您，争取尽快给您送到。

客户：尽快吧……

客服：嗯，感谢您的理解，十分抱歉，给您添麻烦了。

● 情景对话二

客户：在吗？

客服：您好，很高兴为您服务，请问有什么需要咨询的？

客户：帮我催一下快递好吗？

客服：好的，已经帮您催了。

客户：那是什么原因不送货？

客服：不好意思，快递没回复。

客户：那您打个电话问一下好吗？

客服：已经帮您催了。

客户：那什么时候可以送货？

客服：快递没回复。请您耐心等待。

客户：那我要等多久？

客服：这个不清楚。

客户：那我收不到货你们不处理、不作为吗？

客服：我们没说不帮您处理。

客户：那什么时候处理？

客服：这个不清楚，请等待。

● 情景对话三

客户：你们的东西太差了！

客服：您好，我是8号客服，很高兴为您服务，有什么我可以效劳的？（笑脸表情）

客户：东西收到了，质量太差了！退款吧。

客服：您好，不好意思，给您添麻烦了，您能跟我说说具体是什么情况吗？

客户：箱子没法用，壳子都碎了，这样的东西你们也往外发。退款吧！

客服：您好，十分抱歉，您看您方便拍张图片传给我们吗？您放心，如果确实是我们的产品有质量问题，我们将无条件给您退货、退款。

客户：你等会儿，我下班回去拍照发给你。

客服：好的，我们会尽快帮您处理好的，耽误您的时间了。

● 情景对话四

客户：你们的鞋子质量不好，我穿了一天就开裂了。

客服：您好，能提供图片给我看看吗？

客户：[图片]

客服：亲，您这个鞋子开裂并不是很明显呢，这个情况多少都会有一点儿的，是正常现象。

客户：我刚穿一天就这样了，这绝对不是正常范围的开裂，我要退货。

客服：不好意思，您这个鞋子已经下地了，恕不退货。

客户：可这是你们店产品的质量问题！

客服：不好意思，我也没有办法，我们有明确规定，这种情况不能退货。

客户：好，那我只能等淘小二介入了。

案例思考：

分组讨论，通过以上4个不同的情景对话，你体会到了什么？结合自己店铺的实际情况，想想你是否遇到类似的事情？你是怎么处理的？你了解网购商品的退换货原则吗？

拓展学习

● 通过上网搜索、查阅资料、走访网店等方式，每位同学收集至少3个不同类别的对话案例，并将相关内容填入表2-4中。

表2-4　不同类别的对话案例

分　类	案　例　名　称	案　例　来　源	启　示
欢迎语			
对话用语			
议价的对话用语			

分　类	案例名称	案例来源	启　示
支付的对话用语			
物流的对话用语			
欢送+好评的对话用语			
售后的对话用语			

● 讨论：各小组汇总学习结果，推荐代表在班级交流发言。

活动 2.1.3　技能训练：收集和解读常用的电子商务客服用语

小组合作开展训练，针对客服的岗位职能，收集和解读常用的电子商务客服用语，具体要求如下。

1. 收集常用的电子商务客服用语

按照以下分类进行收集。

（1）感同身受：_____

_____

_____

（2）重视客户：_____

_____

_____

（3）"我"代替"您"：_____

_____

_____

（4）换位思考：_____

_____

_____

（5）拒绝艺术：＿＿＿＿＿＿＿＿＿＿＿＿＿＿＿＿＿＿＿＿＿＿＿

＿＿＿＿＿＿＿＿＿＿＿＿＿＿＿＿＿＿＿＿＿＿＿＿＿＿＿＿＿＿＿＿＿

＿＿＿＿＿＿＿＿＿＿＿＿＿＿＿＿＿＿＿＿＿＿＿＿＿＿＿＿＿＿＿＿＿

（6）缩短通话：＿＿＿＿＿＿＿＿＿＿＿＿＿＿＿＿＿＿＿＿＿＿＿

＿＿＿＿＿＿＿＿＿＿＿＿＿＿＿＿＿＿＿＿＿＿＿＿＿＿＿＿＿＿＿＿＿

＿＿＿＿＿＿＿＿＿＿＿＿＿＿＿＿＿＿＿＿＿＿＿＿＿＿＿＿＿＿＿＿＿

（7）记录内容：＿＿＿＿＿＿＿＿＿＿＿＿＿＿＿＿＿＿＿＿＿＿＿

＿＿＿＿＿＿＿＿＿＿＿＿＿＿＿＿＿＿＿＿＿＿＿＿＿＿＿＿＿＿＿＿＿

＿＿＿＿＿＿＿＿＿＿＿＿＿＿＿＿＿＿＿＿＿＿＿＿＿＿＿＿＿＿＿＿＿

（8）欢送好评：＿＿＿＿＿＿＿＿＿＿＿＿＿＿＿＿＿＿＿＿＿＿＿

＿＿＿＿＿＿＿＿＿＿＿＿＿＿＿＿＿＿＿＿＿＿＿＿＿＿＿＿＿＿＿＿＿

＿＿＿＿＿＿＿＿＿＿＿＿＿＿＿＿＿＿＿＿＿＿＿＿＿＿＿＿＿＿＿＿＿

（9）其他：＿＿＿＿＿＿＿＿＿＿＿＿＿＿＿＿＿＿＿＿＿＿＿＿＿＿

＿＿＿＿＿＿＿＿＿＿＿＿＿＿＿＿＿＿＿＿＿＿＿＿＿＿＿＿＿＿＿＿＿

＿＿＿＿＿＿＿＿＿＿＿＿＿＿＿＿＿＿＿＿＿＿＿＿＿＿＿＿＿＿＿＿＿

> **议一议** 将收集到的电子商务客服用语整理归类和解读，同时进行日常训练，根据自己店铺的实际需要，进行电子商务客服用语的使用。

2. 电子商务客服用语的使用和解读

（1）通过购物体验收集到的电子商务客服用语：＿＿＿＿＿＿＿＿＿＿＿＿＿＿

＿＿＿＿＿＿＿＿＿＿＿＿＿＿＿＿＿＿＿＿＿＿＿＿＿＿＿＿＿＿＿＿＿

＿＿＿＿＿＿＿＿＿＿＿＿＿＿＿＿＿＿＿＿＿＿＿＿＿＿＿＿＿＿＿＿＿

（2）通过走访网店收集到的电子商务客服用语：＿＿＿＿＿＿＿＿＿＿＿＿＿

＿＿＿＿＿＿＿＿＿＿＿＿＿＿＿＿＿＿＿＿＿＿＿＿＿＿＿＿＿＿＿＿＿

＿＿＿＿＿＿＿＿＿＿＿＿＿＿＿＿＿＿＿＿＿＿＿＿＿＿＿＿＿＿＿＿＿

（3）自身店铺使用的电子商务客服用语：＿＿＿＿＿＿＿＿＿＿＿＿＿＿＿＿

＿＿＿＿＿＿＿＿＿＿＿＿＿＿＿＿＿＿＿＿＿＿＿＿＿＿＿＿＿＿＿＿＿

＿＿＿＿＿＿＿＿＿＿＿＿＿＿＿＿＿＿＿＿＿＿＿＿＿＿＿＿＿＿＿＿＿

> **议一议** 电子商务客服用语对店铺转化率和购买力有什么帮助？电子商务客服用语对店铺形象推广是否有作用？如果你是一个网店店主，你是否考虑对店铺客服进行专业培训？

3. 使用电子商务客服用语的注意事项

注意事项：＿＿＿＿＿＿＿＿＿＿＿＿＿＿＿＿＿＿＿＿＿＿＿＿＿＿＿

教师点评

任务 2.2 体验千牛的使用效应

问题引入

电子商务行业具有特殊性，要求客服员能熟悉网络沟通交流工具的使用，如淘宝卖家的千牛工作平台，但我们在购物时使用的是阿里旺旺，那么两者之间的区别又在哪里？千牛工作平台有哪些功能可以更好地满足我们的需要？张明对这一平台的功能不是很了解，你觉得他应该如何做呢？

你知道吗？

2013 年 1 月，阿里巴巴商家业务事业部推出卖家移动工作平台——千牛，2013 年 2 月，千牛开始进行用户迁移，主要进行平台切换和升级工作。2013 年 6 月，阿里巴巴集团正式为淘宝、天猫、1688 的商家提供移动端和 PC 端一站式解决方案——千牛。千牛（移动版）已覆盖 iOS、Android、阿里操作系统等平台。2016 年，阿里巴巴集团在 "2016 商业服务生态峰会" 上宣布，阿里巴巴旗下的移动端商业办公平台 "千牛" 上线短短 3 年时间，日均活跃用户数就已达到 750 万人，接入千牛平台的插件应用，日均使用率超过了 60%。"做电商，用千牛" 成为电商人的共识，千牛也成为移动时代热度高的商家一站式办公平台。

活动 2.2.1 熟悉千牛的设置技巧

做中学

● 小组合作，在百度或搜狗等搜索引擎搜索 "千牛工作平台""阿里旺旺卖家版" 等关键词，进行资料查找，将两个卖家软件各自具有的功能填入表 2-5 中。同时了解两者的区别和千牛对卖家的帮助提升表现在哪里。

表 2-5　搜索结果比较表

项　目	主 要 功 能	拓 展 功 能
千牛		
阿里旺旺		
两者的区别		

● 讨论：采用千牛后，卖家能获得的帮助是否有提升？除了 PC 端的功能不同，千牛在移动端还具有哪些新的功能？结合教材中的必备知识，你认为千牛还应该具有哪些更方便用户使用的功能？

必备知识

电子商务客服需要面对网络中的消费群体，在沟通的过程中，必然需要交流沟通的工具，目前比较常用的有阿里旺旺和 QQ 等即时聊天工具。作为卖家，除需要沟通工具以外，更需要对店铺进行管理，所以千牛更合适卖家。那么，千牛具有哪些功能，如何进行设置，是一个客服需要掌握的必备知识。千牛的功能大概可以归纳为"更好的搜索和推荐""更多订单的显示""更方便客服工作""更便捷的插件中心"。千牛的登录界面如图 2-1 所示。

图 2-1　千牛的登录界面

1. 核心模块

千牛是阿里巴巴集团于 2013 年 6 月 24 日推出的专为淘宝、天猫、1688 商家提供服务的卖家移动工作平台。千牛是从阿里旺旺卖家版的基础上升级而来的，拥有四大核心模块：卖家工作台、阿里旺旺卖家版、消息中心、插件中心。同时，千牛还添加了"淘宝智能机器人"智能客服系统，提高了卖家在服务过程中的工作效率，并有效降低了店铺的运营成本。

（1）卖家工作台。

支持子账号登录，为卖家提供店铺关键信息提醒，以及商品、交易、数据等常用操作的快捷入口，使用时更方便快捷。

（2）阿里旺旺卖家版。

支持手机和计算机的同时登录，卖家可随时看到商品订单情况，以及后台推送的最新消息。另外，千牛移动版具备添加好友、查看买家个人主页的功能，方便买卖双方的沟通交流，促进交易达成。

（3）消息中心。

实现第一时间将商品消息、订单消息、退款消息、官方公告等推送到卖家移动端上，避免卖家错过关键的信息。

（4）插件中心。

卖家可根据店铺的实际运营情况，选择合适的商品管理、交易管理、数据统计等常用插件，应用起来更合理。

2．登录状态的设置

千牛的登录界面有两种模式：一种是工作台模式，另一种是旺旺模式。千牛的登录状态分为淘宝网、1688 和企业商家 3 种模式，如图 2-2 所示。

图 2-2　千牛的登录状态

3．店小蜜的使用

店小蜜是阿里巴巴 2016 年"双十一"内测推出的一款针对卖家的智能客服机器人，店小蜜全自动模式为 7×24 小时在线，目前具有智能预测、主动营销、催拍跟单等智能辅助模式，能够代替人工客服处理 60%的咨询问题。店小蜜的界面和开启如图 2-3 和图 2-4 所示。

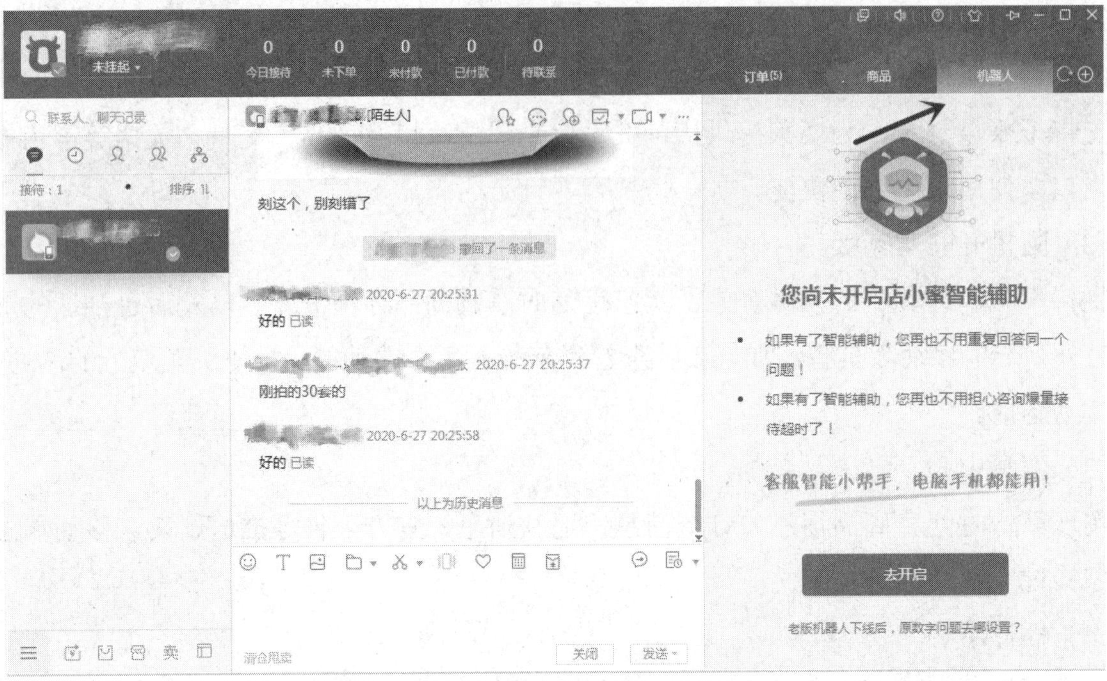

图 2-3　店小蜜的界面

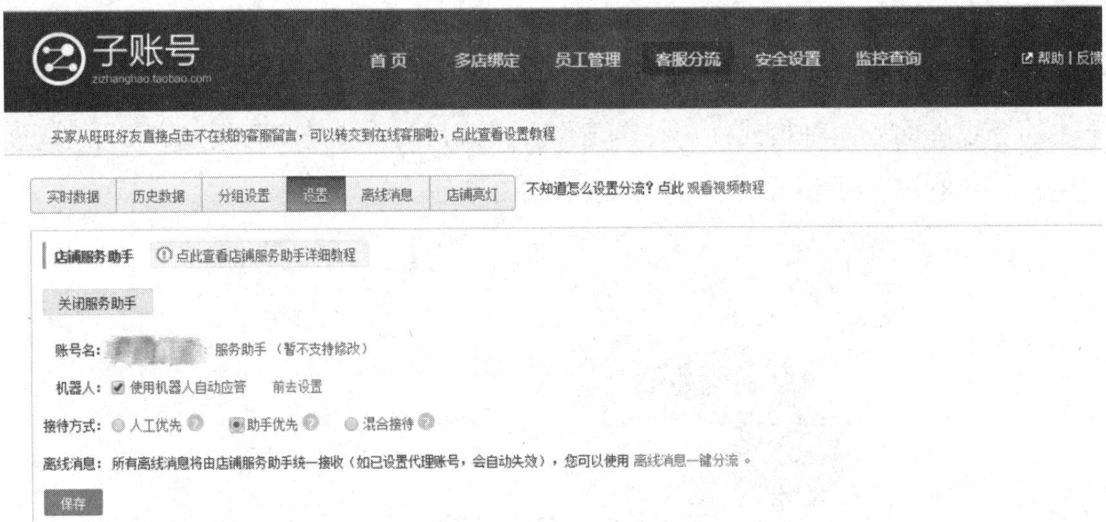

图 2-4　店小蜜的开启

4．搜索功能

有了搜索功能，客服就再也不用到页面去搜索商品了，可以直接在阿里旺旺的右侧搜索商品就可以发送链接，更方便客服给客户推荐商品，如图 2-5 所示。

5．预防差评

很多卖家曾经被差评师深深地伤害过，千牛有了买家好评率后，卖家可以有效地防止差评师。好评率高的买家加好友，差评率高的买家拉入黑名单，而这样的功能在聊天窗口的菜单栏上，更方便操作，如图 2-6 所示。

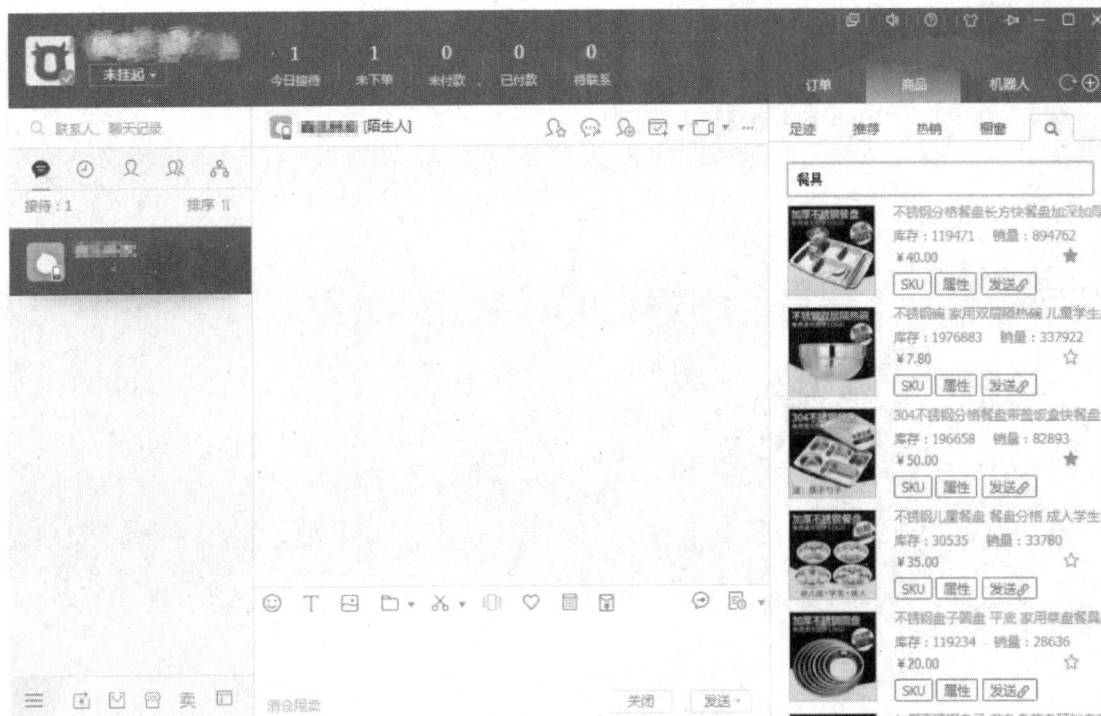

图 2-5　搜索功能

图 2-6　买家好评率

6．客户交易信息查询

客户交易后的信息以前需要在网页上查找，目前的千牛工作平台可以通过左边联系用户列表的名称和用户名称后面所带的标记了解信息，极大地提高了客服工作的效率，如图 2-7 所示。

图 2-7　客户交易信息查询

7．子账号的信息接收

通常情况下，子账号不能接收客户信息，但可以通过系统设置中的接待设置进行调整，如图 2-8 所示。

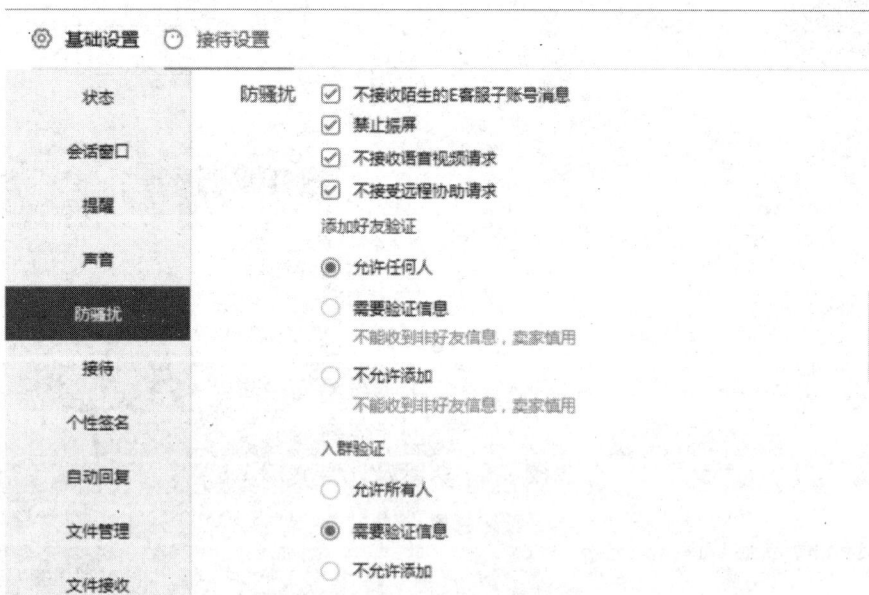

图 2-8　子账号的信息接收

8．消息订阅设置

千牛工作平台可以接收多种消息，客服可以选择性地进行订阅接收，过滤掉不想要也不需要的信息，消除干扰，专心做好客服工作。客服可以通过"消息中心—订阅设置"进行交易信息的设置，其中客户交易信息是必须设置接收的，这样也方便客服的查询，如图 2-9 所示。

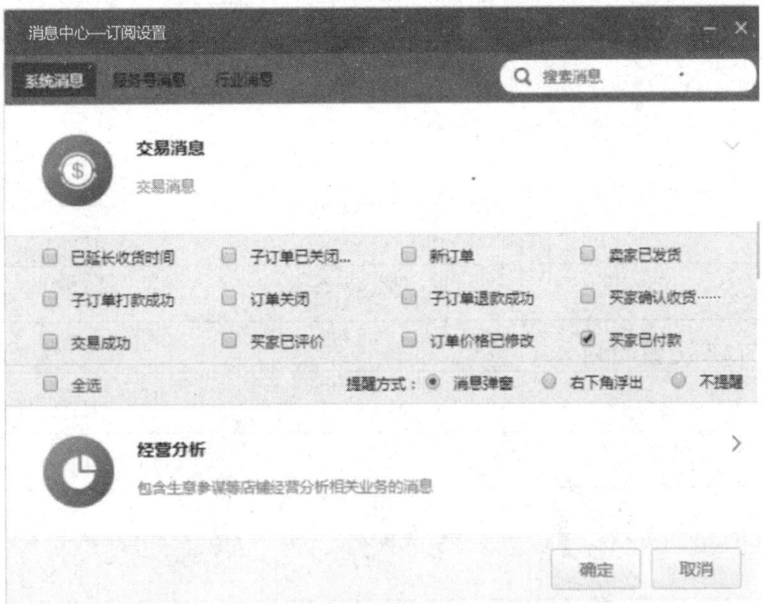

图 2-9 消息订阅设置

拓展学习

小组合作学习，掌握淘宝卖家移动版千牛软件的设置技巧和数据查询方式。

● 下载淘宝卖家移动版——千牛软件，其下载方式和步骤：_____

_____

_____

● 账号登录，设置手势密码，其设置过程：_____

_____

_____

● 管理店铺，可以设置的模块：_____

_____

_____

● 添加数据，可以添加的内容：_____

_____

_____

● 交易管理，可以查询的信息：_____

_____

_____

● 商品管理，可以实现的功能：_____

_____

- 管理店铺，可以设置的内容：_____

_____

- 生意参谋，可以具有的界面：_____

_____

- 消息设置，可以设置的内容：_____

_____

- 账号设置，可以设置的内容：_____

_____

本小组推荐的代表：_____

活动 2.2.2　千牛快捷短语的设置和使用

做中学

- 结合自己店铺商品的实际状况，利用搜索引擎（如百度、搜狗等）查找相应店铺快捷短语的设置，依据不同的状况设置不同的短语，小组同学之间相互进行交流，选择相对合适的快捷短语。

有人"旺"我们时：_____

客户咨询产品质量时：_____

售后质量保证：_____

产品特征：_____

欢送客户：_____

- 结合教材中的必备知识，设计 20 条自己网店的快捷短语，要求是不同状况下的，如促销活动、商品特征、产品包邮、到货期限、付款方式等。

必备知识

1. 快捷短语的设置要求

快捷短语最多设置 500 条，单条限制 800 个字符，一个文字占用 2 个字符，标点或者空格占用 1 个字符。

2. 快捷短语的设置

设置快捷短语的目的是便于迅速回复客户的问题，减少客户等待的时间，增强客户的黏性，提升店铺形象，提高转化率。快捷短语的设置步骤如下。

（1）登录店铺千牛工作平台。

（2）打开联系人（任意选择）。

（3）单击快捷短语，如图 2-10 所示。

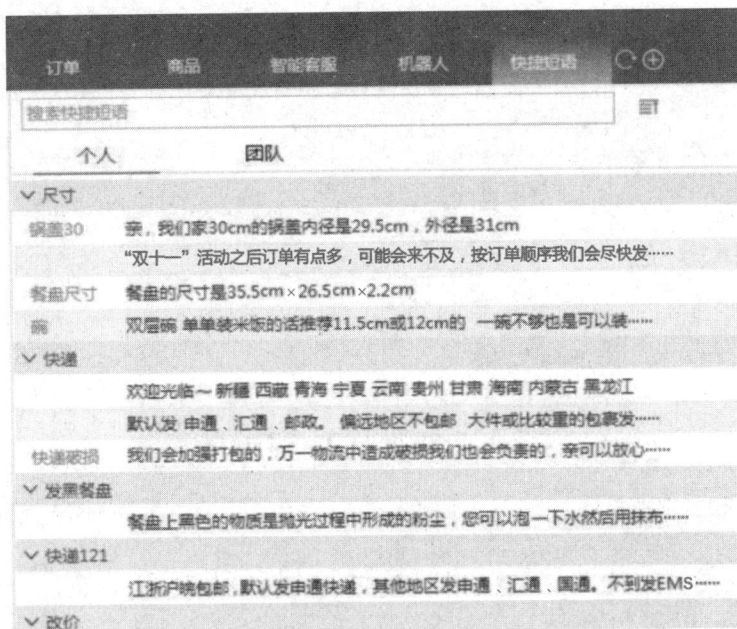

图 2-10　快捷短语

（4）新增快捷短语，如图 2-11 所示。

图 2-11　新增快捷短语

3. 自动回复短语的设置

自动回复短语主要是发生客服在离开工作岗位、客户首次联系、客户询问宝贝信息等状况时，便捷自动回复、摆脱尴尬局面的设置，如图 2-12 所示。

图 2-12　自动回复短语的设置

4. 店小蜜智能回复设置

店小蜜智能回复是客服快速回复客户问题使用的智能化回复功能，为了提高客服工作效率，店小蜜将帮助客服分析出店铺高频被咨询的 6 个问题，并且客服可以根据情况进行设置，设置成功后就可开启智能回复。设置方法：开启店小蜜智能辅助，开启后进行问题设置，如图 2-13 所示。

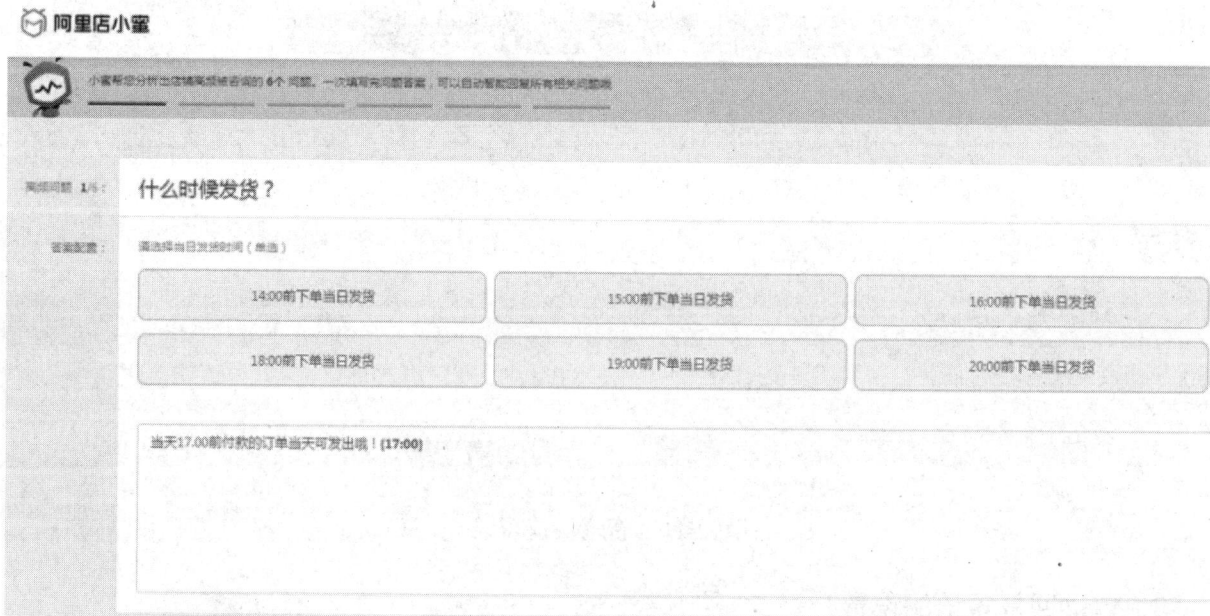

图 2-13　店小蜜智能回复设置

5．"双十一"等重大活动快捷短语的设置

众所周知"双十一"是淘宝卖家的福音，巨大的流量和疯狂的购物，给卖家带来巨大的利益，但同时也增加了客服的工作量，使用好快捷短语能使客服减少大量的相同或相似回复的工作。

1）售前两大任务：活动预告和自动回复

活动预告可以通过短信、邮箱、QQ 等方式通知老客户，提高老客户的回购率，快捷短语举例如下。

（1）亲，欢迎光临××店，诚挚为你服务！"双十一"降临，你我同欢，狂欢购物，全场四折，买任意三件包邮，买得越多，折得越多！亲，赶快下单哦！

（2）为了庆祝"双十一"，凡光临××店购买宝贝三件以上的，都有机会抽签赠礼品，活动仅限今天哦！

（3）亲，舒心购物，"双十一"当天只要购物满 180 元就可以包邮，超级划算！

（4）亲，您好，欢迎进入××小店，全场×折起！目前咨询量大，不能及时回复请您谅解，为节省您的时间，请自助选购，我们会尽快为您发货，谢谢！

自动回复主要是针对突发情况或者比较忙的时候设置的，情况如下。

（1）亲，客人比较多，不要着急哦，您可以先参观店铺的其他宝贝，我会一一回复，我已经成三头六臂了。

（2）亲，吃饭时间到了，优惠活动期间任何宝贝都有货，您放心拍下，有任何疑问可以留言，晚点回复您！

（3）亲，掌柜外出发货，非常抱歉没能及时回复您，看到喜欢的宝贝直接拍下，回来联系亲，祝亲生活愉快！

2）做好售中：给客户塑造良好的第一印象

售中问题主要包括处理销售过程中的店铺发票、尺寸、色差、价格、质量、快递、发货等问题，如表 2-6 所示。

表 2-6　常见售中的回复短语

类别	问 题	回复短语 1	回复短语 2
发票	在吗？我买的东西比较多，请问您这里能开发票吗	本店提供正规发票，发票随货物一起发给您（您若有需要，请您在拍下后备注一下就可以了，请放心购买您心仪的宝贝哦）	本店提供正规发票，只是我们是每月一开，集中寄出的（您若有需要，请您在拍下后备注一下就可以了，我们会统一以挂号信的方式寄给您，邮费我们出，请放心购买您心仪的宝贝哦）
尺寸	您好！我身高 166cm，体重 59kg，应该穿多大码	亲，宝贝详情页有对应身高尺码的，尺码表数据是根据实物测量得出的，亲可以根据自己的实际情况，以及个人喜好的松紧度来选择尺码哦	亲，我们根据您提供的数据，觉得您比较适合穿这个尺码。但您对您自己身体的尺码肯定要比我们更加了解，你可以参照宝贝详情页的尺码表再做定夺哦

续表

类别	问题	回复短语1	回复短语2
色差	您好！请问您家的宝贝有色差吗，会不会跟实物的颜色有很大区别呢	亲，您放心，我们是实物拍摄的哦	亲，我们是专门请摄影师拍摄的，有时会由于计算机显示器的亮度调节不同而出现色差，但是我们都是把色差降到最小的，您可以放心购买
价格	掌柜您好！请问这个衣服可以再优惠些吗	亲，"双十一"期间我们的商品在做活动，已经很便宜了，质量有保证，性价比也很高，您可以看一下其他客户对宝贝的评论。亲，如果想优惠的话参加我们的团购，我们可以给您免邮哦	亲，为了庆祝"双十一"，这个衣服我们可以给您包邮，您还有其他喜欢的也可以继续购买，购买越多，优惠越多哦
质量	掌柜，这个衣服质量保证吗，出现问题可以退货吗	亲，我们家的宝贝都是自家生产的，生产流程严格监督，出现问题的宝贝是不允许出售的，您大可放心购买哦！如果还是出现质量问题，我们支持七天无理由退货哦	亲，您放心，我们的衣服在发货之前都检查过，保证质量无碍，您也可以查看其他客户的评价。如果还是出现质量问题，我们支持七天无理由退货哦
快递	这件衣服包邮吗	亲，"双十一"活动期间，衣服都是低价销售的，您多买的话我们这边可以给您包邮哦	欢迎光临～西藏、青海、宁夏、贵州、内蒙古、新疆等偏远地区不包邮哦，其他地区均包邮，默认发圆通快递哦
	掌柜，你家一般发什么快递呢	亲，我们一般发申通、韵达，您想发其他快递可以拍下宝贝后备注	亲，江浙沪皖包邮，默认发申通快递，其他地区发汇通、圆通，一般快递无法到达的发EMS
发货	掌柜，已经拍下了，什么时候可以发货呢，多久可以到	亲，我们是统一下午6点发货，省内的一般3天之内到货，省外的一般5～7天到货哦	亲，我们是统一下午6点发货的，省内的一般3天内到货，偏远地区可能会久一些，一般10天内到货，有突发情况可以随时联系我们哦

3）售后：提升品牌形象

客户反映还没收到货，这类问题相对来说比较好解决。客服可以帮客户查询物流信息，如果是偏远地区，可以向客户解释："亲，已帮您查询，您的物件正在派送途中，为了您的帅气（美丽），麻烦您耐心等一下，相信很快就到哦！"如果核实后发现发错件的情况，要马上向客户解释："亲，真的不好意思，由于'双十一'那天的订单较多，工作人员的失误导致发错件，我这边立即帮您安排发货，同时包邮且给您一份小礼品作为补偿哦，望亲原谅！"

客户收到货后反映发错货。在"双十一"这个重要的日子，订单多了，忙起来必会有所疏忽。不管是不是发错货，客户只要反映情况，客服就要先安抚对方的情绪，千万不要推卸责任，否则只会使情况恶化。这时，客服要使用推荐的快捷用语："亲，先不要着急，可以麻烦您给我发一下图片吗？我们确认一下如果是我们的过失，我们会承担责任哦，谢谢！"

（1）确认是自身的过失后，客服首先跟客户道歉："亲，真的对不起，给您造成的不便在此郑重向您道歉。"

（2）然后尽量在降低成本的基础上跟客户协商解决的方法，一般的解决方法有以下几种。

① "亲，您看您那边可以找一下裁缝店，帮您修补一下裤子吗？费用我们这边补给您。或者您申请换货，我们承担邮费。"

② "亲，我们这边帮您返还些钱作为补偿可以吗？真的很抱歉！"

③ "亲，您那边直接退货给我们，或者如果您想换货也是可以的，邮费都由我们来承担哦！您看这样行吗？"

（3）最重要的还是要把发货的工作做好，以后尽量避免此类情况的发生。

客户反映商品不喜欢或者不合适，提出退换货。相信很多客服都会遇到这种情况，此时作为客服千万不要感到厌烦，可以这样跟客户说："亲，宝贝是可以退换的，如果非质量的问题，邮费由您来承担哦！"这样接下来的沟通也就比较顺畅了，至少可以省去一些不必要的纠缠。总之，对这样的客户一定要晓之以理、动之以情，相信你对客户付出了真心，客户也会回报你以宽容和理解的。

遭到客户投诉或者差评，这个问题想必是大部分客服都头疼的，因为看不到商品，也不知是客户弄坏的还是商品本身的问题，抑或是快递的原因。

（1）首先要沉住气："亲，您好！是哪方面出现问题了呢，可否告知一下，如果确实是我们这边出现的问题，我们会尽最大的努力补偿您；如果是快递途中损坏的，我们也会赔偿给您；如果不是以上问题，我们也是无能为力哦！"

（2）确认如果是商品本身出现的问题，马上道歉："亲，由于'双十一'订单比较多，工作人员可能在检查的时候疏忽了，我们这边立即帮您安排退货或者换货，给您造成的不便，敬请谅解。"

（3）如果是快递方面导致的问题，可以说："亲，核查后是快递公司运输途中出现差错导致的，我们这边帮您申请退款或者换货，快递公司那边我们也会申请赔偿的，给您造成的不便，敬请谅解。"

（4）解决完投诉，对于给了差评的客户我们也要保持良好的态度："亲，您好，首先感谢您对我们店铺的支持！看到您对我们家商品的评价不是很好，是哪方面出现问题了，可否告知一下，我来帮您分析解决，做淘宝的不容易，有打扰之处请见谅！"

（5）多站在客户的角度思考，同时面对故意刁难的客户也绝不妥协，不必为了一两个差评而失去自己的立场，否则得不偿失。

> **想一想** 电子商务客服应具备的知识还有哪些？你能把这些知识归并整理吗？针对自己的店铺，你认为还应该增加什么知识？

✂ 拓展学习

● 结合自身店铺的实际情况，设置好相应的快捷短语，同时进行机器人的回复关联，对设置过程中遇到的问题进行记录，并查找相关资料、同学互助、小组讨论解决问题，把结果填入表 2-7 中。

表 2-7　店铺快捷短语的设置

类　　别	快　捷　短　语
活动预告	
突发情况	
发票问题	
价格问题	
质量问题	
发货时间	
宝贝说明	
颜色差异	

● 小组讨论确定相对合理的各类快捷短语，利用搜索引擎查找网络中相应的快捷短语进行比较，把结果填入表 2-8 中。

表 2-8　常见快捷短语的采用

类　　别	小　组　确　定	网　络　查　找	最　终　采　用
活动预告			
突发情况			
发票问题			
价格问题			
质量问题			
发货时间			
宝贝说明			
颜色差异			

活动 2.2.3　技能训练：千牛的操作体验

实践操作千牛设置，小组合作开展训练，具体要求如下。

1. 选择自身店铺插件

千牛是一款基础功能+第三方插件的平台化软件。在千牛工作台"我的应用"中，一般有商品、交易、客服、客户运营、仓储物流等类目，在类目中选择需要的插件，如服务市场、赤兔交易、千牛110、淘宝交易管理等，如列表中没有你想要使用的插件，单击"+更多应用"即可跳转至服务市场订购。请根据实际情况，把你认为应该选择的内容的填入表 2-9 中。

表 2-9　店铺插件选择

插 件 名 称	内 容 选 择
商品	
交易	
客服	
客户运营	
仓储物流	
……	

议一议　你如何选择插件？在第三方收费插件如何考虑自身店铺所需要的插件？你对插件的使用有什么不满意的地方？说出你考虑的因素。

本小组确定购买的第三方插件：＿＿＿＿＿＿＿＿＿＿＿＿＿＿＿＿＿＿＿

选择该插件的理由：＿＿＿＿＿＿＿＿＿＿＿＿＿＿＿＿＿＿＿＿＿＿＿＿

＿＿＿＿＿＿＿＿＿＿＿＿＿＿＿＿＿＿＿＿＿＿＿＿＿＿＿＿＿＿＿＿＿＿

＿＿＿＿＿＿＿＿＿＿＿＿＿＿＿＿＿＿＿＿＿＿＿＿＿＿＿＿＿＿＿＿＿＿

2. 店小蜜的使用设置

店小蜜能帮助客服减少哪些常见的回复短语？如何进行店小蜜的答案配置和自动回复？结合自身店铺的实际情况，将你店铺中被咨询的 6 个高频问题和自动回复列出，并说明使用的理由。

6 个高频问题：＿＿＿＿＿＿＿＿＿＿＿＿＿＿＿＿＿＿＿＿＿＿＿＿＿＿

＿＿＿＿＿＿＿＿＿＿＿＿＿＿＿＿＿＿＿＿＿＿＿＿＿＿＿＿＿＿＿＿＿＿

自动回复：＿＿＿＿＿＿＿＿＿＿＿＿＿＿＿＿＿＿＿＿＿＿＿＿＿＿＿＿＿

想一想　店小蜜作为千牛工作平台的一个智能工具，客服在设置回复短语时应该关注什么问题？作为客户，你的提问会如何进行？

短语设置前需要做好的准备工作：＿＿＿＿＿＿＿＿＿＿＿＿＿＿＿＿＿＿

＿＿＿＿＿＿＿＿＿＿＿＿＿＿＿＿＿＿＿＿＿＿＿＿＿＿＿＿＿＿＿＿＿＿

＿＿＿＿＿＿＿＿＿＿＿＿＿＿＿＿＿＿＿＿＿＿＿＿＿＿＿＿＿＿＿＿＿＿

3. 快捷短语的使用设置

在客户购买的不同阶段，应分别设置不同的快捷短语，在设置快捷短语过程中同时配合表情符号与客户沟通，使沟通交流过程更具人情味，拉近与客户的距离，将你在不同阶段设置的短语进行截图，完成体验报告。

> **议一议** 快捷短语与表情符号的配合是否合理？如何设置更具亲和力的快捷短语？在小组讨论的过程中，你如何进行与其他同学的比较？

4. 活动专用短语的设置

你所知道的淘宝店铺有哪些活动？各小组成员进行交流，整理出比较完整的活动类型，并推荐代表在班级交流。

（1）天天特价，店铺的要求和设置的短语：＿＿＿＿＿＿＿＿＿＿＿＿＿＿＿＿

＿＿＿＿＿＿＿＿＿＿＿＿＿＿＿＿＿＿＿＿＿＿＿＿＿＿＿＿＿＿＿＿＿＿＿＿＿

＿＿＿＿＿＿＿＿＿＿＿＿＿＿＿＿＿＿＿＿＿＿＿＿＿＿＿＿＿＿＿＿＿＿＿＿＿

（2）聚划算，店铺的要求和设置的短语：＿＿＿＿＿＿＿＿＿＿＿＿＿＿＿＿＿＿

＿＿＿＿＿＿＿＿＿＿＿＿＿＿＿＿＿＿＿＿＿＿＿＿＿＿＿＿＿＿＿＿＿＿＿＿＿

＿＿＿＿＿＿＿＿＿＿＿＿＿＿＿＿＿＿＿＿＿＿＿＿＿＿＿＿＿＿＿＿＿＿＿＿＿

（3）免费使用，店铺的要求和设置的短语：＿＿＿＿＿＿＿＿＿＿＿＿＿＿＿＿＿

＿＿＿＿＿＿＿＿＿＿＿＿＿＿＿＿＿＿＿＿＿＿＿＿＿＿＿＿＿＿＿＿＿＿＿＿＿

＿＿＿＿＿＿＿＿＿＿＿＿＿＿＿＿＿＿＿＿＿＿＿＿＿＿＿＿＿＿＿＿＿＿＿＿＿

（4）一元起拍，店铺的要求和设置的短语：＿＿＿＿＿＿＿＿＿＿＿＿＿＿＿＿＿

＿＿＿＿＿＿＿＿＿＿＿＿＿＿＿＿＿＿＿＿＿＿＿＿＿＿＿＿＿＿＿＿＿＿＿＿＿

＿＿＿＿＿＿＿＿＿＿＿＿＿＿＿＿＿＿＿＿＿＿＿＿＿＿＿＿＿＿＿＿＿＿＿＿＿

（5）微淘，店铺的要求和设置的短语：＿＿＿＿＿＿＿＿＿＿＿＿＿＿＿＿＿＿＿

＿＿＿＿＿＿＿＿＿＿＿＿＿＿＿＿＿＿＿＿＿＿＿＿＿＿＿＿＿＿＿＿＿＿＿＿＿

＿＿＿＿＿＿＿＿＿＿＿＿＿＿＿＿＿＿＿＿＿＿＿＿＿＿＿＿＿＿＿＿＿＿＿＿＿

> **教师点评**

项目小结

通过本项目的学习，我们认识到电子商务客服技巧是决定客户购买行为的重要因素，销售的困境本是沟通的困境，销售的难题也是沟通的难题。要想走出销售困境，首先要突破沟通瓶颈。你知道电子商务客户服务的禁忌吗？有许多不该说、不能说的话语、不能用的表情符号，但只要用心交流、用心体会客户感受、用心查找工作过失、用心解决客户问题、用心拉近客户距离，一切服务问题便烟消云散了，你也会成为一名优秀的客服。

当然，与客户沟通首先要有端正、积极的态度，以及足够的耐心与热情，要多采用阿里旺旺表情，将自己的情感信号通过表情传达给客户。其次要礼貌待客，让客户真正感受到尊重。客服要培养与客户的感情，采用礼貌的态度、谦和的语气，这样就能与客户进行良好的沟通，让客户的心理抵抗力减弱或者消失。平时要注意提高修炼自己的"内功"，同样一件事不同的表达方式就会表达出不同的意思。很多交易中的误会和纠纷就是因为语言表述不当引起的。学会使用正确的沟通方法和沟通语言，语气要尽量活泼生动，多使用生动的表情符号。满足客户无论是对商品、价格，还是对性价比的要求。

作为客服，还要熟悉千牛工作平台的设置和使用，熟悉各种模块的设置，充分利用工具及时了解客户信息，查找店铺关联信息，开展各类活动，做好店铺活动的展示，关注店小蜜新功能的开发，利用店小蜜等新功能提升工作效率，做好本职工作。

学习目标

通过学习本项目，你应该能够：

（1）了解不同网店客户的分类方式；

（2）分析网店目标客户的需求；

（3）了解网店客户的购物心理；

（4）了解网店客户常见的不安心理，以及消除其不安心理的策略；

（5）搜寻网店潜在客户；

（6）管理网店现实客户。

随着网络购物的快速增长和网民数量的急剧增加，网店客服所面临的客户群体也千变万化。了解网店客户的基本类型，分析网店客户的特点，学会正确管理网店的客户，对提高网店客服的服务质量和服务效率有着极大的影响。本项目主要完成 3 个任务：分析网店客户类型；熟悉网店客户的购物心理；熟悉网店客户的管理。通过本项目的学习，希望同学们能够快速地对客户进行分析、辨别并使用相应的对策来留住客户，达成交易。

任务 3.1 分析网店客户类型

问题引入

张明是淘宝皇冠店铺的一名实习客服，刚当上客服的他总是非常热情地接待每一位前来咨询的客户，尽自己最大的努力推销店铺的商品。最近，有些客户对推荐的商品很感兴趣，有些客户说了几句就表示没兴趣，有些客户甚至直接消失不回复了，这让张明感到十分气馁。张明向他的师傅讲述了自己的烦心事，师傅告诉张明要分析客户类型，对不同类型的客户要用不同的方法。那么，客户类型有哪些呢？

客户的需求是多方面的、不确定的，需要去分析和引导。客户的需求是指客服通过与客户沟通，对客户购买商品的欲望、用途、功能、款式进行逐步发掘，将客户心里模糊的认识以精确的方式描述并展示出来。而网店客服是网店的中坚力量，其重要性已经被越来越多的店家意识到，所以正确地对客户的需求进行分析和引导就显得尤为重要了。

活动 3.1.1　了解网店客户的分类方式

做中学

● 请在你的家人、朋友和同学中做个小调查，了解他们网上购物下单的方式，请将调查结果填入表 3-1 中。

表 3-1　网上购物下单方式调查汇总

年龄：　　　　　　　　　　　　　　　　性别：

下　单　方　式	请在相应下单方式对应栏打钩
每一次必须和客服聊天确认过才下单	
喜欢和客服沟通边下单（客服是主要因素）	
有问题找客服，没问题一般不喜欢和客服聊天	
直接拍，从来不和客服沟通	

● 请你依据表 3-1，结合教材中的必备知识了解网店客户的分类方式。

必备知识

1．网店客户的分类方式

网店客户是一个非常大的群体，不同客户之间都存在着或多或少的差异，所以对客户的分类依据也不同，那么针对网店客户，分类方式大致有以下几种。

（1）按客户性格特征分类。

（2）按客户购买行为分类。

（3）按客户常规类型分类。

2．网店客户的具体分类

（1）按客户性格特征分类，网店客户可以分为友善型客户、独断型客户、分析型客户和好争吵型客户。

友善型客户：性格随和，对自己以外的人和事没有过高的要求，不维护自己，沉默寡言，经常在沉默中忍受。

独断型客户：异常自信，有很强的决断力，感情强烈；对自己的任何付出一定要求回报；不能容忍欺骗、被怀疑、怠慢、不被尊重等行为；自己的想法和要求一定要被认可，不容易接受意见和建议。

分析型客户：情感细腻，容易被伤害，有很强的逻辑思维能力；懂道理，也讲道理；对公正的处理和合理的解释可以接受，但不愿意接受不公正的待遇；善于运用法律手段保护自己，但从不轻易威胁别人。

好争吵型客户：随时随地大声地、长时间的抱怨，性格敏感多疑，有很强的报复心理，有的甚至不讲道理，胡搅蛮缠。

（2）按客户购买行为分类，网店客户可以分为交际型客户、购买型客户、礼貌型客户、讲价型客户、拍下不买型客户。

交际型客户：这类客户很喜欢聊天，会主动和客服接近，使双方没有距离感，聊得愉快了就到店里购买商品，不仅达成了交易，还成了朋友。

购买型客户：这类客户直接买下商品，付款很快，收到商品后不出意外一般不会主动和客服联系，直接给予好评，对客服相对比较冷淡。

礼貌型客户：这类客户本来因为只想买一件商品而联系了客服，如果客服热情相待，在聊天过程中运用恰当的技巧，客户会直接到店里再购买一些商品；如果售后服务到位，客户或许还会到店里来。

讲价型客户：这类客户比较喜欢讲价，整个聊天过程都贯穿着商品价格，商品很难令其满意。

拍下不买型客户：这类客户对喜欢的商品直接拍下，但是在付款的时候便开始犹豫不决，经常会出现拍下但是迟迟不付款的情形。

（3）按客户常规类型分类，网店客户可以分为初次上网型客户、勉强型客户、"便宜货"型客户、"手术"型客户、狂热型客户、动力型客户。

初次上网型客户：这类客户在试着领会电子商务的概念，他们的体验可能从在网上购买小的安全种类的商品开始。这类客户要求界面简单、过程容易。

勉强型客户：这类客户对安全和隐私问题感到紧张，因为有恐惧感。他们在开始时只想通过网站做购物研究，而非购买。

"便宜货"型客户：这类客户广泛比较各个店铺的价格，没有品牌忠诚度，只要低价格。

"手术"型客户：这类客户在上网前已经很清楚自己需要什么，并且只购买他们想要的商品。他们的特点是知道自己做购买决定的标准，然后寻找符合这些标准的信息，当他们很自信找到了正好合适的商品时就会购买。

狂热型客户：这类客户把购物当作一种消遣。他们购物频率高，具有冒险精神。

动力型客户：这类客户因需求而购物，而不是把购物当作消遣。他们有自己的一套购物策略来找到所需要的东西，不愿意把时间浪费在浏览页面上。

读一读

新！7697 亿元的新纪录

11 月 11 日零点，冯楠（化名）和无数个普通女生一样，倒计时准备抢购已经放在购物车里的衣服、鞋子、化妆品。但不同的是，她正坐在阿里巴巴西溪园区的工位上，是此次"双 11"背后保障大团队中的一颗小螺丝钉。"0 点下单之前，我们都在一起倒数，倒数完了很多人都在喊'新年快乐'。"冯楠今年刚毕业，她是第一次以工作人员的身份经历"双11"。虽然只负责一个很小的支持单元，但她最近还是每天凌晨一、两点才能下班回家。

12 日凌晨，当冯楠终于吃上了庆功宴的螃蟹的时候，离她不远处的大屏上，显示着天猫今年"双 11"期间的战报。2020 天猫双 11 全球狂欢季总成交额 4982 亿元，超过 450 个品牌成交额过亿元。

另一电商巨头京东的战绩亦很快揭晓。京东 11.11 全球热爱季累计下单金额超 2715 亿元，再次创造了其新的纪录。加上天猫，两大平台总计成交额 7697 亿元。

"新纪录的背后是，从商业到物流，从内容生态到技术体系，数字新基建的不断升级，更快、更大、更长的'双 11'，展现了我国经济消费走向新高峰的新动能。"有专家如此评价。

快！科技助力"咫尺天涯一瞬间"

就在"双 11"之前，官方公布数据显示，我国前三季度经济增速由负转正，社会消费品零售总额季度增速年内首次由负转正，货物进出口总额增速首次由负转正。中国经济稳步走出了疫情的影响。作为一年中的消费高潮，"双 11"的表现在某种程度上，就像是展现国内消费快速复苏的"仪表盘"。11 日 0 点前，冯楠形容自己同事们的"作战室"就像火箭发射控制中心，大家倒数着"三、二、一"，然后各单位报系统正常。

0 点刚过 26 秒，天猫"双 11"就迎来了流量新峰值，订单创建峰值达 58.3 万笔/秒。这一数字是 2009 年第一次天猫"双 11"的 1457 倍。挺过可以称得上是全球最大规模的流量洪峰，冯楠和同事们几个月没白没黑加班的辛苦没有白费。但在阿里巴巴集团首席技术官程立看来，应对交易峰值已不再是最大挑战。

"2020 年天猫'双 11'成为阿里巴巴技术的新起点。"程立在 11 日晚表示，'双 11'的技术挑战已进入新的历史阶段——通过技术创新提升全产业链的商业效率。

"今年'双11'，在新品研发、生产制造、用户触达、供应链、客户服务、物流配送等环节，技术和商业的共振产生了大量创新。"程立说。

国家邮政局监测数据显示，11月1日-11日，全国邮政、快递企业共处理快件39.65亿件，其中11月11日当天共处理快件6.75亿件，同比增长26.16%，再创历史新高。快递员小郝在"双11"期间的工作量大约有平时的2-3倍。"平时每天只需要跑2次的社区，现在每天至少得4次起步。""公司刚入秋就开始琢磨着招人了，但不太好找，主要还是我们这些老人在干。好在，现在设备越来越好用了，比往年轻松了不少，多跑跑这不是挣得也多吗。"尽管忙得午饭都吃不上，小郝还是很乐观。

在浙江杭州，小郝的"同行"——阿里物流机器人"小蛮驴"正式上岗了。11月1日凌晨1点，天猫"双11"付完尾款不到半小时，它就将包裹送到杭州消费者马女士手中。同时，"小蛮驴"还包办了浙江大学紫金港校区菜鸟驿站3万多件包裹的送货工作。"黑科技"的加持让消费者有了"仿佛是邻居给我发货"的快速物流体验，也让机器人接管物流最后1公里正在成为现实。

大！不断扩大的"好友圈"半径

"整个'双11'项目就像造火箭，一个庞大的工程运作起来，只要一个环节有问题火箭就没法升空，而且一个零件背后可能是一个团队、十几个师傅打磨。"冯楠如此总结自己此次"双11"最大的感受。冯楠的主要工作是和商家对接，提供平台的工具和服务。这是一项巨大的工程，因为今年是商家最多、规模最大的一次天猫"双11"：有500万商家、25万个品牌、近8亿名消费者参与其中。回看9个月前，全国中小企业协会对6422家中小企业的调研显示：近40%处于完全停顿状态，超半数断货，海外订单同比下降70%。现在，企业挺了过来，又反哺了"双11"，成为"双11"供应链中的重要一环。

80后家具厂女厂长曾娟娟就是其中一员，疫情让主要做外贸生意的家具厂损失了绝大部分外贸订单。后来，曾娟娟通过尝试线上平台做出口转内销，大概到了9月份在平台上实现了盈利。和冯楠一样，曾娟娟也是今年的"双11"新人："今年'双11'是'双棍节'，在'第一棍'打完的时候，我们的双11目标就已经完成了超过一半。""因为是第一次参加，我们定了个不是很高的目标，数字挺吉利的，600万。"曾娟娟说，"能卖到600万我们敲锣打鼓放鞭炮，回家给我两个孩子买好吃的。""今年'双11'是观测后疫情时代新场景、新消费、新业态等商业生态结构性变化的一个窗口"，中央财经大学数字经济融合创新发展中心主任陈端表示，从供给侧看，越来越多的产业带商家参与"双11"活动，未来将吸引更多产业带商家开辟数字化转型增长的新赛道。

长！"双棍节"背后延伸无限商业机会

曾娟娟提到的"双棍节"，正是今年"双11"的另一大特点。国际关系学院公共管理系教授储殷认为，"这使平台'双 11'本身和日常消费场景进一步融合，又使消费行为第一更加理性、第二也更具有可持续性和韧性，最重要的是有助于商家借助'双 11'的整个周期重新建立和加固用户的粘性，实现疫情后的业绩有效修复。"

拉长的不仅是时间，更是整个"双 11"产业链。"此举的一个核心目的，就是为商家创造更长的时间窗口，为其带来更大的生意增长机会。"淘宝天猫总裁蒋凡表示。

在西藏，步行 7 个小时才能到的墨脱县城卡布村，过去每年都有近万斤因滞销腐烂的大柠檬，今年通过电商平台的"双 11"从雪域高原走向全国，山沟沟也能直达经济中心。从智利樱桃到俄罗斯 Prime 等级牛肉，2600 多个新品牌、120 万款进口新品首次触电中国"双 11"，共 220 多个国家和地区、超 3 万海外品牌为中国投下信心票。3C 家电、商超便利、时尚居家、生活服务、医疗健康……京东 11.11 联合 320 万家线下门店资源，提供线上线下同价同质量服务。11.11 期间，京东小时达业务成交额同比增长超 50 倍，手机和现实愈发联通。

伴随线上线下深度融合，卡券、直播等数字化工具有力撬动了餐饮行业实现突破性增长。如，在饿了么"双 11"中，去年交易额破亿元的肯德基和星巴克今年都突破了两亿元大关，"亿元品牌俱乐部"数量更是直接翻番，最大变局正在线下发生。从商家到消费者，从外贸工厂到田间地头，从直播生态到物流体系，从线下商业到技术保障，从国内到海外，"双 11"的意义早已不再是买卖双方一次简单的网络交易。

12 年一轮回，在今年这第 12 次"双 11"，你为这 7697 亿元贡献了几个订单？

议一议 你属于哪种类型的客户？当你看中一件商品时，你希望网店客服怎样接待你，你才会在他们店铺购买商品？

🔨 拓展学习

小组成员利用搜索引擎，根据以上几种分类方式，找出各种类型的网店客户所占的比例，并对占比大的客户进行具体分析，小组讨论并思考相应的对策。

活动 3.1.2　熟悉不同类型的客户采用的策略

🔍 做中学

通过阿里旺旺多与同学、家人、朋友或者阿里旺旺好友聊天，询问他们在购买商品时对待客服的态度，并根据 3.1.1 活动中提到的不同类型的客户自己进行总结归纳。

必备知识

针对不同类型的客户，客服采用的策略如下。

友善型客户：提供最好的服务，不因为客户的宽容和理解而放松对自己的要求。

独断型客户：小心应对，尽可能满足其要求，让其有被尊重的感觉。

分析型客户：真诚对待，做出合理解释，争取对方的理解。

好争吵型客户：客服要学会控制自己的情绪，以礼相待，对自己的过失真诚道歉。

交际型客户：对于这类客户，客服要热情相待，并把工作的重点放在这类客户上。

购买型客户：对于这类客户，客服不要浪费太多的精力，如果执着地和他（她）保持联系，他（她）可能会认为是一种骚扰。

礼貌型客户：对于这类客户，客服要及时回复、礼貌待客。

讲价型客户：对于这类客户，客服要坚持始终如一，保持微笑。

拍下不买型客户：对于这类客户，客服可以投诉、警告，也可以忽略。

初次上网型客户：商品照片对说服这类客户完成交易有很大帮助。

勉强型客户：对于这类客户，只有明确说明安全和隐私保护政策才能够使其消除疑虑，轻松面对网上购物。

"便宜货"型客户：这类客户只要最低的价格，网店提供低价商品，对这类客户最具吸引力。

"手术"型客户：快速告知其他客户的体验和对有丰富知识的操作者提供实时客户服务，会吸引这类客户。

狂热型客户：网店应为这类客户多提供商品的详情介绍、视频介绍，以及如电子公告板和客户意见反馈页之类的社区服务。

动力型客户：优秀的导航工具和丰富的产品信息能够吸引此类客户。

> **想一想** 分组讨论，如果你是客服，当一个客户和你聊天时，如何应对才能尽快识别他（她）属于哪类客户？

只有了解了客户的类型才能采用对应的策略，并采用相应的关联销售，这样才能达到事半功倍的效果。

【案例3-1】

关联销售的启示

客户和客服的沟通记录如图3-1所示。

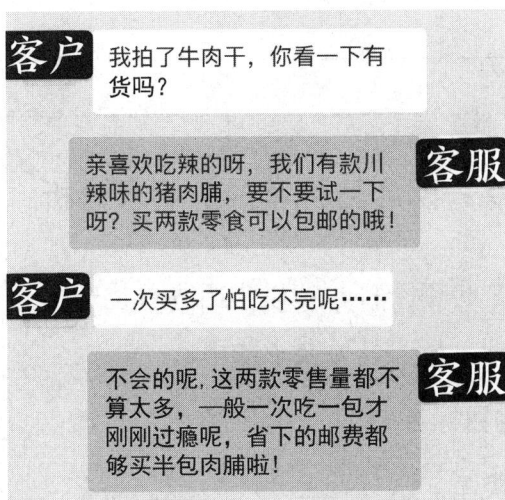

图 3-1　客户和客服的沟通记录

当客服看到客户已经拍下辣味牛肉干时，由此判断客户喜欢吃辣味的零食，所以马上按照客户的喜好和需求推荐另一款川辣味的猪肉脯。当客户担心一次买的量太多吃不完时，客服马上站在客户的角度为他考虑，先说明这两款零售量都不算太多，一般一次吃一包才刚刚过瘾。解决了这个关于量的问题以后，客服接着再有技巧地"推了"客户一把，就是抓住客户在网络购物时关心的邮费问题，告诉客户买两款零食是可以包邮的，而省下的邮费够买半包肉脯，所以最终客服的推荐能被客户接受。在了解客户的基础上进行营销，可以达到事半功倍的效果。

案例思考：

根据图 3-1，你能否辨别出该客户的类型？请对该客户进行分析。

试一试

（1）分组讨论，如果你是店铺客服，你会怎么做？说明具体的对话内容及理由。

（2）如果你是一名销售母婴类商品的客服，客户进来咨询的第一件商品是一个待产包，那么你会怎么接待这个客户并进行商品推荐呢？

拓展学习

一家网店如果做好关联销售，就能提高店铺的转化率和客单价，有效把握进入店铺的客流量，让进入店铺的客流量尽量少流失，充分利用进入店铺的客流量，达到店铺利益最大化。那么，如何做好关联商品的销售，才使客单价提高又不引起客户的反感呢？请同学们就如何做好关联销售给出建议。

建议一：_____。

建议二：_____。

建议三：_____。

活动 3.1.3　技能训练：网店目标客户的需求分析

不同类型的网店目标客户也不一样，请以小组为单位合作开展训练，自己选定一种类型的网店对目标客户的需求进行分析。具体要求如下。

1. 选择网店类型，锁定目标客户

我们小组所选择的网店类型：_____

该类型网店所指向的目标客户：_____

2. 针对目标客户进行具体分析

（1）我们小组把我们选择的网店的目标客户进行这样的分类：_____

_____

_____

（2）按照我们的分类，不同类型的目标客户所占的百分比分别为_____

_____

_____

（3）每种类型的目标客户的需求分别为_____

_____

_____

_____

> **议一议**　目标客户需求的变化会随着外界的变化而变化，那么哪些是引起目标客户需求变化的主要因素呢？

> **教师点评**

任务 3.2　熟悉网店客户的购物心理

问题引入

相对于传统客户，网店客户突破了地域差异。店家想要在现有的基础上维护老客户、抓住新客户，就应该熟悉网店客户的购物心理，那么网店客户都有哪些购物心理呢？

_____

_____

_____

你知道吗？

现在，淘宝中的网店很多，有些新手店家认为网店经营比实体店经营容易，事实上网店跟实体店一样，每天要面对形形色色的客户。只要把握好客户的购物心理，经营网店就会事半功倍，希望同学们能多注意，深度挖掘客户心理。其实，淘宝就是一个大社会，网店就是一个小社会，知己知彼才能百战百胜。只有在细分客户心理的基础上消除客户的不安心理，才能提高订单；只有在提高订单的基础上顺应客户，才能稳操胜券。

活动 3.2.1　洞悉网店客户的购物心理

做中学

● 采用小组合作的方式，对小组成员进行探究，总结出小组成员对待网购的态度，以及在购买商品、挑选店家时的心理，并将相关内容填入表 3-2 中。

表 3-2　小组探究表

小 组 成 员	购买商品时的心理	挑选店家时的心理

● 思考：根据小组成员的特点，从中寻找相同之处进行归纳、总结。

必备知识

1．网店客户常见的五种不安心理

（1）店家的信用是否可靠。店家的信用一般是靠着自己的努力一单一单慢慢积累而来的，但是在电商发展迅速的今天，也不乏通过不正当途径获取高信用的店家，那么店家的信用是否可靠，就成了客户担心的问题之一。

（2）价格低是不是商品有问题。网购能够盛行的很大一部分原因是网购的商品价格比市场上低。起初，网购便宜的原因是店家不需要支付房租、水电费，从而可以降低成本，使客户获利，但是现如今市面上充斥着太多劣质商品，使网上开店的目的变得不再那么单纯。

（3）同类商品那么多，到底该选哪一个。随着网民数量的增加，网店的数量也呈爆发式增长，与此同时，商品的同质化竞争也日益激烈。客户在搜索商品时会出现商品一样但价格相差很大的情况，所以到底该选择在哪家网店购买也成了交易难以迅速促成的原因。

（4）交易是否安全。网络交易是虚拟的，是以数字的方式呈现在客户和店家面前的。初次购物的客户肯定会对交易是否安全、网络交易中资金的去向担忧；经常性购物的客户首要考虑网络交易中的链接安全和账号安全。现如今，网购成了人们生活中必不可少的一部分，家庭地址等个人信息的安全也成了人们重视的问题之一。

（5）售后是否到位。在现实生活中，客户购买一种商品如果出现质量问题，可以寻找店家进行协商，但是在网络交易中店家遍布全国各地，客户很难面对面地和店家进行沟通，所以在进行交易之前，网店的售后也是客户考虑的一个主要因素。

【案例3-2】

售后之七天无理由退货

客户：请问这款蓝色的包包还有货吗？（缺色）

客服：您好，这款蓝色的包包现在没有货了，我推荐您考虑一下同款的玫红色哦。

客户：为什么？但是我只喜欢蓝色的。

客服：因为这款玫红色的包包是我们现在同系列当中销售量最好的一款，蓝色单独从颜色来看确实非常好看，但是不好搭配衣服，而且这也是许多客户的反馈，因此目前我们暂时没有对蓝色的包包进行补货，玫红色的包包在搭配其他衣服时非常出彩，适合各个年龄段的人群，我建议您考虑一下哦。

客户：那我如果收到不喜欢怎么办？

客服：这个您请放心，我们店铺是支持七天无理由退货的，我建议您收到货后先把包包填满，然后背在身上试试效果，再考虑是否喜欢、是否进行退换货。您说呢？

案例思考：

在网络购物中，这样的现象屡见不鲜，可能因为种种原因使客户对网店商品的质量、效果产生怀疑，那么如何做才能把网店商品的优点尽可能地在客户面前展现出来并让客户接受呢？

2. 九类客户、十一种客户心理

1）理智型客户

这类客户购买商品时有自己独特的见解，所以购买商品时也比较理智。理智型客户的特点是原则性强、购买速度快、确认付款也快。

对于理智型客户，我们一定要实事求是，从产品本身出发打动他的心，并给予他想要的东西。面对这类客户，我们的客服就要做理性诉求，因为这类客户在购买前心中已有定论，他需要以自己的专业知识进行分析，卖家可以以自己的专业知识来分析产品的优缺点，但切忌强行推销，会引起这类客户的反感。可见，这类客户重视实事求是，所以客服在解答这类客户心中疑惑时一定不能添油加醋。

2）贪便宜型客户

古人云："言为心声，文如其人。"其实客户在购买时的语言就能够表现他的性格和品行，在客户至上的前提下，客服也一定要擦亮眼睛来保护自己。这类客户的特点是讲狠价、挑剔、稍不满意就退换货等。

对于贪便宜型客户，客服应该"先小人后君子"，一定要注意保留千牛的聊天记录、所传照片、发货记录等，这些都是有力的证据。

3）冲动型客户

这类客户的特点是"不看疗效看广告"，凭借着无计划、瞬间产生的一种强烈的购买欲望，以直观感觉为主，新产品对他们的吸引力较大，他们一般在接触到一件合适的商品时就想买下，而不愿意反复做比较，因而能够很快做出购买决定。

对于冲动型客户，一定要让他有一看就想买的冲动。这类客户在选购商品时，容易受商品外观和广告宣传的影响。所以商品描述和店铺装修是很重要的，它是留住这类客户的重要因素。人的信息量基本80%来源于视觉，即使不是冲动型的客户，也喜欢逛装修漂亮的店铺。

4）舆论型客户

这类客户非常在意周围人对商品的看法，喜欢猜度别人的心思，他们会从他人对于商品的体验来决定自己是否要购买该商品，他们不仅关心商品的本身，还关心有多少人买过这个商品，买了这个商品后评价怎么样。如果我们把其他客户的好评都能放到商品描述中，就能打消这类客户的顾虑。

既然这类客户的购买决定容易受外界的刺激，那么客服在沟通的时候就一定要有足够的热情、耐心和细心，用更积极的态度，给予客户强有力的正面暗示，尽量把自己商品的优势、功能和销售记录，以及其他客户的好评展示出来。"万人好评"等字眼是能吸引到这类客户的。

5）VIP型客户

这类客户通常不喜欢被他人反驳，坚信自己的看法认为自己很重要，自己的看法全部正确。这类客户在购买商品时一旦感觉到客服不重视他，抵触心理就会很强烈。对于这类客户，要尽量顺从他的意思，我的地盘您做主，尽量让他有"国王"的感觉。当这类客户觉得自己对商品很内行时，客服一定要沉住气，让客户畅所欲言，客服要尽量表示赞同，鼓励其继续说下去。因为客户"得意忘形"的时候也是推销的最佳时机。另外，给他们VIP的称号也是不错的方法，当他们享受到店铺特别提供的专项服务及购物的优惠方案时，他们更容易产生心理上的满足感。

6）谨慎型客户

网络交易同线下交易相比，的确会给一部分客户带来不安全感，这类客户通常疑虑重重，他们会很谨慎，挑选商品的时候很慢，左右比较，拿不定主意，还可能因犹豫中断购买，甚至买了之后还担心自己上当受骗。

客服在和这类客户沟通时，可以多使用一些笑脸的表情，也可以寻求一些相同点，让客户把客服当成朋友，从而消除客户的紧张情绪，尽量让客户的情绪放松下来，再中肯地介绍店铺的商品，注意不要过于夸大商品，否则会适得其反。另外，客服也可以像之前对舆论型客户一样，提供一些有力的证明，消除他们的疑虑，如商品的合格证明、其他客户的好评等。

7）惯性思维型客户

惯性思维型客户有两种：一种是购买手机充值卡、游戏点卡等的行为习惯型客户；另一种是情绪惯性型客户，这类客户基本是店铺的老客户。

惯性思维型客户不喜欢改变自己的习惯，所以如果店铺的"粉丝"特别多，当更换店铺装修时，千万不能大动（当然小细节上的变动是必要的）。要保留店铺的亮点、特色、品质和良好的服务。

8）情感义气型客户

这类客户对个人感情很重视，从购买心理的角度看，这类客户同客服之间的交往以友情、热情、共同的喜好为特征。这类客户的购买行为，首先建立在对店家的价值观强烈认同的基础上，同时在交易的各个阶段都会跟客服有很多的沟通，这类客户通常购买的东西会很多，他们的流失率比较低。一旦和客服建立起感情，那这类客户就是店铺的忠实客户了。

9）任意好说话型客户

这类客户缺乏购买的经验，或者没有主见，往往是随意购买。对于这类客户，客服需要提出意见，帮他拿个主意。如果这类客户选择了店铺，但是不知道要买什么的时候，他们会问客服，那么能不能留住客户的关键就在于客服能否提供中肯而有效的建议。当这类客户拿不定主意时，客服可以视情况帮他下定决心，这样既节省了时间，又增强了客户的信心。当然这是从客户类型来讲，另外再从客户心理来分析客户的整个购物过程：快速确认是不是自己想要的产品→感受客服的服务和商品的质量→怀揣希望→看评价→想象商品到手是什么情况→想象商品到手后该如何搭配→确实想要了，放大自己的欲望→查看关联商品→再详细查看商品→快速拍下→犹豫不决就等客服临门一脚→拍下商品后很兴奋。

想让店铺在客户心中留下一个好印象，那么就应该熟悉以下十一种客户心理。

（1）求实心理。店家在商品描述中要突出产品"实惠""耐用"等字眼，并对商品进行详细描述以突出商品实用的性能。

（2）求新心理。抓住商品开发的特点，突出"时髦""奇特"之类的字眼，使自己店铺的商品区别于其他店铺的商品，图片在处理时要鲜明且有特色。

（3）求美心理。销售化妆品、服装的店家，应注意在文字描述中要写明包装、造型等，并可适当地进行关联营销，提供搭配组合或套餐。

（4）求名心理。通常，客户在消费时对名牌有一种安全感和信赖感，所以店家应该极力塑造本品牌、本店铺的形象。

（5）求廉心理。这种心理的核心是廉价和低档。对于存在这种心理的客户来说，只要价格低廉且商品质量能够得到保证就可以。

（6）偏好心理。每个客户都有自己独特的偏好，店家需要了解他们的偏好，在商品文字描述中可以加一些"值得收藏"之类的字眼。

（7）猎奇心理。对于存在这种心理的客户来说，只需要强调商品的新奇、独特，并赞美客户有远见、识货、眼光好等就容易获得客户的青睐。

（8）从众心理。这种心理的核心是从众，可据此描述商品，再加上价格的优势，很容易聚拢人气，吸引客户。

（9）隐秘性心理。存在这种心理的客户不愿别人知道他所购买的商品，店家在添加商品描述时可以强调隐秘性，并帮助客户保护他们的隐私。

（10）疑虑心理。客服可以和客户强调说明商品真实存在，质量经得起考验，并可以通过售后服务让客户满意，打消客户顾虑。

（11）安全心理。如电器等商品，客户在客服解说后，才会放心购买，并且商品介绍要使用"安全""环保"等字眼。有这种心理的客户非常注重售后服务，所以在商品描述页面还应该加上商品的售后保证等。

【案例3-3】

客户：你家店铺的衣服质量怎么样啊？

店家：衣服都是我亲自进的，质量没问题。

客户：为什么人家卖20多元，你卖40多元？

店家：进货渠道不同，质量不同，价格自然不同。

客户：那你家的衣服质量有别人家的好吗？

店家：这个我不知道！别人家的衣服我没看过，我只能说我家的衣服我认为质量是不错的。

客户：是吗？那你便宜点吧。

（中间经过漫长的讨价还价过程，客户擅自拍下两件商品，店家为了赚信用，不得以以30元的价格卖给他了。）

客户：你保证质量没问题吧？别人家的可都比你家的便宜，你家的贵我还买，质量可得有保证！

案例思考：

这一类型的客户属于上述类型中的哪一种？如果是你，会怎么回复呢？

✖ 拓展学习

采用小组合作的方式讨论，如果你是一家文化用品店的客服，你会如何让客户立即下单购买。

活动 3.2.2　消除网店客户不安心理的策略

🔍 做中学

3 年前，28 岁的张明开了一家网店，通过一家大型手机批发商以代发货的形式销售手机。由于不需要自己压钱铺货，因此大大降低了他的风险。

"我并不熟悉手机行业。"张明说。当时急于赚钱，对手机的功能、参数只进行了粗略的了解，每当客户咨询时，他都是直接让客户看参数资料。而当客户有新疑问时，又经常联系不上张明。"可能是这种方式让客户觉得我是个外行，所以不愿意在我这里买手机。"张明表示，他开店半年一个订单都没接到，由于没业绩，该批发商不再供货，他的第一次创业梦就这样破碎了。

结合自己的经验，总结张明开网店失败的原因。

_____

_____

_____

✅ 必备知识

1. 针对新客户

客服首先要通过千牛卡片来识别新客户，新客户注册时间短，没有交易信用，多数没有上传头像。这些信息在千牛聊天窗口的右侧可以看到。通过查看会员卡片也可以看到相关信息，单击千牛聊天窗口中对方的会员名，可以查看到名片、信用、活跃、展示等信息，新客户的千牛使用率低，活跃度也较低。

新客户通常有两类情况：一是不熟悉购物流程；二是对网购缺乏信心。掌握新客户因网购知识的缺乏而产生的错误，指导新客户进行购买，消除新客户的不安情绪。

客服在与新客户交易时经常会遇到以下情况。

（1）新客户在单击"立即购买"按钮以后，以为拍下成功了，而不再继续输入验证码、填写购买数量等操作。

对策：提醒新客户继续操作，直到系统提示"您买到了商品"才算购买成功。

（2）新客户在拍下商品以后，通过网上银行把钱充值到自己的支付宝账户当中，以为付款成功，就不再继续进行正常的付款操作。

对策：提示新客户到"已买到的商品"当中，单击"付款"按钮并进行付款操作，付款成交后交易状态会由"等待买家付款"变成"买家已付款等待卖家发货"，此时才为付款成功。

（3）新客户因为初次网购，在陌生的环境里产生紧张感。

对策：多使用千牛聊天工具中的表情和商家自行添加的表情包，这样和客户交流更具亲和力，能拉近与新客户的距离，可消除新客户的紧张感。

（4）新客户因操作不熟练而导致操作失误。例如，一件商品反复拍了多次、拍商品的时候数量填写错误等。

对策：安抚新客户，表明自己也曾犯过类似的错误。

（5）新客户经常会催件，在没收到商品前反复查询。

对策：此类行为是由于新客户对网购不信任引起的，此时客服可告诉新客户查询快递的方法，并讲清支付宝担保交易的安全性。

2．针对普通客户

客服首先要通过千牛卡片来识别普通客户，普通客户注册的时间没有具体的长短分别，但是他们的等级和活跃度各不相同。这类客户已经有了一定的网络购物经验，熟悉了网络购物流程，所以在网络购物过程中会更加注重商品的质量和客服的服务态度。

普通客户通常有两类情况：一是在购买商品前对商品是否符合自己的理想需求比较在意；二是对客服的回答是否让自己满意很在意。从细节方面了解店铺商品，并提升客服的服务态度，能够吸引普通客户成为店铺的老客户，消除他们的不安情绪。

（1）当普通客户看中某一款商品之后，随之而来会衍生出许多关于该商品的问询，包括该商品的质量、价格、售后等细节方面的咨询。

对策：对店铺在售的商品的性能等方面进行全方位的了解，以便在普通客户提出问题时能够尽快且全面地解答。

（2）普通客户在收到商品后会先试用或试穿，如果发现该商品不适合自己，在保证商品不影响再次出售的情况下，他们一般会提出退换货的要求。

对策：客服不能因为普通客户提出退换货要求而不回答普通客户，遇到这样的问题更加应该积极应对，以此来提高普通客户对客服的信任度，让普通客户在店内产生归属感，下次购物就不会提心吊胆，而会放宽心。

> **想一想** 如何消除网店客户的不安心理是越来越多的客服所关注的问题，你能根据所学知识思考出其他策略来消除网店客户的不安心理吗？

拓展学习

请用简洁、精练的文字对图 3-2 和图 3-3 进行描述，通过这两幅图能够尽快表达出店铺所要描述的商品信息，使网店客户通过描述消除不安心理。

图 3-2　彩笔盒装

_____

_____

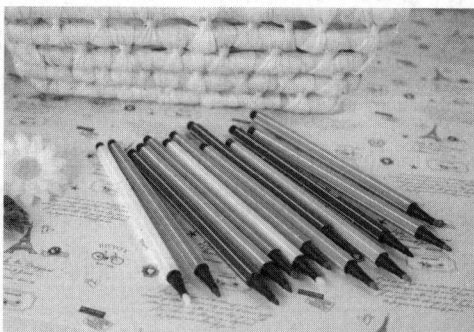

图 3-3　彩笔散装

_____

_____

任务 3.3 熟悉网店客户的管理

问题引入

张明觉得网店发展的核心在于客户，如何在现有的基础上抓住老客户、开发新客户，是现有网店管理人员面临的新问题。那么，你觉得应该如何维护老客户，并在此基础上继续开发新客户呢？

_____

_____

_____

你知道吗？

90%以上的店铺还没有自己的客户关系管理系统（Customer Relationship Management，CRM），有的只是厚厚的发货单、记账单。也许你要笑了，客户关系管理不是企业应该考虑的问题吗？跟一个小小的网店有什么关系？错！小店有小店的优势，网店也有自己的客户，有客户自然就要有管理。如何利用客户关系管理，对网店的客户进行深度挖掘，把厚厚的发货单、记账单转化成倍增的利润？这就需要运用相应的知识和技巧来对客户进行管理。

活动 3.3.1 搜寻网店潜在客户

做中学

● 结合网店的特点，利用微博平台搜寻网店潜在客户。

网店的经营范围：_____

网店的现有客户：_____

利用微博平台搜寻网店潜在客户的方法：_____

_____

● 对网店的现有客户进行归类总结，总结现有客户的特点，并列出一个月搜寻网店潜在客户的计划。

必备知识

1. 搜寻网店潜在客户的意义

在这个竞争激烈的市场中，想要吸引新客户、留住老客户，必须对客户进行搜寻和挖掘，不能理所当然地认为客户走进店铺或者购买过商品就能成为店铺的终身客户。客户最终选择的是我们的商品、质量和服务。商品和质量不在客户服务的范畴，而提高服务质量是一项系统工程，所以客服应该主动搜寻网店潜在客户，并在此基础上进行客户管理才能达成效果。

> **读一读**
>
> ### 尿布与啤酒——数据仓库和数据挖掘的经典故事
>
> 美国著名数据仓库咨询顾问专家、数据仓库之父比尔·恩门（Bill Inmon）于20世纪90年代初提出了数据仓库，而在1991年出版的《建立数据仓库》)一书中所提出的定义被广泛接受——数据仓库是一个面向主题的、集成的、相对稳定的、反映历史变化的数据集合，用于支持管理决策。数据仓库并不是所谓的"大型数据库"，而是在数据库已经大量存在的情况下，为了进一步挖掘数据资源、为了决策需要而产生的。在一家超市里，有一个有趣的现象：尿布和啤酒赫然摆在一起出售。这个奇怪的举措却奇迹般地使尿布和啤酒的销量双双提高。这不是一个笑话，而是发生在美国沃尔玛连锁超市的真实案例，并一直为商家所津津乐道。沃尔玛拥有强大的数据仓库系统，为了能够准确了解客户在其门店的购买习惯，沃尔玛对客户的购物行为进行购物篮分析，想知道客户经常一起购买的商品有哪些。沃尔玛数据仓库系统里汇集了各门店的详细原始交易数据。在这些原始交易数据的基础上，沃尔玛利用数据挖掘方法对这些数据进行分析和挖掘。一个意外的发现：跟尿布一起购买较多的商品竟然是啤酒！大量实际调查和分析揭示了一个隐藏在"尿布与啤酒"背后的美国人的一种行为模式：在美国，一些年轻的父亲下班后经常要到超市去买婴儿尿布，而他们中有30%~40%的人同时也为自己买一些啤酒。产生这一现象的原因是，美国的太太们常叮嘱自己的丈夫下班后为小孩买尿布，而这些丈夫在买尿布后又随手带回了喜欢的啤酒。

2．网店推广

要想把浏览量变为成交量，根本的方法就是要让网店的潜在客户成为网店的浏览者，潜在客户的浏览就是有效浏览，想要得到潜在客户的有效浏览，如何推广很重要。一般应包含以下几个方面。

（1）网店推广，吸引消费者。

SEO：SEO又称搜索引擎优化。SEO是专门利用搜索引擎的搜索规则来提高目前网站在有关搜索引擎内的自然排名的方式。SEO的目的是为网站提供生态式的自我营销解决方案，让网站在行业内占据领先地位，从而获得品牌收益。SEO是自然排名的方式，主要针对网站在搜索引擎中做排名优化，日积月累，网站是可以带来被动收入的，因为网站年限久，质量高。

论坛推广：论坛推广是指企业利用论坛这种网络交流的平台，通过文字、图片、视频等方式发布企业的产品和服务的信息，从而让潜在客户更加深刻地了解企业的产品和服务，最终达到宣传的目的。在各个论坛进行推广，需要有文字功底。在论坛上发帖子，所发的帖子一定要有吸引力，哪怕是"标题党"。可以在论坛上将自己的个性签名改成淘宝店铺的地址，再加入一些修饰词，这样个性签名就起到了一定作用。还有一个方式就是，多去论坛浏览点击量多的好帖子，然后经常回复看法。（当然看法尽量要有见地，有的人看见你的见地很有意思，就会不自觉地点开你的空间，这样个性签名又起到了作用。）

软文推广：软文推广是指企业的市场策划人员或广告公司的文案人员来负责撰写的"文字广告"。与硬广告相比，软文之所以叫作软文，其精妙之处就在于一个"软"字，好似绵里藏针，收而不露，克敌于无形。软文推广比论坛更需要文字功底，它要求很含蓄地把自己的淘宝店铺或是商品介绍给别人，让人有购买欲望。关于软文的写作，非常重要的一方面是，如果是一篇没有任何意义的垃圾软文，反而会影响店铺。值得注意的是，坚决不能用夸张的广告语进行宣传。最好把软文当作推荐文来写，只有给人以真正有意义的东西，才会使人记住你的店铺。

邮件推广：电子邮件是目前使用广泛的互联网应用，它方便快捷，成本低廉，不失为一种有效的联络工具。但是它也有弊端：邮件群发的效果不好，大多数邮件可能会被当作垃圾邮件处理，会引起用户的厌烦。但是方便操作、覆盖面积广是它独有的优点。

弹窗广告：弹窗广告是指打开网站后自动弹出的广告，无论点击还是不点击都会出现在用户面前。用户一般都很厌恶这种强迫式的广告形式，因为它影响了访问用户的上网速度，还带有大量不安全的因素，大多数浏览器会提供一些插件来屏蔽弹窗广告。目前，采用弹窗广告的在游戏行业中主要体现在 Web 游戏上面。

网站联盟，通常指网络联盟营销，也称联属网络营销，1996 年起源于亚马逊。亚马逊通过这种新方式，为数以万计的网站提供了额外的收入来源，且成为网络 SOHO 族的主要生存方式。目前，我国的网站联盟营销还处于萌芽阶段，虽然有部分个人或企业开始涉足这个领域，但规模还不大，一般的网络营销人员和网管人员对联盟营销还比较陌生。

直播推广。现在正是直播推广的流量红利时期，只有找准商品定位，认真做好直播推广方案，选择与商品风格相符的主播，设计相应的优惠活动，根据商品的潜在客户来确定直播时间，才能有效提高直播转化率。

信息流推广：目前比较流行的一种推广方式，基于目前前期新媒体平台的快速发展，以及原生的广告投放系统。现阶段，ROI 的性价比还不错。常见的信息流包括：头条、朋友圈、微博、百度手机、一点资讯等信息流。在这些平台投放广告，需要掌握准确的用户画像，才能更好的匹配，提高转化率。

站内推广：站内推广是商家在淘宝上进行推广，这也是淘宝精细化运营的体现，是将客户黏住的最优解决方案，主要有免费渠道、付费渠道、个性化渠道以及微淘等方式。其目的是为了提高转化率，增加商品或是店铺的点击量。

（2）网店装修、商品促销抓住潜在客户。

网店装修：给网店和商品陈列设计一个统一的风格，这个风格不仅要符合商品的形象，还要符合大多数潜在客户的审美观，能给人留下深刻印象，并且使人一想到这些商品就能想到网店。

商品促销：在平时或节假日可以适当做一些促销活动，刺激潜在客户的需求，让潜在客户产生购买欲望，将购买欲望转变成行动以后只需提高网店的服务质量和商品质量来留住潜在客户就可以了。

> **议一议** 商品促销的手段多种多样，哪些促销手段可以在保本的前提下使促销效果明显呢？

✖ 拓展学习

● 根据教材中的必备知识，以小组为单位在课后进行潜在客户搜寻，写出搜寻潜在客户的具体操作方法并总结技巧，填入表 3-3 中。

表 3-3　小组记录表

搜寻潜在客户的具体操作方法	
搜寻潜在客户的技巧	

● 思考：你们小组搜寻潜在客户的具体操作方法完善吗？还有值得改进的地方吗？

活动 3.3.2　管理网店现实客户

✖ 做中学

● 登录百度，查找管理网店现实客户的方法及经验。

● 以本班同学为网店现有的现实客户，使用 Excel 表格建立一个客户档案。客户档案可以包括客户 ID 账号、客户级别、客户姓名、电子邮箱、联系电话、收货地址、交易日期、购买商品、成交金额、是不是本店会员等，从而编制出一个简便、实用、美观的客户档案管理表。

必备知识

1. 客户关系管理的概念

客户关系管理也称客户管理，是指企业为提高核心竞争力，利用相应的信息技术、互联网技术协调企业与客户在销售、营销和服务上的交互，从而提升其管理方式，向客户提供创新式的、个性化的服务，最终目标是吸引新客户、保留老客户及将已有客户转为忠实客户，增加市场。其主要含义就是通过对客户详细资料的深入分析，来提高客户满意度，从而提高企业竞争力的一种手段。客户关系管理的核心是客户价值管理，通过一对一营销的原则，满足不同价值客户的个性化需求，提高客户的忠诚度和保有率，实现客户价值持续贡献，从而全面提升企业的盈利能力。

> **读一读**
>
> 首先，客户关系管理是一种管理理念，起源于西方的市场营销理论，产生和发展在美国。其核心思想是将企业的客户（包括最终客户、分销商和合作伙伴）作为重要的企业资源，通过完善的客户服务和深入的客户分析来满足客户的需求，保证实现客户的价值。
>
> 其次，客户关系管理是一种旨在改善企业与客户之间关系的新型管理机制，它实施于企业的市场营销、销售、服务与技术支持等与客户相关的领域，要求企业从"以产品为中心"的模式向"以客户为中心"的模式转移，也就是说，企业关注的焦点应从内部运作转移到客户关系上来。
>
> 最后，客户关系管理是一种管理软件和技术，它将商业实践与数据挖掘、数据仓库、一对一营销、销售自动化，以及其他信息技术紧密结合在一起，为企业的销售、客户服务和决策支持等提供了一个业务自动化的解决方案。

2. 收集客户资料——建立客户信息档案

对于在网店产生过购买行为的客户，应及时将他们的个人信息和消费情况进行整理汇总，作为重要的客户资料登记在册。建立了客户信息档案，就可以随时查询客户的消费记录，可以从他们的购物清单和购物频率等信息中分析他们的消费习惯及消费偏好，以便调整网店的经营方向，提高客服的服务水平，针对客户的需求及时开展各种促销宣传和个性化的推广活动。建立客户信息档案时，可以通过创建表格来录入客户资料，也可以在网络上下载"网店管家"等软件进行专门的客户资料管理。

1）用 Excel 制作客户档案

用 Excel 制作客户档案的好处是，操作灵活方便，不需要联网也可以随时调取和运用，只要有基本的电子表格操作基础，就可以很好地进行批量录入和编辑。创建表格时可以采用如图 3-4 所示的客户档案表。

图 3-4　客户档案表

想一想

（1）创建一个表格，名称为"客户信息档案"，保存在计算机非系统盘里。

（2）打开"客户信息档案"表格，依次建立以下档案项目：交易日期、客户网名、客户真实姓名、电子邮箱、联系电话、收货地址、购买商品、成交价格。

（3）除了以上要求的档案项目，你认为还可以增加哪些有意义的档案项目？记录这些信息将对你有哪些帮助？

2）利用软件收集客户数据

客户管理软件现在是每一个商业经营者都会关注的。很多网站可以提供免费的客户关系管理软件，但大多数比较实用的软件都需要付费。下面以"美萍客户管理系统"软件为例进行介绍。

同学们自行下载"美萍客户管理系统"软件并进行安装和登录，登录界面如图 3-5 所示。

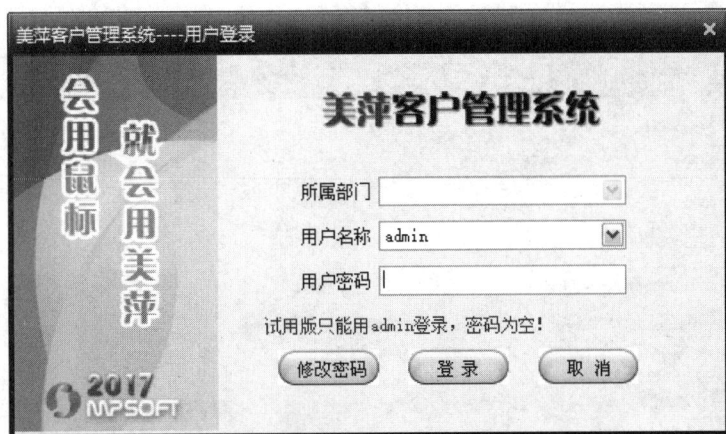

图 3-5 "美萍客户管理系统"登录界面

登录之后的界面如图 3-6 所示。

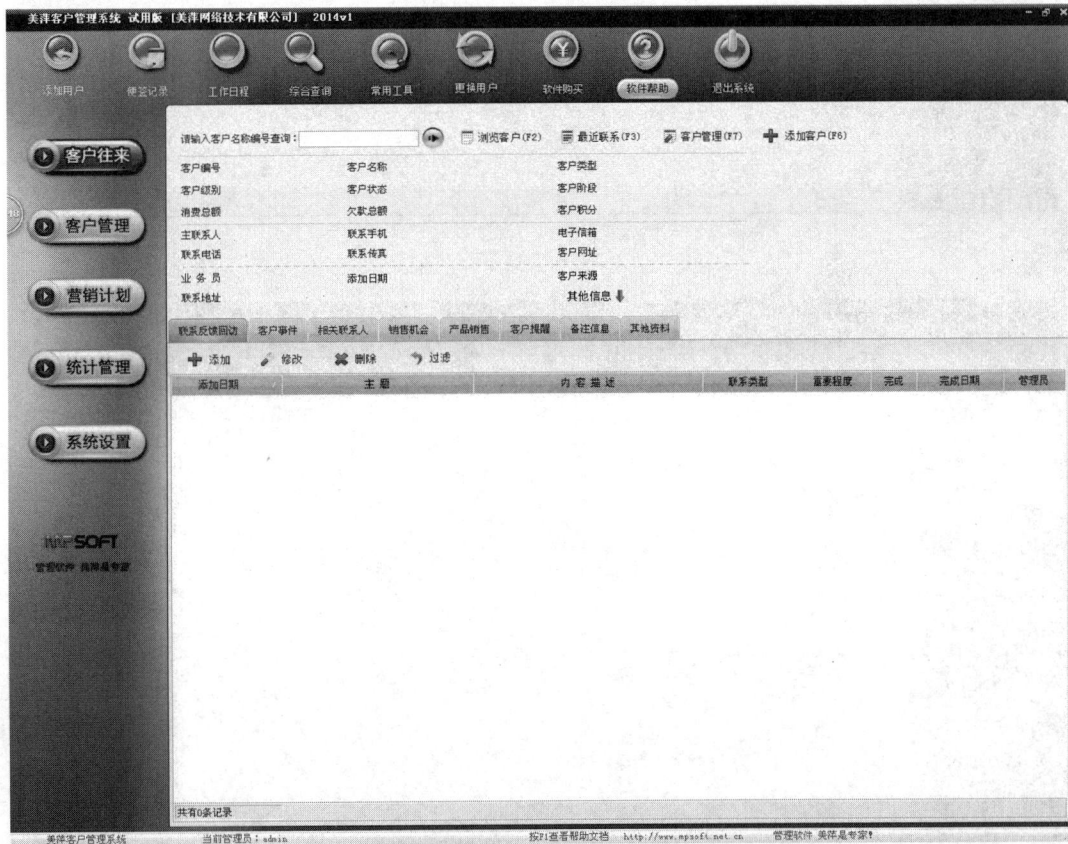

图 3-6 "美萍客户管理系统"登录之后的界面

在"请输入客户名称编号查询："文本框中输入客户名称编号即可查询该客户的相关信息。例如，输入客户编号"001"，可以获得该客户的类型、级别、状态、消费总额等信息，如图 3-7所示。

在"客户管理"中可以添加新客户，进入"客户管理"界面，如图 3-8 所示。

选择"客户资料管理"选项，进入"客户资料管理"界面，如图 3-9 所示。

图 3-7　客户信息查询结果

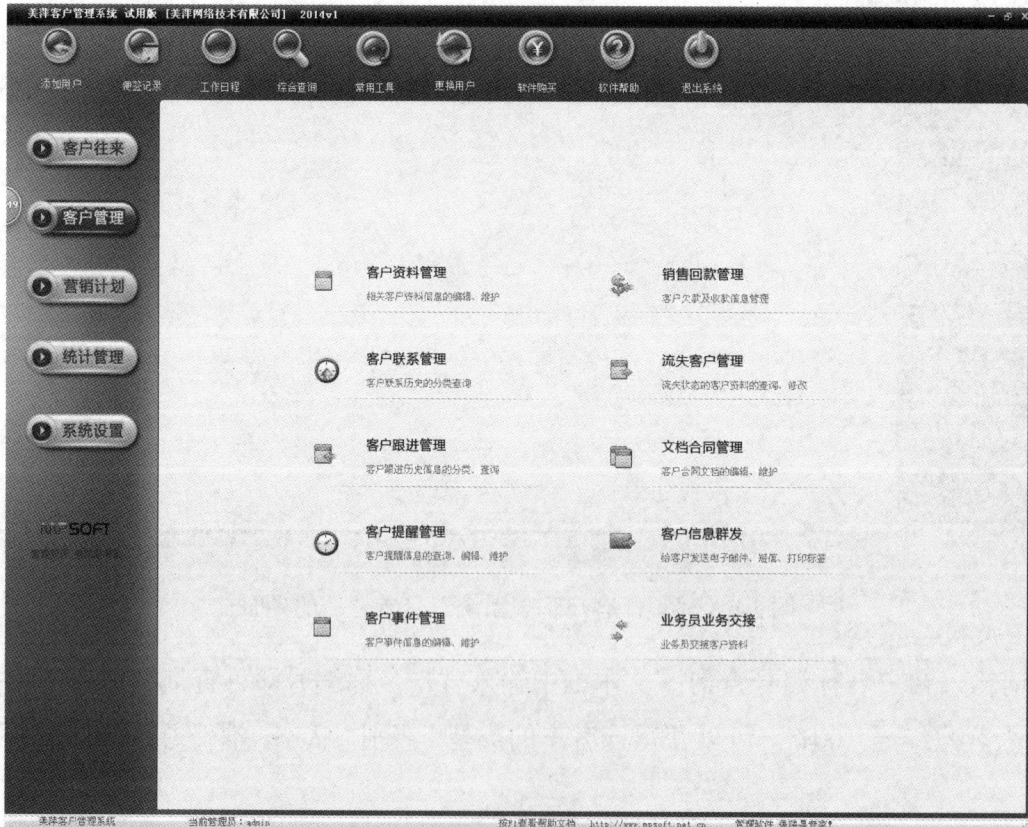

图 3-8　"客户管理"界面

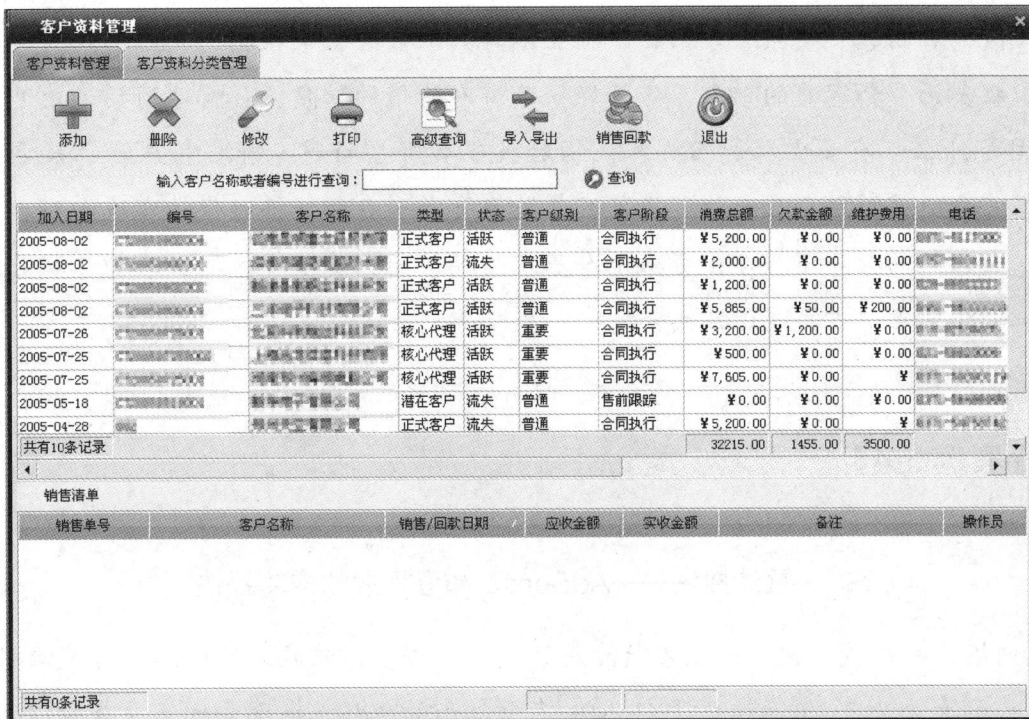

图 3-9 "客户资料管理"界面

单击"添加"按钮，添加客户资料，如图 3-10 所示。

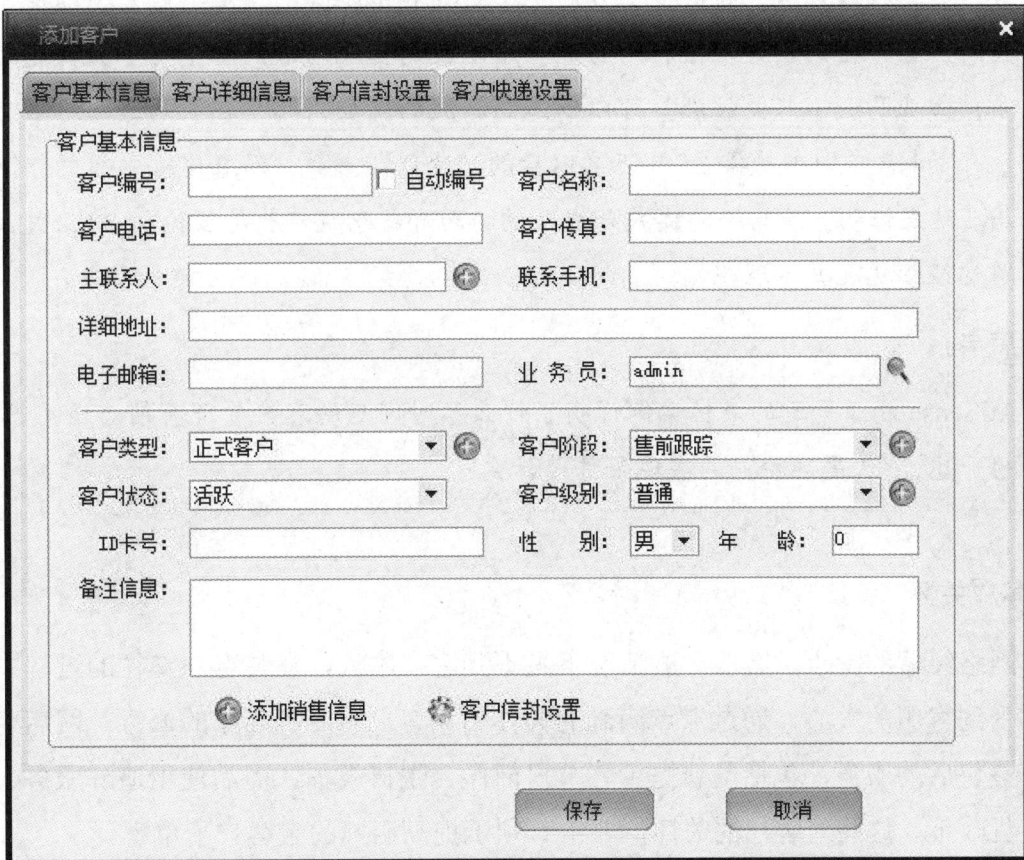

图 3-10 "添加客户"界面

议一议　利用客户关系管理系统，企业不再只依靠经验来推测，而是利用科学的手段和方法，收集、分析客户的信息，从而轻松获得有价值的信息，如哪些商品受欢迎，受欢迎的原因是什么，有多少人是回头客，售后服务有哪些问题，哪些客户能带来更大的利润……客户分析将帮助企业充分利用其客户关系资源，在新经济时代从容地面对激烈的市场竞争。在教师的指导下，学生可从个人基本情况、职业价值观、职业兴趣、职业能力、性格特征、优缺点等方面进行自我分析。

【案例3-4】

聚沙成塔——AdSense和亚马逊的成功秘诀

传统网络广告投放只是大企业才能涉足的领域，许多门户网站的网络广告策略将注意力集中在20%的大企业身上，而占据了Google半壁江山的AdSense面向的客户是数以百万计的中小企业和中小型网站。对于普通媒体和广告商而言，这个群体的微小价值简直不值一提，但是AdSense通过为这个群体提供个性化定制的广告服务，使大批中小企业和中小型网站都能自动获得广告商投放广告，将成千上万的中小企业和中小型网站汇聚起来，形成了非常可观的经济利润，其产生的巨大价值和市场能量足以抗衡传统网络广告市场。亚马逊经营的图书种类繁多，但亚马逊不只关注那些可以创造高利润的少数商品，在亚马逊网络书店的图书销售额中，有1/4来自图书榜排名10万名以后的"冷门"书籍，而且这些书籍的销售比例也在不断提高。结果证明，亚马逊的模式是成功的，而那些忽视"长尾理论"，仅仅关注少数畅销商品的网站经营状况并不理想。

案例思考：

（1）AdSense和亚马逊的成功案例说明了什么？对网店的客户管理有何启示？

（2）想一想，"长尾理论"的实现条件是什么？

3. 客户关怀

因为网络经营的特点，客服一般情况下见不到客户本人，在与客户交往的过程中，应该让客户感受到客服的关心，通过点点滴滴的关怀，让客户感受到店家的诚意。网店客户关怀主要是一些售后的服务，包括温馨提示、节日问候、生日祝福、商品使用追踪服务、制定合理的退换货政策。这些对客户的关怀，非常有利于提高店铺的老客户下单率。

（1）温馨提示。在交易过程中，客服可以将每一个环节的处理过程和交易状态及时通知客户，并提醒客户处理相应的流程。例如，通过手机短信、阿里旺旺留言，通知客户发货时间、物流状态、确认收货、使用注意事项等。客户能够及时收到关于订购商品的在途信息，从而提高对店铺的信任度。

（2）节日问候。通过电子邮件、手机短信等方式，在节日及时送上网店署名的小小问候，能够让客户体会到店家的真诚和关爱。

（3）生日祝福。在客户生日当天，给客户发送网店的生日祝福，让客户感到暖心；同时可以采取一些营销技巧，如客户生日当天购买商品给予优惠等，也能够吸引到一部分老客户的再次光顾。

（4）商品使用追踪服务。在市场竞争日益激励的趋势下，客服不仅要对售前负责，还要注重售后服务。当客户买下商品后，客服可以定期或不定期地询问客户使用商品后的感觉和对商品是否满意，这样可以使客户感受到客服的关心，加深客户对客服的信任。如果下次还需要购买，客户很有可能再次选择店铺中的商品。这些后续服务都可以根据客户档案中的客户信息进行跟踪服务。

（5）制定合理的退换货政策。制定合理的退换货政策，可以消除客户的后顾之忧，增加对店铺的信任感。

拓展学习

● 客户关系管理并不仅仅是了解和搜集有关客户的信息，还需将客户进行细分、归类才能使客户关系管理有序地进行。那么，进行客户细分就显得尤为重要了。

（1）什么是客户细分？

_____

_____

_____

（2）进行客户细分的依据是什么？

_____

_____

_____

_____

● 下面 A、B、C、D 四家网店进行的客户细分是否有效？这样的客户细分存在什么问题？

（1）A 网店按照客户的年龄进行客户细分。

（2）B 网店按照客户购买和持有的商品类型进行客户细分。

（3）C 网店按照客户的收入和资产进行客户细分。

（4）D 网店按照客户购买商品的先后顺序进行客户细分。

教师点评

活动 3.3.3　技能训练：网店客户的挖掘和关怀

客户的挖掘和关怀是网店市场宣传和促进关系、拉动需求的关键。请同学们以小组为单位完成以下几项任务。

（1）开动脑筋，讨论客户挖掘和客户关怀的措施和具体方法，并选取一种方法进行模拟演练。

（2）在客户挖掘中有很大一部分客户是由老客户转介绍过来的，如果你是一家鞋店的客服，你会用什么方式使老客户转介绍率得到提高？

（3）现在越来越多的网店在客户购买商品之后会送上一些小礼品，并且附上一张感谢卡。请你帮鞋店设计一张感谢卡。

教师点评

项目小结

通过本项目的学习，我们认识到网店客户是多种多样的。要想让网店在激烈的市场竞争中有立足之地，客户很重要，对网店客户进行分析的基础就是走近和了解网店客户，对网店客户进行差异化分析，以便更好地改善客服的服务，提升网店形象，做到不盲目推销。学会和掌握本项目的内容能够使客服在以后的工作中学会发现问题、解决问题，对网店客户的购物心理要有正确的认识，在日常接待过程中能够快速识别不同类型的客户，针对不同类型的客户快速应变，以达到更好的销售效果。

项目 4
售前客服技巧

学习目标

通过学习本项目，你应该能够：

（1）了解商品软文的写作方法；

（2）具有一定的商品软文写作能力；

（3）了解商品上下架时间对商品排名的影响；

（4）掌握商品上下架的注意事项；

（5）理解商品关键词的含义；

（6）熟悉商品关键词的搜寻。

售前客服除了要有良好的服务态度，还要熟悉商品信息、网上交易的流程。对于售前客服来说，了解商品相关信息，熟悉自己店铺产品是最基本的工作；对于商品的特征、功能、注意事项等要做到了如指掌，只有这样才能流利解答客户提出的关于商品的问题。本项目主要完成3个任务：学习商品软文的写作；掌握商品上下架的控制流程；学会商品关键词的遴选。

任务 4.1 学习商品软文的写作

问题引入

商品发布是客服小明工作的一部分，如何全面地介绍商品呢？图片给人留下的视觉印象较为深刻，但并不是万能的，一些有关商品的数据和说明等还需要用文字来加以说明。商品软文是什么？商品软文由哪些内容组成？什么样的商品软文才是一个好的软文？

_____

_____

_____

你知道吗？

商品软文的编写一定要有营销理念和传递情感理念。营销理念是什么？成交不只是简单地把商品卖出去。当一个文案人员完成一篇商品软文时，首先要看它能不能感染自己，让自己有购买这款商品的欲望，能感染自己才能够感染客户。

活动 4.1.1　了解商品的属性

做中学

● 请在你的家人、朋友和同学中做个小调查，了解他们网购时喜欢看商品介绍的哪些内容。请将调查结果填入表 4-1 中。

表 4-1　商品介绍基本情况调查汇总

年 龄 段	调查人群		是 否 网 购		看商品介绍的哪些内容
	男	女	经 常	偶 尔	
50 岁以上					
35～50 岁					
18～34 岁					
12～17 岁					
说明					

● 请你依据表 4-1，设计一份商品介绍基本情况调查表。结合教材中的必备知识理解商品信息的含义。

必备知识

商品属性是指商品本身所固有的性质，是商品在不同领域差异性（不同于其他商品的性质）的集合。也就是说，商品属性是商品性质的集合，是商品差异性的集合。呈现在客户眼前的商品就是这些不同属性相互作用的结果。

商品基本的属性信息部分，要保证信息填写完整、正确和真实。

1．商品的规格

商品的规格一般包括体积、长度、形状、重量等。在标准化生产的今天，通常采用一种规格衡量标准，一般品种的规格都是从小到大有序排列的。下面，我们就来了解一些商品规格的区分方式，快速掌握商品资料，用专业的回答来服务客户。商品规格区分类型如图 4-1 所示。

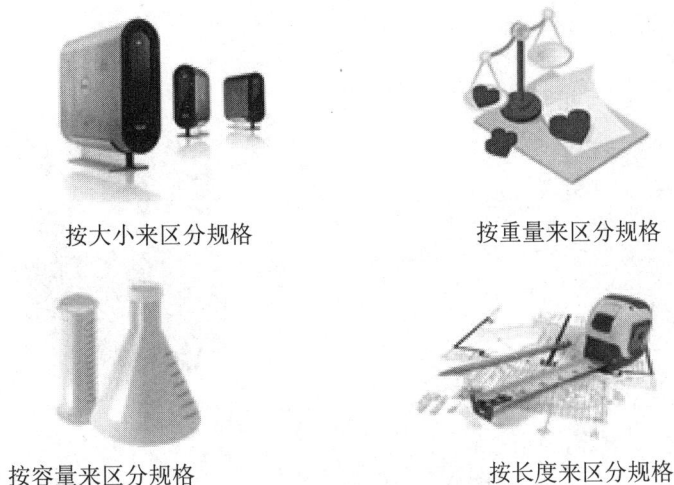

按大小来区分规格　　　　　　按重量来区分规格

按容量来区分规格　　　　　　按长度来区分规格

图 4-1　商品规格区分类型

1）按大小来区分规格

服装、鞋子、戒指等商品一般是按尺码区分规格的商品。

鞋子按脚的长短来确定尺码，人的脚有胖瘦之别，所以鞋型会有宽窄之分。通常，拳头的周长与脚的长度接近。

手环手圈的大小称为"手寸"，以"号"来表示，是根据手环的直径和周长来确定的。商品规格的尺码区分如图 4-2 所示。

按码数来区分规格　　　　　　按手寸来区分规格

图 4-2　商品规格的尺码区分

服装相对来说比较复杂，因为目前服装市场大约有两种尺码型号的标识法。第一种是按照传统的 XS、S、M、L、XL、XXL 来区分的，上述尺码依次代表加小号、小号、中号、大号、加大号、加加大号。第二种是用身高加胸围的形式来区分的，如 160/80A、165/85A、170/85A 等（斜线前面的数字代表"号"，是指服装的长短或人的身高；斜线后面的数字代表"型"，是指人的胸围或腰围；英文字母是体型代号，指人的体型特征，A 型表示一般体型、B 型表示微胖体型、C 型表示胖体型）。衣服的规格区分如图 4-3 所示。

2）按重量来区分规格

食品、茶叶、彩妆等一般是用重量单位克、千克来区分规格的，在商品的外包装上，区分规格的重量单位"克"经常用英文字母"g"表示，单位"千克"用英文字母"kg"表示，如 100g 的珍珠粉、150g 的茶叶、10kg 的面粉、300g 的白砂糖、3g 装的口红等。按重量来区分规格的商品如图4-4所示。

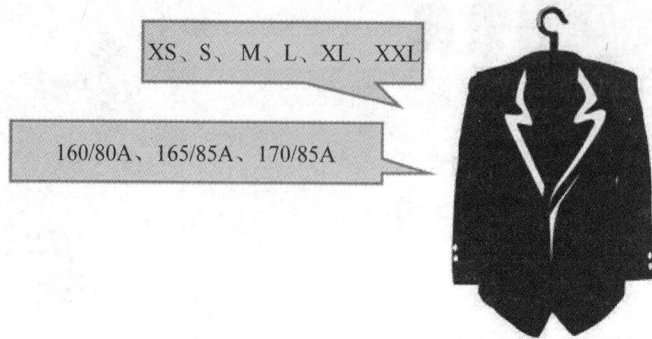

图4-3　衣服的规格区分

图4-4　按重量来区分规格的商品

3）按容量来区分规格

液体的饮料、油、护肤品等一般是用容量单位毫升、升来区分规格的，商品外包装上的"mL"表示容量单位"毫升"，"L"表示容量单位"升"。例如，500mL的矿泉水、2L的花生油、100mL的爽肤水、30mL的香水等。按容量来区分规格的商品如图4-5所示。

图4-5　按容量来区分规格的商品

4）按长度来区分规格

鱼线、管材、布料等一般是用长度单位厘米、米来区分规格的，长度单位"厘米""米"在商品外包装上通常以"cm""m"表示，一般长度越长价格越贵。按长度来区分规格的商品如图4-6所示。

图 4-6　按长度来区分规格的商品

除此以外，商品的规格区分还有其他的计量单位，如地板按平方米计算价格、木料按立方米计算价格、灯泡按瓦数计算价格，更多的商品是以件数、个数为规格计算价格的。

2．商品的特性

根据掌握的难易程度和收到的成效，对商品特性的了解和运用分为商品的性质、商品的特点。

1）商品的性质

客服要了解商品的材质构成、大小规格、适用范围等，只有知道了商品的这些性质才能回答客户的问题。商品的性质如图 4-7 所示。

面料、款式　　　　　　食材、口味　　　　　作用、方法

图 4-7　商品的性质

2）商品的特点

商品的特点在一定程度上代表了与同类商品相比较的优势。商品的特点如图 4-8 所示。

限量版　　　　　　透气　　　　　无添加

图 4-8　商品的特点

3. 商品分类的原则

据不完全统计，在市场上流通的商品有 25 万种以上。为了方便客户购买，提高企业的商品经营管理能力，对商品进行分类是一种很好的方法。

商品分类是指根据一定的管理目的，为满足商品生产、流通、消费活动的全部或部分需要，将管理范围内的商品集合总体，以所选择的适当的商品基本特征作为分类标志，逐次归纳为若干个范围更小、特质更趋一致的子集合体。国内较大的门户网站采用 UNSPSC 产品分类标准，电子交易市场则参照《商品名称及编码协调制度》，一些电子交易市场则使用自编的产品分类系统。因此，并没有一个统一的电子商务市场的产品分类规范，但要遵守以下规则。

● 必须明确分类的商品所包含的范围，即商品的属性、特征等。例如，一件衬衣，在进行分类时就要知道它的使用对象是女士还是男士，面料是纯棉还是丝质，板型是修身还是宽松等。

● 商品分类要从有利于商品生产、销售、经营的习惯出发，最大限度地满足客户的需要，并保持商品在分类上的科学性。科学性就是要选择商品最稳定的本质属性或特征作为分类的基础和依据。

● 选择的分类依据要适当。要选择一个合适的参照对象作为商品的分类依据，如笔记本既可以指数码产品中的笔记本电脑，又可以指办公文具中的笔记本。它们是两个完全不同的产品，因此在分类时要先明确该商品的分类依据，一般根据商品的用途进行划分。

● 应具有系统性。将选定的事物、概念的属性和特征按一定排列顺序进行系统化，并形成一套合理的分类体系。

以淘宝网为例，它主要根据商品的属性、用途和特征等进行分类，将商品分为女装、男装、内衣、鞋靴、箱包、配件、童装玩具、孕产、用品等大的类别，再分别对这些类别进行分类，如图 4-9 所示。

4. 商品分类的层次

商品分类是对具有相同特征的范围的商品进行概括集合，在进行分类时还要根据一定的标志和特征，逐次归纳若干更小的范围，使商品特征更趋于一致的局部集合体，直到划分为最小的单元。商品分类可将商品集合总体逐次划分为包括门类、大类、中类、小类、品种、细目在内的完整的、具有内在联系的类目系统（商品分类体系）。商品分类的层次如表 4-2 所示。

● 门类。门类是按照国民经济行业共性对商品总的分门别类，是商品的最高类别。我国现有的商品门类是 23 个。

女装 / 男装 / 内衣	>
鞋靴 / 箱包 / 配件	>
童装玩具 / 孕产 / 用品	>
家电 / 数码 / 手机	>
美妆 / 洗护 / 保健品	>
珠宝 / 眼镜 / 手表	>
运动 / 户外 / 乐器	>
游戏 / 动漫 / 影视	>
美食 / 生鲜 / 零食	>
鲜花 / 宠物 / 农资	>
面料集采 / 装修 / 建材	>
家具 / 家饰 / 家纺	>
汽车 / 二手车 / 用品	>
办公 / DIY / 五金电子	>
百货 / 餐厨 / 家庭保健	>
学习 / 卡券 / 本地服务	>

女装　　　　更多 >

连衣裙　半身裙　毛针织衫　T恤　短外套　卫衣　汉服　JK制服
lolita　衬衫　百搭裤装　裤裙　牛仔裤　西装　大码女装　时尚套装
蕾丝衫/雪纺衫　风衣　休闲裤　背心吊带　马甲　牛仔外套　阔腿裤
中老年女装　婚纱礼服　民族服装　打底裤　西装裤　唐装　旗袍

男装　　　　更多 >

春夏新品　T恤　衬衫　Polo衫　休闲裤　牛仔裤　套装　外套　夹克
卫衣　风衣　西装　牛仔外套　棒球服　品质好物　皮衣　针织衫/毛衣
运动裤　工装裤　开衫　马甲　毛呢大衣　羽绒服　棉衣　中老年
情侣装　大码　民族风　专柜大牌　明星网红　原创设计

内衣　　　　更多 >

法式内衣　无钢圈内衣　内裤女　文胸　内裤男　长袖睡衣　睡裙
真丝睡衣　丝袜　船袜　情侣睡衣　抹胸　背心　睡袍　男士睡衣
塑身衣　内衣套装　打底裤　连体睡衣　聚拢文胸　男士袜子　棉袜女
卡通睡衣　无痕内裤　少女文胸

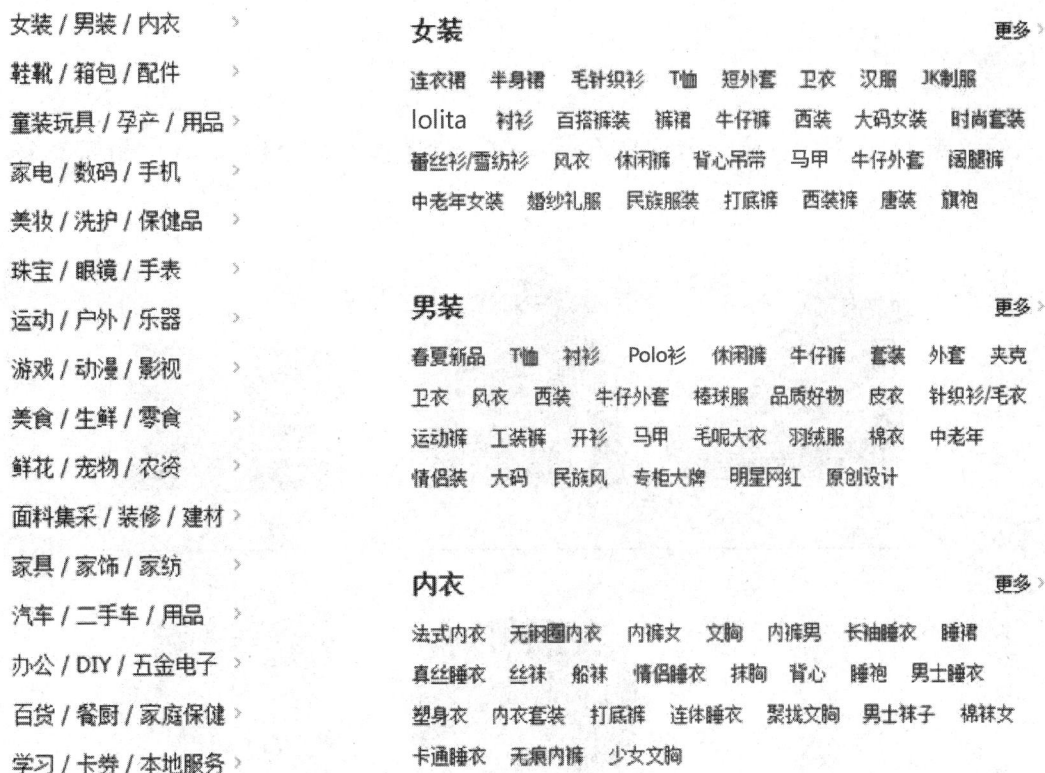

图 4-9　淘宝网商品的分类

● 大类。大类是按照商品生产和流通领域的行业分工来进行划分的，如食品、水产、日用百货和化工等。

● 中类。中类即商品种类，是体现具有若干共同性质或特征商品的总称，如蔬菜、水果、肉类等。

● 小类。小类对中类商品的某些特点和性质进行进一步划分，如酒类商品分为白酒、啤酒、葡萄酒和果酒等。

● 品种。品种是按商品性质、成分等特征来划分的，是指具体的商品名称，如啤酒、洗衣机等。

● 细目。细目是对商品品种的详细划分，包括商品的规格、材料等更具体的商品特征，如米家扫地机器人。

表 4-2　商品分类的层次

商 品 大 类	商 品 中 类	商 品 小 类	商 品 品 种	商 品 细 目
食品	食粮	乳及乳制品	奶	脱脂牛奶
生鲜	水果	酸性水果	杞果	海南台农杞
电器	家用电器	厨房电器	榨汁机	单功能榨汁机（果汁机）
电器	家用电器	生活电器	扫地机器人	米家扫地机器人

✖ 拓展学习

不同商品的规格分类、计量单位也有所不同，请在横线处给图 4-10 中的商品写上合适的规格分类和计量单位。

图 4-10　确定商品的规格分类和计量单位

活动 4.1.2　熟悉商品软文的要素

📝 问题引入

一般的淘宝店铺都存在以下问题：重视美工设计而忽视方案工作，不知道商品的文案到底如何来写，也不知道写成什么样的文案才是好的文案，设计出来的商品整体转化率比较低，浪费网店后期大量的推广费用。

🔍 做中学

查找相应的资料"如何给淘宝店铺商品起个好标题"，整理信息，结合教材讨论，归纳商品标题命名中经常遇到的问题。

● 登录百度，输入关键词"淘宝商品标题"，了解商品标题的命名规则、命名技巧和优化方法。

● 登录淘宝，了解多个店铺商品的标题情况，记录该商品的网上销售状况。

● 登录京东、唯品会等多个购物网站，了解多款商品的标题情况，记录该商品的网上销售状况。

● 根据以上调查所搜集到的资料，各小组讨论分析商品标题在命名过程中遇到的问题，以及商品标题命名的方法及优化技巧，把搜集到的资料整理好，推荐代表课内交流。

📝 必备知识

1. 商品标题

商品标题指在商品内页中的标题部分。

淘宝网商品名称的容量是 30 个汉字（60 个字节），根据客户的消费需求和定位的区别，可以尽可能选用更多的关键字，扩大客户搜索的范围，提高被他们发现的概率。商品标题如图 4-11 所示。

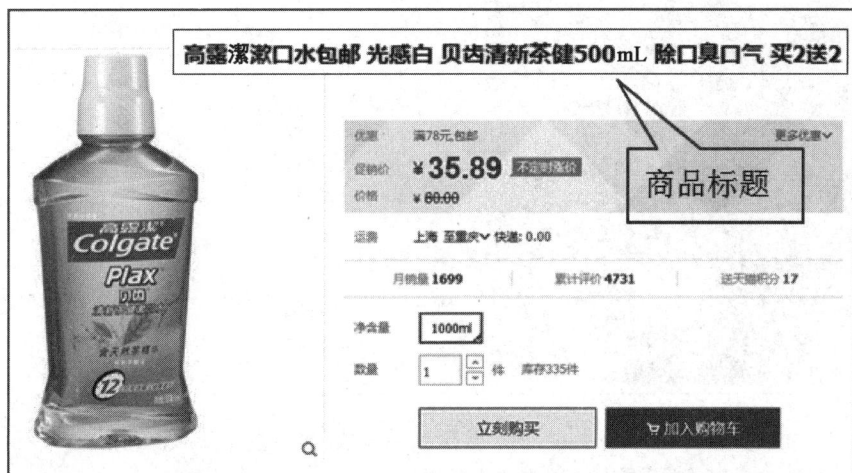

图 4-11　商品标题

🔍【案例 4-1】

商品标题常见问题

（1）没有从淘宝搜索关键词的角度来考虑标题的设置。

（2）堆砌关键词、使用和商品无关的关键词或热词等。商品标题常见问题之一如图 4-12 所示。

（3）违反了淘宝网的基本规则，如商品标题中出现了敏感词汇、夸大商品的属性、涉嫌侵权、前后不一致等。商品标题常见问题之二如图 4-13 所示。

图 4-12　商品标题常见问题之一

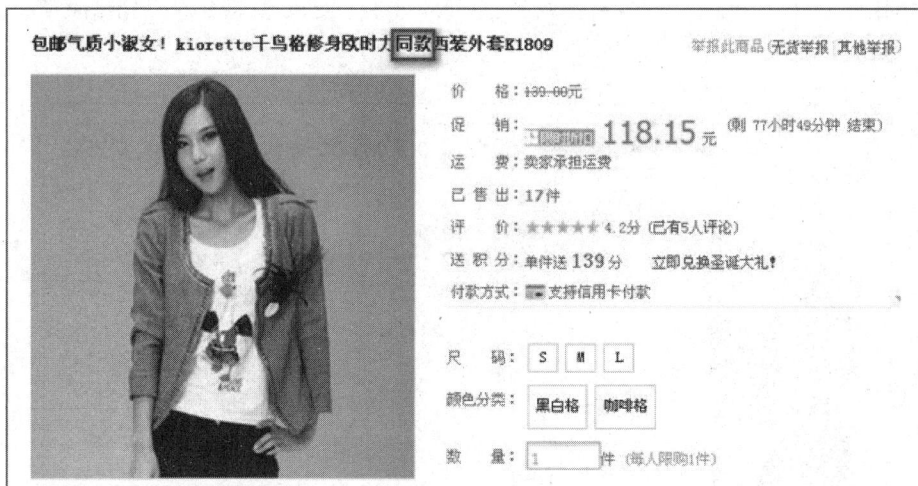

图 4-13　商品标题常见问题之二

（4）如果商品的标题中写了"包邮"，则商品的内页运费设置一定由卖家承担费用，否则就会受到淘宝网的处罚，被扣分。商品标题常见问题之三如图 4-14 所示。

图 4-14　商品标题常见问题之三

下面是淘宝网的部分违规处罚，每次扣两分。

不当使用他人权利，是指用户发生以下行为。

（1）卖家在所发布的商品信息或所使用的店铺名、域名等中不当使用他人商标权、著作权等权利的。

（2）卖家出售商品涉嫌不当使用他人商标权、著作权、专利权等权利的。

（3）卖家所发布的商品信息或所使用的其他信息造成客户混淆、误认或造成不正当竞争的。同一权利人在三天内对同一卖家的投诉视为一次投诉。

> **议一议** 让客户在购买之前对商品有更全面和客观的了解，店铺需要为客户提供哪些东西？留下深刻印象的图片？一些有关商品的数据？文字还需要吗？哪些文字内容是客户需要的？

2. 商品描述

淘宝网商品描述的容量是 25000 个字节，足以添加更为详细的商品介绍和相关说明，通常一件商品的描述包含以下六部分内容。

1）型号规格

型号规格一般包括商品的品牌、型号、材质、规格、功能、包装、价格等基本信息，以及生产加工工艺、产品优势等有利于销售的商品信息。某商品的型号规格如图 4-15 所示。

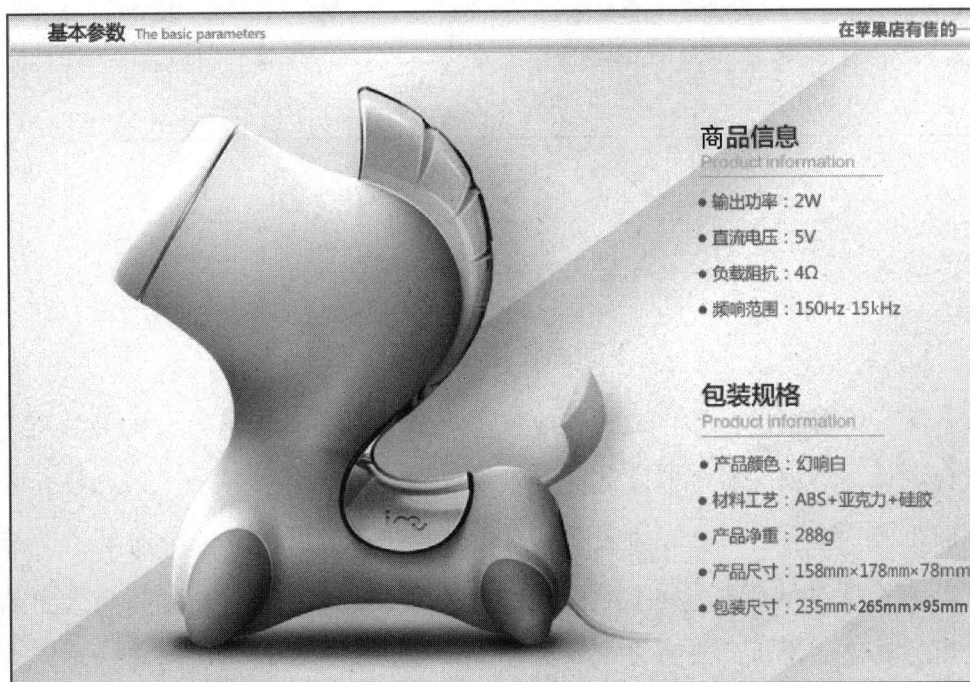

基本参数 The basic parameters　　　　　　在苹果店有售的——

商品信息
Product information
- 输出功率：2W
- 直流电压：5V
- 负载阻抗：4Ω
- 频响范围：150Hz-15kHz

包装规格
Product information
- 产品颜色：幻响白
- 材料工艺：ABS+亚克力+硅胶
- 产品净重：288g
- 产品尺寸：158mm×178mm×78mm
- 包装尺寸：235mm×265mm×95mm

图 4-15　某商品的型号规格

2）使用方法

用文字说明的方式来介绍商品的使用方法，不仅可以直接让客户在购买商品之前就先了解商品的使用方法，还可以方便客服随时查阅，一旦有客户询问使用方法，客服就直接复制、粘贴给客户看，也等于让客服再熟悉一次。

除用文字说明的方式以外，还可以用图文结合的方式介绍商品的功能、技术和设计优势等。图文结合的方式不但可以使页面看起来清爽醒目，容易加深客户的印象，而且更加美观和专业，如图4-16所示。

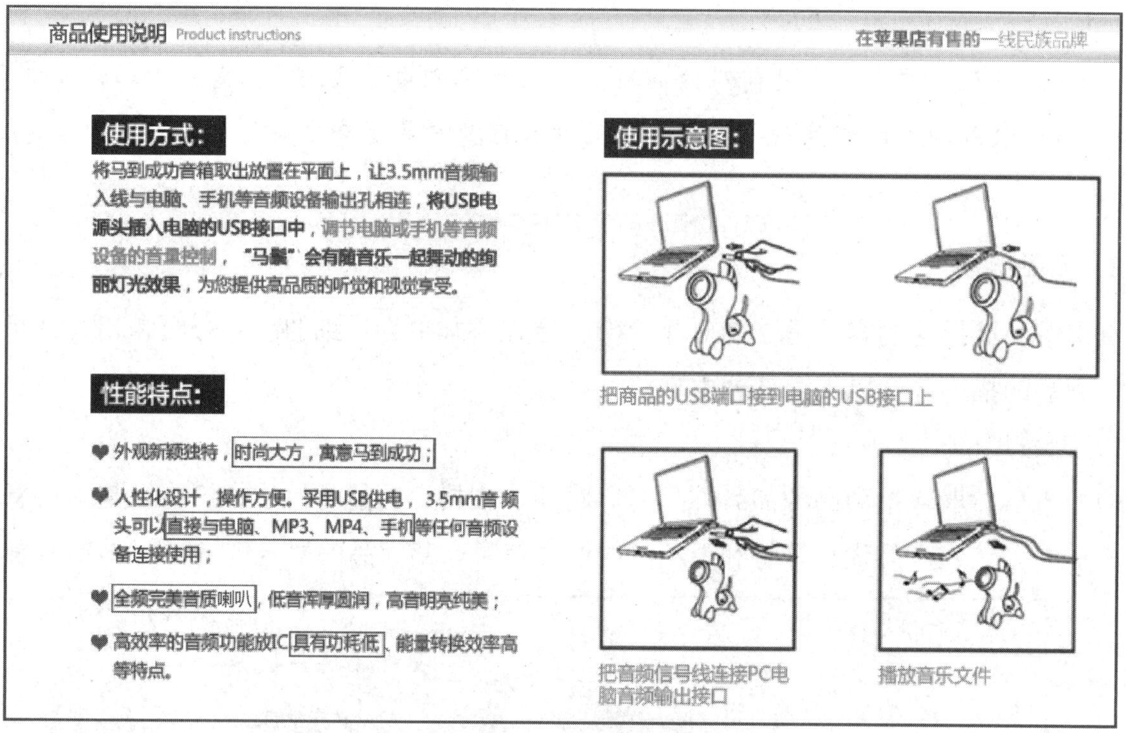

图4-16　图文结合的方式示例

【案例4-2】

由于商品使用不当带来的中评

由于商家没有注明"懒人无线鼠标"的使用方法，商品里使用的大量图片都是在介绍该鼠标的轻巧和方便，唯独没有介绍该鼠标并不能像图片一样悬空移动，因此导致客户购买后产生不满，认为商品没有达到应有的效果。商品使用不当带来的中评如图4-17所示。

这说明客户并非都和客服一样了解商品的使用方法和步骤，特别是市场上少见的新奇商品，很可能因为错误的使用方法而导致商品没有产生应有的作用，引起客户对商品质量的怀疑，甚至因为使用不当让商品变成了废品，埋下交易纠纷的隐患。

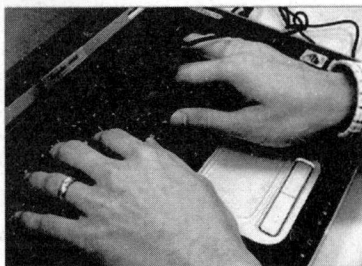

看起来更像一个摄像头，绑在食指上，通过拇指来控制"鼠标"左、右键及滚轮。鼠标也非常轻巧，是一般光学鼠标重量的1/3~1/4，适合携带。在户外拿出这样一款鼠标来使用，定会聚集很多目光。

产品特色
科技感十足，颠覆传统桌面鼠标。
拇指、食指间操作，使用滑鼠可同时打字。
缩短操作键盘与滑鼠的时间。
轻巧易于携带，不占空间。
光学感应器，适合在多种界面上使用。
1200dbi 支持USB，仅重59g。
有效防止"鼠标手"的发生。

中评 [详情]激光没有我想象中那么敏感，仍然需要放在鼠标垫上，我以为可以一边打字一边移动鼠标。

[解释]兄弟，你这中评给得也太冤了吧……为什么你买之前不去了解一下鼠标，拍的时候为什么不先问问鼠标移动的特性，到目前为止，还没有一款鼠标是可以悬空移动的。

图 4-17　商品使用不当带来的中评

3）交易说明

交易说明可以以"必读""购物须知"等方式来体现，相当于交易双方的君子协议，今后在交易过程中一旦出现某种状况，双方有一个可以参考的依据，这也是独立于平台规则以外的一种双边协议，客户一旦拍下商品就代表对该条款的认可。同时，把合作条件放进交易说明里也是一种有效的规避纠纷的方式。

4）配送说明

配送说明是关于邮寄费用和物流配送周期的说明。因为客户可能对发往各地的运费标准和到货周期不是很清楚，预先告知客户既是客服的职责，又是优质服务的一种体现。配送说明表如表 4-3 所示。

表 4-3　配送说明表

默认快递（韵达、申通）收费标准		
送 货 地 点	起步 1.0 千克	续重 0.5 千克
江苏　浙江省内　上海	5 元	1 元
安徽　湖南　重庆　福建　河南　北京　四川　天津　广东　湖北　河北　山东　江西	10 元	5 元
海南　吉林　山西　陕西　辽宁　云南　贵州　广西	12 元	6 元
内蒙古　甘肃　宁夏　黑龙江　青海	15 元	7 元
新疆　西藏	20 元	10 元
EMS 收费标准		
送 货 地 点	起步 0.5 千克	续重 0.5 千克
江苏　浙江　上海	10 元	5 元

续表

EMS 收费标准		
送 货 地 点	起步 0.5 千克	续重 0.5 千克
北京　广东　山东　湖北　湖南　安徽　福建　江西　河南	15 元	7 元
山西　陕西　河北　重庆　天津	18 元	9 元
内蒙古　辽宁　四川　广西　海南　宁夏　甘肃　青海　吉林　黑龙江　云南	20 元	10 元
新疆　西藏	25 元	12 元

5）服务保障

服务保障包括质量承诺、售后维修、会员优惠等信息，这些信息既给了客户安全感又通过返利的方式增加了店铺的黏性。

6）相关信息

相关信息里面的内容可以非常丰富，一切有利于销售的、有利于体现卖家专业性的内容都可以放在商品描述的相关信息中。

提供自助购物指导、常见问答、保养知识、使用方法、联系方式等更为专业和周到的服务，展示以往客户的评价、打消客户的疑虑等都是很好的促销手段。

以上介绍的都是商品描述包含的内容，卖家一定要好好地利用这 25000 个字节的空间，让商品描述更加丰富、更加专业，充分发挥营销的魅力，让客户进入店铺以后流连忘返，不断挖掘他们的潜在需求，激发出他们的购买欲。

> **想一想**　如何设计焦点图呢？根据店铺商品的情况，思考焦点图应该设计成什么样。

3. 设计焦点图，引起客户的兴趣

要想引起客户的兴趣可以从以下方面考虑：品牌介绍、焦点图、目标客户的场景设计、商品的总体图、拥有后的感觉、购买理由。

一张焦点图首先必须有一个焦点，这个焦点就是这款商品的广告。焦点图的作用是可以引起客户的兴趣。如图 4-18 所示，以"会呼吸的冲锋衣"的焦点图为例。这款衣服在实际穿着中会"喷"气，用形象的图加上文字构成焦点图，引起客户的兴趣。

图 4-18　"会呼吸的冲锋衣"的焦点图

【案例 4-3】

"小狗吸尘器"的焦点图

在焦点图中放置商品的图片要表达清楚这款商品的使用对象是谁，这款商品有哪几个关键的卖点，如小狗吸尘器的卖点是"肘式仿生、旋转地刷"。另外，还要准确描述这款商品的名称，要在 30 秒之内告诉客户这是什么、给谁用的、价格是多少，快速引起客户的兴趣。"小狗吸尘器"的焦点图如图 4-19 所示。

图 4-19 "小狗吸尘器"的焦点图

4．激发客户潜在的需求

在如今商品过剩的时代，客户对很多商品其实是可买可不买的，这时就需要去激发客户潜在的需求。

客户对一款商品产生一定兴趣后，逐渐开始信任，然后从信任到信赖，这就属于营销过程。

> **试一试** 分组讨论，如果让你来设计焦点图，你会如何设计？说明具体的内容及理由。

5．内页写作的 15 个逻辑关系

超市都有基本的行径路线，而客户看商品内页，就像到超市购物，商品内页的设计同样要遵从类似的逻辑关系。

内页写作的 15 个逻辑关系如下。

（1）品牌介绍。在内页的首屏，一般介绍这个店铺的品牌是什么。

（2）焦点图。当客户点击商品进入店铺后，要让客户快速地切换到焦点图，通过让客户看焦点图，迅速吸引和抓住客户的眼球，使客户明白这款商品是什么、商品的使用对象是谁。

（3）商品的目标客户。如果商品适合送礼，它的目标客户有两个：一个是商品的使用者；

另一个是商品的购买者。例如，很多男装的购买者是他们的女朋友或太太，因此要清楚地界定商品的目标客户。

（4）场景图。介绍这款商品用在什么场合、用在什么场景。

（5）从场景图逐渐过渡到商品的详细图，称为细节图。现在淘宝网店已经有很多追求细节的卖家，通过细节图让客户了解商品有哪些细节，这样会逐渐得到客户的信任。图4-20所示就是一款鞋子的细节图。

（6）卖点设计，即为什么客户要购买这款商品。

（7）痛点设计，即假设客户不买这款商品会有什么痛点。

（8）要考虑客户为什么购买你店铺的商品，一定要做同类型商品的对比设计，如价格对比、价值对比、功能对比等。

（9）一定要增加第三方评价。在淘宝内页设计中大量采用客户的评价作为一个重要的打分环节，在内页设计中也应该加上第三方评价，如买过这款商品的客户评价、权威机构对商品的评价、第三方服务机构对商品的评价等。

（10）商品内页必须有几个关于客户非使用价值的文案设计，告诉客户此商品还能给他带来什么非使用价值。

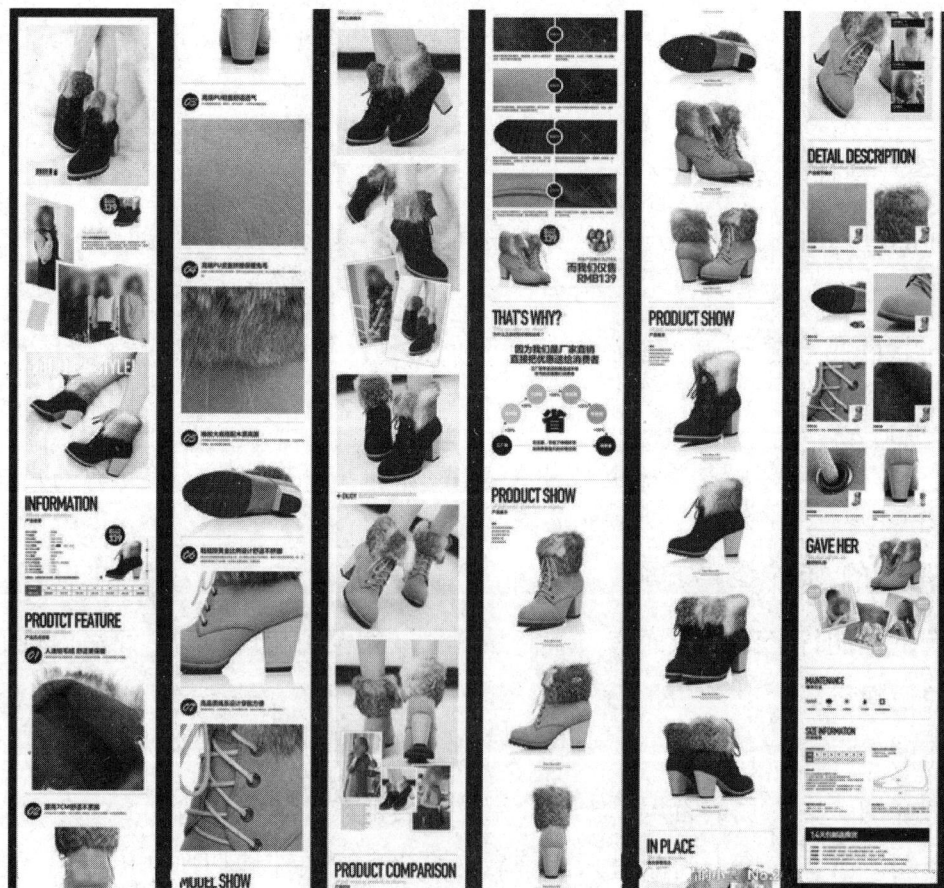

图4-20　一款鞋子的细节图

（11）在文案里必须有客户购买这款商品后的感觉塑造，强化信任关系，给客户一个必须购买的理由。

（12）一定要给客户若干个购买理由，是买给自己、朋友、父母，还是买给同事等。

（13）一定要发出购买号召，强调现在应立刻来店铺购买。

（14）要有和购物相关的内容，如邮费、怎么发货、怎么退换货、有哪些售后服务等。

（15）要有与这款商品相关的关联销售推荐图。关联商品也要考虑次序问题，同类的商品优先推荐，不同类的商品放到第二位推荐，最后是套餐的推荐。

拓展学习

小组合作开展训练，针对淘宝网新的规定，选择一款女装，进行内页软文写作，根据内页写作的 15 个逻辑关系设计它的内容，并将相关内容填入表 4-4 中。

表 4-4　内页软文写作的内容

序　号	内页写作的 15 个逻辑关系	是否需要	配图几张	软文要点
1	品牌介绍			
2	焦点图			
3	商品的目标客户			
4	场景图			
5	细节图			
6	卖点设计			
7	痛点设计			
8	对比设计			
9	第三方评价			
10	非使用价值的文案设计			
11	感觉塑造			
12	若干个购买理由			
13	购买号召			
14	和购物相关的内容			
15	关联销售推荐图			

活动 4.1.3　技能训练：高山茶的方案设计

任务 4.1 主要介绍了商品软文的写作方法、内页写作的 15 个逻辑关系等内容，为了让同学们更好地融会贯通，下面将通过练习加以巩固。

高山茶的方案设计

（1）现有一款高山茶，如图 4-21 所示，它采摘自海拔 1000 米以上的高山，每日较长的日照时间和适宜的温度、湿度，让每一颗茶芽都汲取了更多的天然灵气，有利于茶叶成长为更具营养成分的高山茶。请根据以上背景编写一个品牌文化故事，尽量做到晓之以理、动之以情，让客户融入故事中。

（2）现在网店要推出这款高山茶，请通过分析它的市场行情确定走向，并分析高山茶的目标客户，确定目标客户的年龄和喜好。

图 4-21　高山茶

教师点评

任务 4.2　掌握商品上下架的控制流程

问题引入

淘宝商品的上下架时间及排名规则，你了解多少呢？一般来说，越接近下架时间的商品，它的排名就越靠前，其他商品会在下架时间的影响下轮番排序。因此，下架时间一直是影响商品排名的重要因素。

你知道吗？

淘宝自然搜索想要得到排名，就要优化很多东西。由于淘宝上所有的商品都有一个为期7天的周期，因此下架时间与上架时间是完全相同的。只要利用好下架时间对搜索排名的影响，巧妙地安排商品的上架时间就能达到很好的效果。

活动 4.2.1　了解商品上下架时间对商品排名的影响

做中学

● 小组合作，在百度或搜狗等搜索引擎中搜索"淘宝商品上架""淘宝商品下架""淘宝商品排名"等关键词，进行资料查找，把不同的搜索结果填入表 4-5 中。

表 4-5　搜索结果比较

定 义 来 源	定 义	你 的 理 解
淘宝商品上架		
淘宝商品下架		
淘宝商品排名		

● 讨论：除了采用搜索引擎搜集定义，结合教材中的必备知识，你认为商品上下架对商品排名的影响还有哪些？

必备知识

1. 商品上下架时间对商品排名的影响

商品上下架排名是淘宝综合排名中一项至关重要的影响因素。影响商品排名的关键因素有两个，分别是"剩余时间"和"是否推荐商品"。其中，剩余时间＝商品有效期－（当前时间－发布时间）。淘宝会根据商品上架时间来排序，也就是说剩余时间越短，商品排名就越靠前，因此商品剩余时间越少，商品就越容易被客户看到。

【案例 4-4】

请看图 4-22 所示的商品一，分析它的下架时间和排名，以及下架时间和排名的关系。

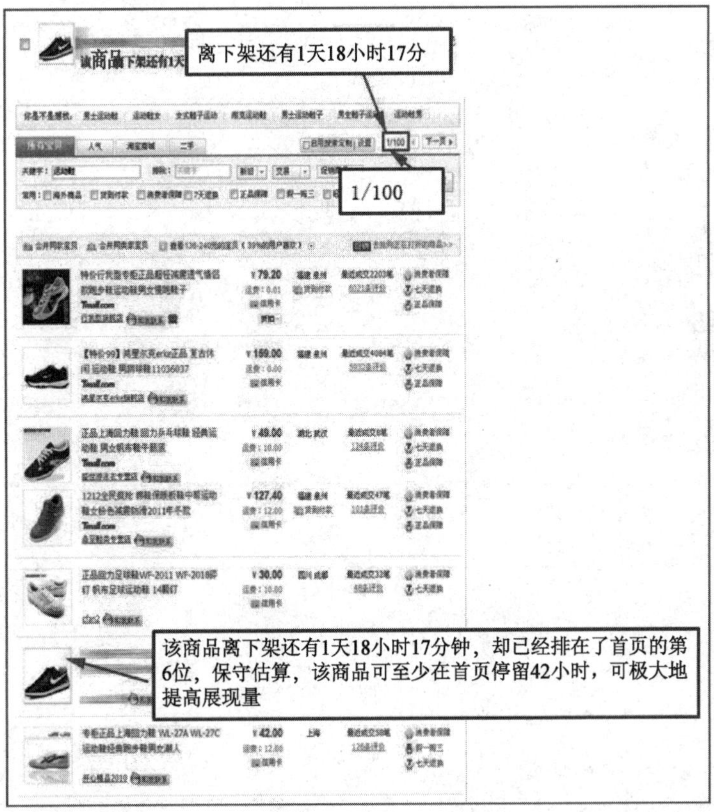

图 4-22　商品一

商品二因为距离下架时间短，很多人因此断定即将下架肯定排名会靠前，如图 4-23 所示。

案例分析：

可以发现：商品上下架时间不容小视，目前排名的第一要素取决于人气值，人气值越高的商品，即使距离下架时间很长也还是可以排名很靠前。以商品一为例，即使距离其下架还有 1 天多，也出现在了首页，这种展现与曝光率依靠的是人气值。而商品二虽然仅剩 2 分钟就下架，但是因为没有商品一那么高的人气值，即使很快下架，排名效果也不尽如人意。

商品排名是由人气值决定的，在同一时间，同一个搜索引擎的刷新周期，有着接近的人气值，下架时间的长短决定了商品排名的前后，时间越短，商品排名越靠前。但是随着搜索引擎的连续刷新，下架时间和人气值的重新对照后，排名前后会发生改变。因此，商品的下架时间和人气值是相互依存的统一整体。

图 4-23　商品二

案例思考：

商品的下架时间和人气值直接决定了其搜索排名，但是这两个因素之间又是怎样互相影响的呢？在实践中，这两个因素之间的关系，又需要怎样去权衡呢？商品一距离下架还有 1

天多，很多人觉得它的排名应该很靠后，因为感觉它距离下架还有很长时间，但事实又是怎样呢？

2. 商品上下架的注意事项

（1）选择更短的上架时间，也就是 7 天。

商品上架都是按天数来计算的（有 7 天和 14 天两个选择），因此商品下架的最佳时间也就是商品上架的最佳时间。理论上来说，商品下架之前的数小时内，如果商品能够获得很好的关键字搜索排名，同时在这段时间内，浏览商品的用户数量最多，则这段时间就是商品下架的最佳时间。

（2）商品上架挑选用户网购高峰期。

一般情况下，9:00—11:00、15:00—17:00、20:00—22:00 是用户在线购物比较集中的时间段。这时适合安排商品上架，不过不一定适合所有的商品。

读一读

谈谈流量大的时间段

1. 每天的黄金时间段

11:00—13:00：11:00 以后上班族进入饥饿状态，上午的工作也做得差不多了，人们也许会选择浏览商品。

12:30：这段时间上班族处于吃饱的状态，不会立刻投入工作，很多公司这段时间算作休息，所以上网的用户比较多。

11:30—13:00：对于学生来说是休息时间。

16:30—18:00：对于上班族来说，要下班之前工作都已经完成了；对于学生来说，一天的课结束了，可以轻松一下。

21:00—23:00：很多上班族在这个时间段上网。

2. 每月的黄金时间段

每月月初、10 号、20 号刚过，商品的浏览量就会提高，所以这时下架商品最好。

3. 节假日的黄金时间段

例如，五一、国庆虽然放长假，但是成交量并不理想，一般在节假日最后 2 天的成交量比较理想，因为大多数人都旅游回来了。

4. 每年成交量最低的时间段

每年成交量最低的时候应该是 3 月。

（3）尽量避开人气较高的商品。

新品刚刚开始上架时，在人气方面与那些已经卖得很好的商品相比存在着先天的劣势（没有收藏、没有销量、没有评价等），这也是淘宝的搜索排序中要把下架时间因素当成一个排序因素的重要原因。所以无论是基于商品情况，还是考虑到用户的从众心理，新品的上架都应尽量避开人气较高的商品。与此同时，淘宝的搜索引擎也会给新品比较大的搜索权重。

例如，凌晨 0:00 左右安排商品上下架比较好。在这个基础上，应尽可能地避开人气较高的商品，要考虑成交量、上网时间等因素。

（4）同类商品要分开上架。

用淘宝助理上架商品估计很方便，但是对搜索来说大大不利。例如，上架鄂尔多斯羊绒衫，如果几分钟内用淘宝助理一次性全上架了，那以后每周只有一天的几分钟内该商品排在前面。因此，卖家可以把鄂尔多斯羊绒衫分成 14 组（7 天的两个黄金时间段），在每天的两个黄金时间段隔几分钟上传一组，用 7 天时间全部上架完毕。以后每天就会有鄂尔多斯羊绒衫在黄金时间段排在搜索结果的前列。

（5）把橱窗位合理用于下架商品。

相信卖家都会有这样的体会：商品太多了，但是橱窗位只有几个，怎么办才好？最好的办法就是把所有的橱窗位都用在即将下架的商品上。如果安排合理，橱窗位就会发挥很大的作用。

（6）橱窗位推荐销量大的商品。

如果快要下架的商品数量很多，橱窗位不够，可以选择销售量高的商品，因为销售量在淘宝搜索排名规则中是很重要的一个因素，如果橱窗位推荐的商品的销售量很高，也会被优先排在前面。

（7）淘宝网跟下架时间有关的两个违规行为的规定。

①禁止重复开店——在时间排名机制下，商品越多越占优势；②禁止重复铺货——这是扰乱市场秩序的表现，不能给客户带来更好的购买体验（搜索出来的都是同样的商品）。

拓展学习

● 小组合作学习，掌握商品上架的最佳时间。

● 进入"已出售的商品"，选择不同类型的商品，每类 3 件商品，讨论商品的种类及最佳上架时间，记录下来，并将相关内容填入表 4-6 中。

表 4-6　商品的种类及最佳上架时间

商 品 名	种　　类	理论最佳上架时间	理论下架时间	拟定上架时间	拟定下架时间

续表

商 品 名	种　类	理论最佳上架时间	理论下架时间	拟定上架时间	拟定下架时间

活动 4.2.2　熟悉不同类别商品选购的时间

做中学

● 针对店铺的实际商品讨论消费群体有哪些，消费群体的购物时间段有哪些，小组进行交流，以完整信息进行课内展示。

● 结合教材中的必备知识，结合店铺的实际商品列出一份"店铺消费群体消费高峰时间段表"，显示商品名称、商品类目、商品消费群体、消费高峰时间段、原因。要求行文排版合理，文字简洁。

问题引入

选购商品的最佳时间段正在发生变化，选购商品的黄金时间段都一样吗？这些时间段又有怎样的特点？

_____

_____

_____

你知道吗？

手机购物推动"睡前消费"

淘宝数据也显示了夜越深越逛街的新趋势，从移动端的整体数据分析，21:00—22:00 是人们消费的高峰期，24 小时数据显示，人们用手机消费的热度会比用计算机持续得更晚一些，甚至持续到凌晨 1:00，也就是一种"睡前消费"的有趣现象。

必备知识

1. 女装类的消费时间段

根据淘宝公布的统计分析：10:00，女装的销售出现高峰，而这种情况在周二、周三更为明显，一位服装店店主介绍说，这主要是因为这个时候下单能够本周到货，周末出行时就可以穿上。

14:00 和 20:00，女装购物高峰会再次出现，并且一直持续到 22:00，临睡前，人们也形成了用手机逛淘宝的习惯。

2. 化妆品类的消费时间段

在化妆品方面，每天的消费高峰期也有两轮，分别是 14:00—16:00、21:00—23:00。有意思的是，购买化妆品的男女比例现在是 3∶1，也就是说，有25%的化妆品购买者为男性。

3. 母婴用品类的消费时间段

妈妈群体也是淘宝购物的主力军。

到了 11:00，妈妈们在工作之余，开始逛童装和尿不湿。这同时也是买菜、买水果的黄金时间，主妇们开始选购鸡鸭鱼肉、青菜萝卜……数据显示，30～35 岁的女性正是采购蔬菜、水果的主力群体。

16:00，出现奶粉选购高峰；21:00，妈妈们开始选购玩具。淘宝母婴行业的数据显示，购买母婴用品的男女比例为 3∶7，看来，除了妈妈们关注孩子成长，爸爸们也在迎头赶上。

值得注意的是，随着手机购物成为人们消费的新模式，消费高峰出现了"多频次"的特点。特别是在母婴用品方面，妈妈们从凌晨四五点就开始了淘宝之旅，"在母婴用品方面，会出现凌晨购物的现象，很可能是因为看护孩子的妈妈们在半夜醒来后一时无法入睡，边购物边继续关心着孩子。"淘宝销售小二分析说。

4. 家居家装类的消费时间段

21:00—22:00 也是人们选择家居用品的高峰时间段。从数据分析，关注家居类用品以女性为主；而家装材料方面，则以男性为主。

5. 中老年人的消费时间段

此前两年的支付宝年度账单都揭示了中老年人在网购方面的消费实力，而最新的淘宝行为数据则表明，他们常常在下午的时候开始购买收藏品。

以紫砂壶为例，购买紫砂壶的用户，年龄主要集中在 40～49 岁，购买时间也多集中在 14:00—15:00，他们在 20:00—21:00 还会再次购买。

6．"90后"的消费时间段

而"90"后的活动时间则明显是夜晚，20:00淘宝动漫频道就会越发热闹，在周末更是如此。数据显示，关注动漫的主要以学生、年轻白领为主，18～24岁的群体是主要的群体。其中，对手办玩具感兴趣的男生相对较多，女生则对衣服感兴趣的较多。

7．家政服务的高峰时间段

一般从周四晚上开始，在淘宝上寻找家政服务的人群就会明显增多，这样看来，人们周末需要打扫房间，周四就开始预订了。

数据显示，人们更喜欢在22:00—23:00寻找家政服务，然后是13:00—15:00，而这股消费潮会从周四一直持续到周六。

2014年3月25日，淘宝还正式推出了家政服务平台——生活家。首批开通北京、上海、广州、深圳、杭州等15个城市，有7万名家政阿姨实名认证入驻。打开手机淘宝，只需30秒，就能找到经过正规培训的阿姨，还提供担保支付。

活动4.2.3 技能训练：合理设置女装的上下架时间

为了解淘宝网女装客户的购买行为，学生小组结合现有研究资料，通过网络调研问卷的形式获取女装客户、女装卖家的需求，总结并归纳了淘宝网消费人群背景、淘宝网客户的行为习惯及后续的发展趋势。

1．客户分析

在教师的指导下，通过开展调查、查阅资料，从客户购买商品的价格区间、各类目客户最关注的商品特征、影响客户购买的因素等方面进行自我分析，将结果填入表4-7中。

表4-7 客户分析表

一 级 类 目	二 级 类 目	热门的月份/周数	热门的时间段
女装/女士精品	T恤		
	连衣裙		
	羊毛针织衫		
	衬衫		
	小背心/吊带		
	牛仔裤		
	休闲裤		
	短裤/热裤		
	半身裙		
	短外套		

一 级 类 目	二 级 类 目	热门的月份/周数	热门的时间段
女装/女士精品	雪纺衫		
	打底裤		
	九分裤/七分裤		
	毛衣		
	卫衣		
	风衣		
	中老年女装		
	大码女装		
	西装		
	……		

2. 店铺营销策略分析

认知女装店铺商品的特点，根据商品的实际情况，权衡商品上下架时间与商品排名的关系，制定商品的上下架时间，并将相关内容填入表4-8中。

表4-8 商品上下架分析表

一 级 类 目	二 级 类 目	最佳时间段	上 架 时 间	下 架 时 间
女装/女士精品	T恤			
	连衣裙			
	羊毛针织衫			
	衬衫			
	小背心/吊带			
	牛仔裤			
	休闲裤			
	短裤/热裤			
	半身裙			
	短外套			
	雪纺衫			
	打底裤			
	九分裤/七分裤			
	毛衣			
	卫衣			
	风衣			
	中老年女装			
	大码女装			
	西装			
	……			

3. 制定策划方案

汇总上述内容，结合女装的上下架时间，制定店铺推广活动的策划方案，并以简报或展板的形式在班级展示交流。

教师点评

任务 4.3　学会商品关键词的遴选

问题引入

> 韩国小饰品批发　时尚简约花朵食指戒指　潮流百搭开口

> 韩国代购　优质合金材质银色镶钻完整造型不规则时尚钻戒

> 韩版　滴油　白色　狐狸戒指　指环　饰品　批发

> 欧美外贸青岛饰品批发　新款高端铜铸造　女款戒指

以上 4 则标题是以"戒指"为搜索关键词在淘宝中的搜索结果，其中前两则标题排在搜索结果靠前的位置，而后两则要翻到最末页才能看到。造成如此巨大差别的原因是什么呢？

原因就是标题中的关键词排名。无论是标题的表述还是标题所表达出来的信息，都可以看出前两则标题十分明确地以"饰品""戒指""钻戒"等为核心关键词，然后根据商品的材质、外形等属性进行关键词的补充说明和组合，提供了相当详细的商品信息，而后两则标题的关键词融合度则远远不够。

那么，该怎样设置商品关键词，才能提高商品的搜索率，更有效地提高店铺转化率呢？

你知道吗？

例如，客户想购买加绒裤，那么肯定要在搜索栏中输入"加绒裤"，此时所有卖家出售的商品标题带有"加绒裤"的商品就全部展示出来了，客户可以很轻松地找到需要购买的商品。而当客户搜索输入"裤"的时候，出来的就不仅仅是加绒裤了，因为"裤"包含裤袜、裤子、牛仔裤、短裤等，当然也包含加绒裤，此时只要带有"裤"字的商品，都会显示出来。通过上面的举例，相信你了解了什么是淘宝关键词，结合自己想购买的商品，编辑一个符合商品并且适合淘宝 SEO 的商品标题吧！

活动 4.3.1　了解商品关键词的作用

做中学

● 小组合作，选择一个店铺发布的商品，在此基础上修改商品名称。在淘宝首页的搜索栏中输入刚才修改的商品名称，搜索结果中有多少个符合条件的商品？店铺发布的商品在其中吗？

商品名称：

_____

_____

搜索结果中符合条件的商品有多少个？ _____

店铺发布的商品在其中吗？ _____

● 讨论：怎样设置商品名称，才能使商品的搜索排名尽量靠前？

必备知识

1．商品关键词的概念

商品关键词是客户根据自己需要所搜索的商品名称，这款商品的名称可能是一个字，也可能是一个词语，更有可能是一个短语，如锅、电饭锅、海尔电饭锅，是三个不同的商品关键词。

2．商品关键词的类型

商品关键词的类型如图 4-24 所示。

- **属性关键词**
  └─→ 指商品的名称或俗称，商品的类别、规格、功用等介绍商品基本情况的字或者词

- **促销关键词**
  └─→ 指关于清仓、折扣、甩卖、赠礼等信息的字或者词

- **品牌关键词**
  └─→ 包括商品本身的品牌和店铺的品牌两种

- **评价关键词**
  └─→ 主要作用是对看的人产生一种心理暗示，一般都是正面的、褒义的形容词

图 4-24　商品关键词的类型

1）属性关键词

属性关键词是指商品的名称或俗称，商品的类别、规格、功用等介绍商品基本情况的字

或者词。由于人的语言表达和搜索习惯不同，可能会使用不同的属性关键词搜索，因此在商品有多种习惯称呼的情况下，可以多设几个属性关键词，以符合更多人的搜索需求。例如，马铃薯、土豆、洋芋、potato 指的都是一种蔬菜，卖家就可以选择其中常用的一两个习惯称呼作为商品的属性关键词。属性关键词如图 4-25 所示。

图 4-25　属性关键词

2）促销关键词

促销关键词是指关于清仓、折扣、甩卖、赠礼等信息的字或者词，这类关键词往往最容易吸引和打动客户，网络零售和传统零售只是表现形式不同，但其商业的本质是相同的。传统零售商场经常用各种打折促销信息来吸引客户，网络零售同样可以采用这种方式来吸引客户。因此，店铺应经常推出各种促销活动，并将"特价""清仓""×折""大降价"等关键词体现在商品名称中，可以有效地吸引到更多人的关注，提高商品和店铺的浏览量。促销关键词如图 4-26 所示。

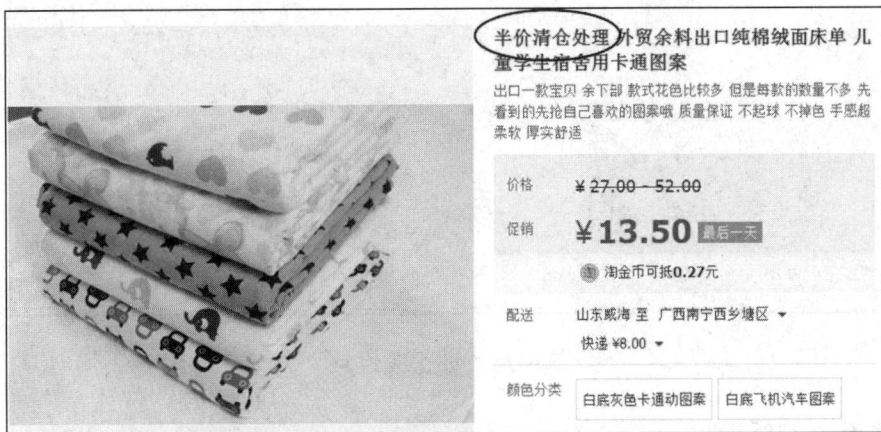

图 4-26　促销关键词

3）品牌关键词

品牌关键词包括商品本身的品牌关键词和店铺的品牌关键词两种，如韩依依、兰蔻、金斯顿等属于商品本身的品牌关键词，秀石头、西藏传说、凤雅琴坊等属于店铺的品牌关键词。增加商品本身的品牌关键词可以给客户提供更精确的搜索信息，增加店铺的品牌关键词可以在店家 ID 之外多提供一个具体的、可记忆的、便于查找和有利于口头宣传的店铺形象，对于提高店铺知名度和打造品牌都有显著的效果。品牌关键词如图 4-27 所示。

图 4-27　品牌关键词

4）评价关键词

评价关键词的主要作用是对看的人产生一种心理暗示，一般都是正面的、褒义的形容词，如×钻信用、皇冠信誉、市场热销等，这类关键词其实也是一种口碑关键词，增加这类关键词不仅能够满足客户寻找可靠的产品质量、可信的店家的需求，还更容易获得客户的好感和认同，打消他们的顾虑，在不知不觉中让客户做出成交的决定。评价关键词如图 4-28 所示。

图 4-28　评价关键词

3．商品关键词的组合

根据以上商品关键词，在商品发布时，商品名称可以由两种以上的关键词来进行组合：

促销关键词＋属性关键词，品牌关键词＋属性关键词，评价关键词＋属性关键词。

从上面这三种组合方式我们又可以得到更多种组合方式，如促销关键词＋品牌关键词＋属性关键词、品牌关键词＋评价关键词＋属性关键词、评价关键词＋促销关键词＋属性关键词等。

组合方式可以多种多样，但是无论如何组合、如何变化，任何时候都不能缺少属性关键词，否则就会本末倒置，效果适得其反。

【案例4-5】

这样的标题能行吗

图4-29所示的商品就采用了非常失败的商品名称，"便宜吧，快来买！"只表达了商家盼望交易的急切心态，却没有具体指向任何一件实际的商品。其实，不管商品名称如何设置，属性关键词一定是其中的重要组成部分，因为这是客户在搜索时首先会使用到的商品关键词类型，在这个基础上增加其他商品关键词，可以使商品在搜索时得到更多的入选机会。

图4-29　商品标题

姑且先把"快来买"归到促销关键词里面。那么，下面来试试看在加入其他商品关键词以后商品名称会有什么变化，是不是更容易被搜索到，或者更容易吸引客户。

加入属性关键词：商品名称为"纯棉活性印花四件套 快来买"。

再加入促销关键词：商品名称为"七折包邮 纯棉活性印花四件套 快来买"。

再加入品牌关键词：商品名称为"暖羊羊家纺 纯棉活性印花四件套 快来买 七折包邮"。

再加入评价关键词：商品名称为"3钻信用 暖羊羊家纺 纯棉活性印花四件套 快来买 七折包邮"。

如果根据前面的商品关键词来进行修改和重组，如图4-30所示，这件商品的名称被搜索到的概率就会增大很多，留给客户的印象也会相应加深。

图 4-30 修改后的商品标题

案例思考：

选择哪些商品关键词来组合最好，要依据分析市场、分析商品、分析目标消费群体的搜索习惯来最终确定，找到最合适的组合方式。

4. 商品关键词的作用

关键词源于英文"keywords"，特指单个媒体在制作使用索引时所用到的词。由于互联网的快速发展，很多卖家看到了蕴藏的商机便开始进军互联网，当客户需要通过网络查找某项内容或解决某个问题时，就需要在搜索引擎中输入搜索关键词进行查找，如果商品关键词用得恰当，与客户的搜索关键词匹配度越高，店铺的排名就越靠前（不考虑竞价排名因素），就会增加商品被客户点击的概率，从而提高店铺的流量和转化率。

1）淘宝网内搜索关键词

客户搜索的需求与淘宝网卖家出售的商品名称结合，成为淘宝关键词的搜索结果，客户找到自己所需商品的卖家商品途径。例如，大码女裤的搜索结果如图 4-31 所示。

2）店内搜索关键词

提供客户在店内查找商品时所使用的全部关键词的统计信息，如搜索次数、跳失率等，客户可以自由选择时间段，系统会自动根据客户选择的时间段，显示店内搜索排名前十位的关键词及每个关键词所占的搜索比例。关键词统计信息如图 4-32 所示。

另外，还可以用"查看"功能查看随着时间的变化，每个关键词的到达页浏览量、搜索次数及跳失率的变化趋势，为客户及时优化商品的名称以便为能够被高效地搜索到提供参考。"趋势"—"查看"如图 4-33 所示。

由此可以看出，店内搜索关键词和淘宝网内搜索关键词是不同的，店内搜索关键词更偏重客户已经到达店铺后想要获得该店铺的哪些商品。卖家可以利用店内搜索关键词来分析客户心理，对店铺首页等进行设计优化，让客户更方便查询他们关注的商品信息。

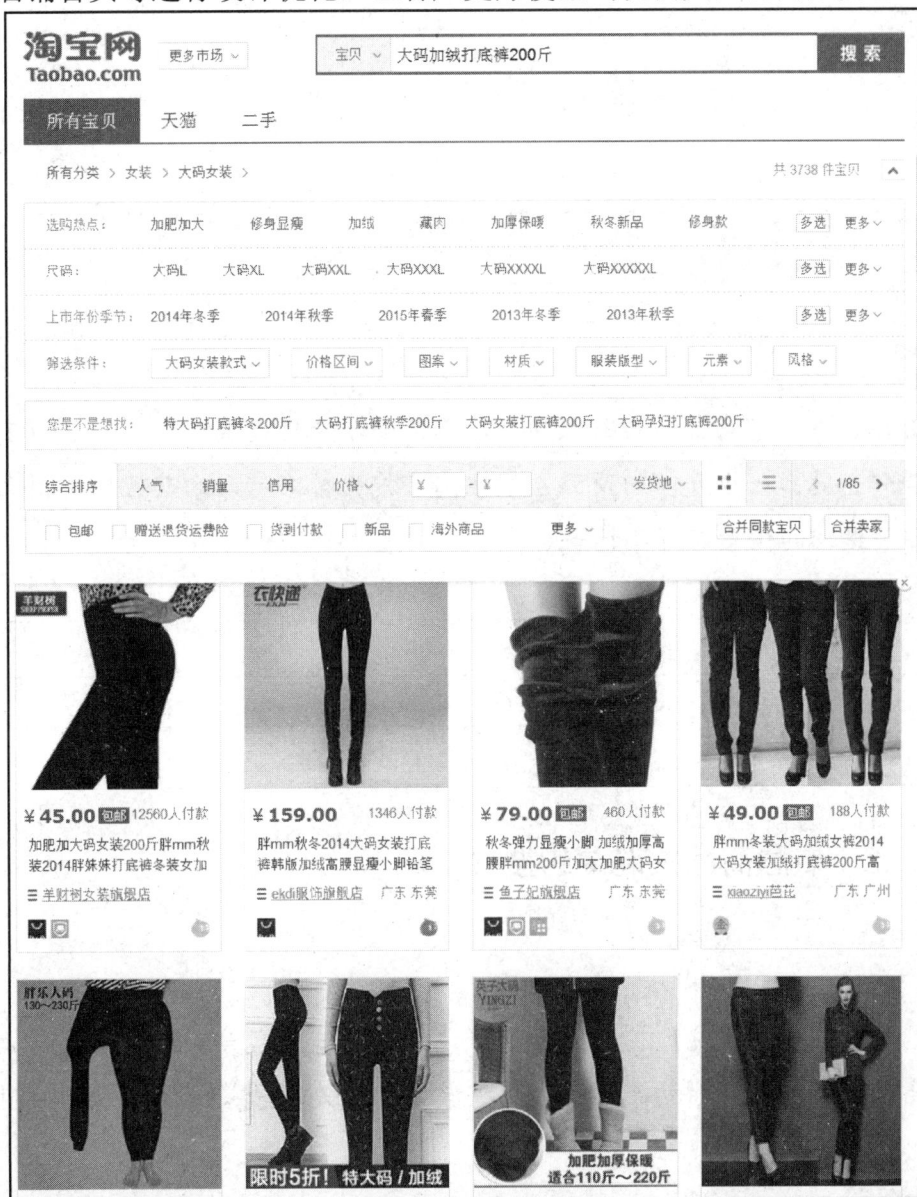

图 4-31　大码女裤的搜索结果

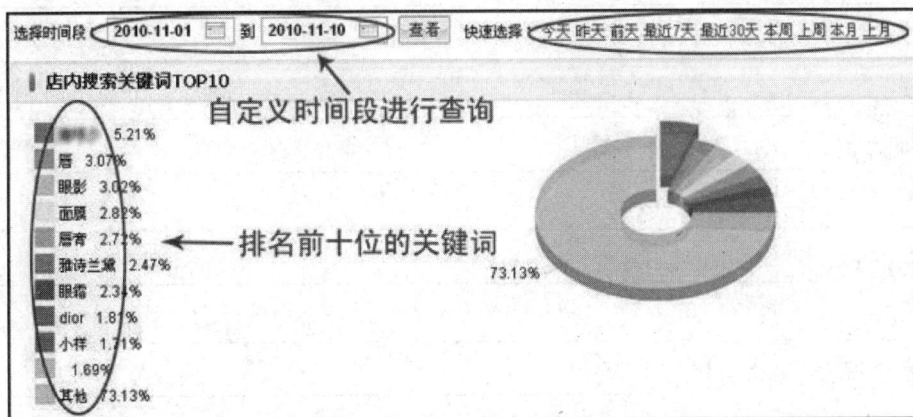

图 4-32　关键词统计信息

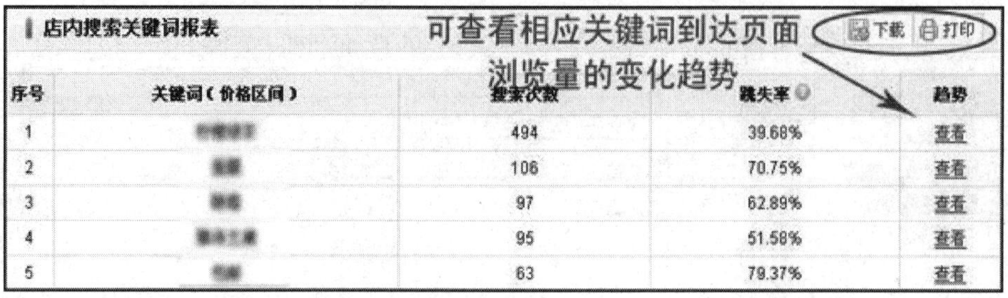

图 4-33 "趋势"—"查看"

拓展学习

- 登录百度，搜索"淘宝商品关键词"词条，整理分析搜索结果。

- 小组合作，选择一个发布的商品，参照淘宝搜索排名前列的其他同类商品，思考它们的名称中商品关键词的设置有哪些特点。

_____

_____

在此基础上修改商品名称：_____

活动 4.3.2　熟悉商品关键词的搜寻

做中学

结合店铺商品的实际状况，利用搜索引擎（如百度、搜狗等）查找相应商品属性及商品特点，结合店铺近期的营销活动，了解商品关键词和相关商品关键词知识，小组之间相互进行交流。

商品属性：_____

_____

商品所在类目：_____

_____

主要材料特点：_____

_____

营销推广活动：_____

_____

符合店铺商品信息的关键词：_____

_____

必备知识

如果竞争对手已经在行业中有一定规模，并且在搜索引擎中有很好的排名，卖家在模仿他们的关键词设置方法时，一定要分析竞争对手与自己的优劣势。如果竞争对手拥有很好的网站结构，并且拥有一支精良的优化团队，卖家无法与之抗衡，则在选择关键词时，如果无法判断是否可以做到仅次于竞争对手，做到首页或第二页的搜索排名，则建议选择使用频率高的关键词。

那么，哪些是使用频率高的关键词呢？从哪里可以找到这些关键词呢？

1．搜索框

首先，与百度搜索引擎类似，在淘宝网的搜索框中输入商品所在类目的关键词，在弹出的下拉列表框中会提示与该类目相关的搜索热度高的关键词，如图4-34所示。

图4-34　淘宝网的搜索框

其次，在搜索框下方还展示了淘宝网当前搜索量最多的关键词，如图4-35所示。这些关键词也有一定的参考价值，商家可查看与这些关键词相关的其他商品的关键词的写作方式，然后结合自己店铺商品的特点来进行关键词的确定。

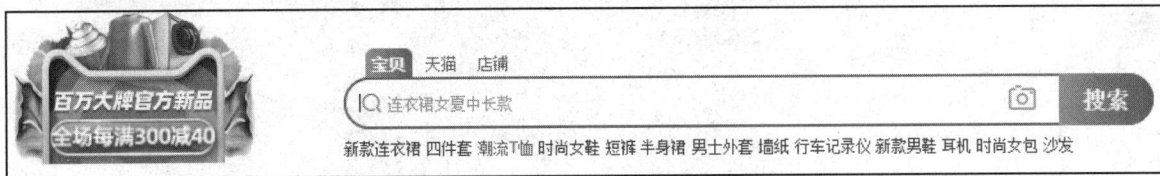

图4-35　搜索量最多的关键词

2．热门关键词

"卖家中心"页面中的"店铺数据"显示了当前店铺的交易数据，在其中单击"重点诊断"中的"查看更多诊断"按钮，如图4-36所示，按照提示订购"生意参谋"服务后即可查看店铺所在行业的相关信息。

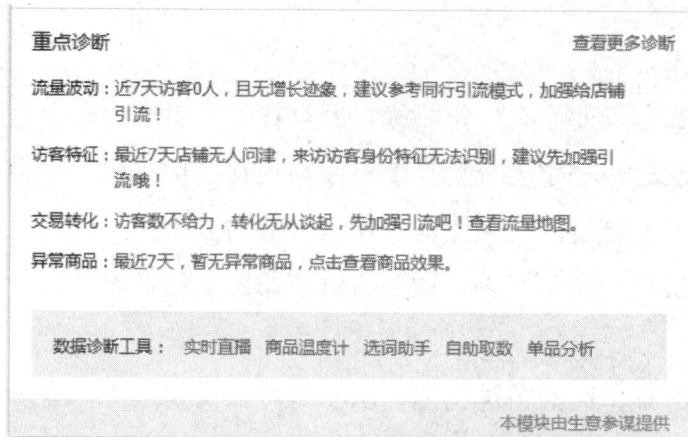

图 4-36 重点诊断

某店铺的类目为"饰品/流行首饰/时尚饰品新"，现以该店铺为例介绍关键词的分析方法。

1）市场行情

市场行情分析了最近 7 天的"行业流量店铺 TOP5""行业热销商品 TOP5""行业热门搜索词 TOP10"数据，如图 4-37 所示。可以单击每个选项后的"查看更多"按钮查看详细的数据。

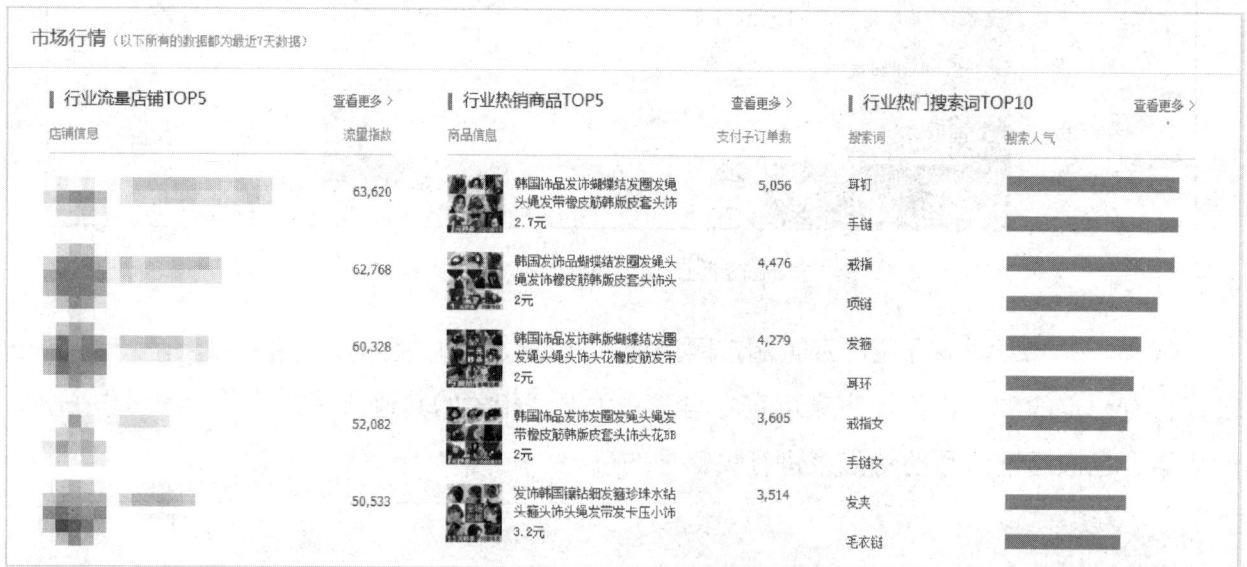

图 4-37 市场行情分析

2）行业相关搜索词

单击"行业热门搜索词 TOP10"后的"查看更多"按钮，打开"行业排行"页面，在其中可查看更多热门搜索词。不仅如此，每一个热门搜索词后还有关于该关键词的相关信息分析。如图 4-38 所示，为热门搜索词"耳钉"的相关信息分析。

行业相关搜索词　　日期　2019-02-23—2019-02-23　指标　下载

搜索词	全网搜索热度	全网搜索热度变化	全网点击率	全网商品数	直通车平均点击单价	操作
耳钉	6,641	↑7.51%	269.63%	2,740,871	0.31	收藏
塑料耳钉	51	↑30.77%	650.98%	6,629	0.3	收藏
耳钉 女	45	↑28.58%	355.56%	606,379	0.33	收藏
皇冠耳钉	19	↑5.56%	526.32%	17,116	0.26	收藏
时尚耳钉	19	↑18.75%	442.11%	704,222	0.43	收藏

图 4-38　热门搜索词“耳钉”的相关信息分析

3．阿里指数

阿里指数是指了解电子商务平台市场动向的数据分析平台，可以为用户提供市场行情分析、热门类目、搜索词排行、买家概况等数据分析，如图 4-39 所示。

行业指数是指通过对某个主营类目的“搜索词排行”“热门地区”“买家概况”“卖家概况”等数据进行分析，以帮助用户更好地获得所需类目的相关信息，制定合理的营销方案或文案。

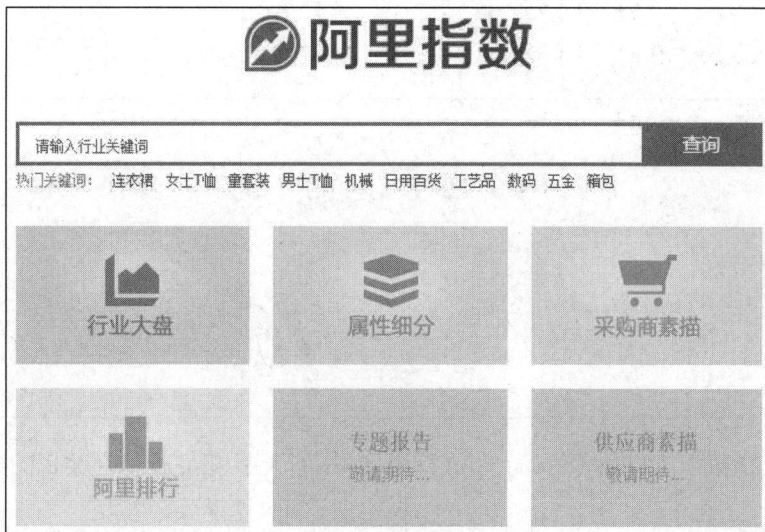

图 4-39　阿里指数

行业指数为阿里指数的主要分析方法，下面分别进行介绍。图 4-40 所示为行业指数中“户外/登山/野营/旅行用品/帐篷/天幕/帐篷配件”类目的数据分析结果。

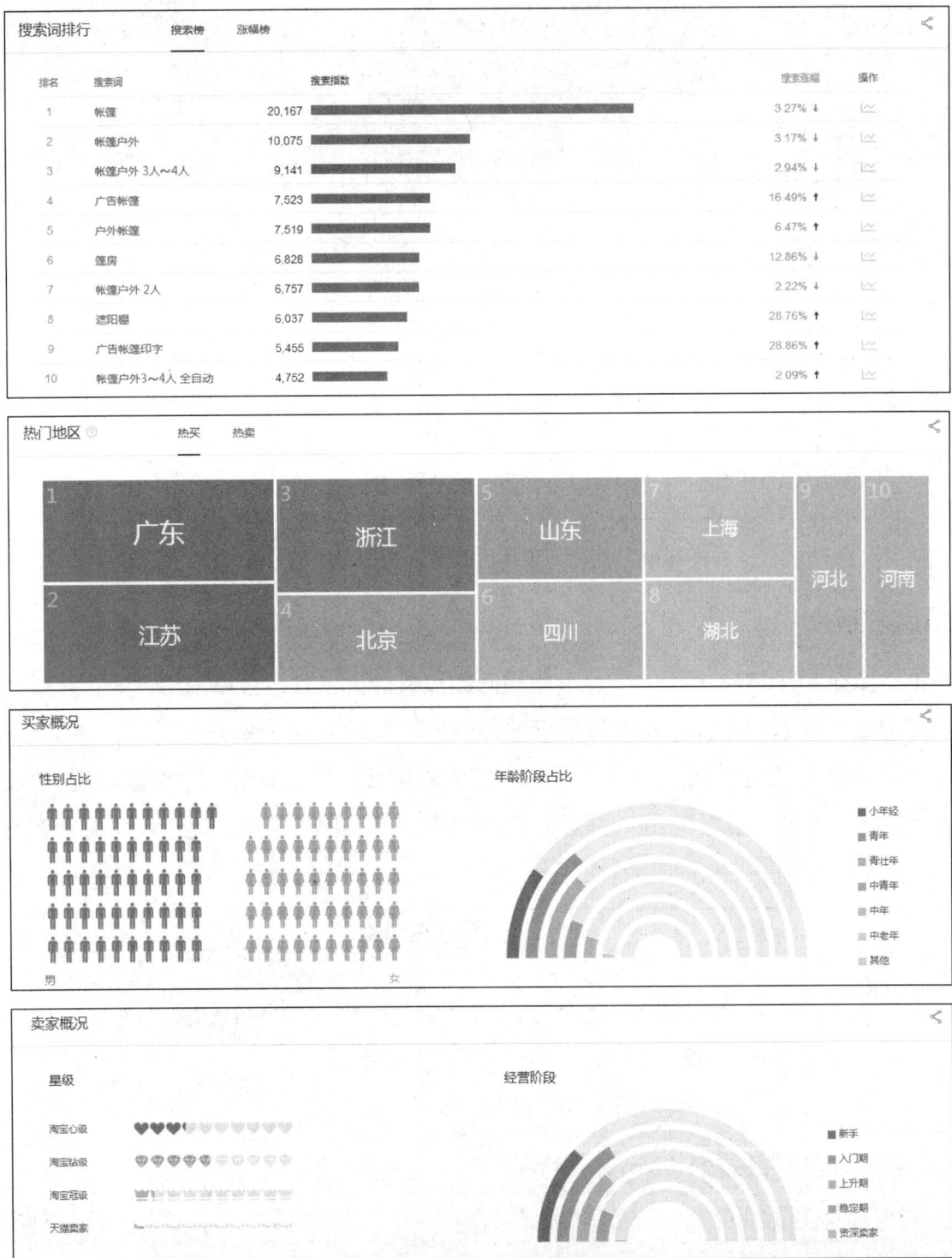

搜索词排行　　搜索榜　涨幅榜

排名	搜索词	搜索指数		搜索涨幅	操作
1	帐篷	20,167		3.27% ↓	
2	帐篷户外	10,075		3.17% ↓	
3	帐篷户外 3人~4人	9,141		2.94% ↓	
4	广告帐篷	7,523		16.49% ↑	
5	户外帐篷	7,519		6.47% ↑	
6	篷房	6,828		12.86% ↑	
7	帐篷户外 2人	6,757		2.22% ↑	
8	遮阳棚	6,037		28.76% ↑	
9	广告帐篷印字	5,455		28.86% ↑	
10	帐篷户外3~4人 全自动	4,752		2.09% ↑	

热门地区　　热买　热卖

1 广东	3 浙江　5 山东　7 上海　9 河北　10 河南
2 江苏	4 北京　6 四川　8 湖北

买家概况

性别占比　　男　女

年龄阶段占比
- 小年经
- 青年
- 青壮年
- 中青年
- 中年
- 中老年
- 其他

卖家概况

星级
- 淘宝心级
- 淘宝钻级
- 淘宝冠级
- 天猫卖家

经营阶段
- 新手
- 入门期
- 上升期
- 稳定期
- 资深卖家

图 4-40　行业指数中"户外/登山/野营/旅行用品/帐篷/天幕/帐篷配件"类目的数据分析结果

4．百度指数

百度指数是指以百度搜索引擎的数据为基础进行数据统计与分析的平台，能够告诉用户某个关键词在百度的搜索规模、一段时间内的涨跌态势及相关的新闻舆论变化，以及关注这些词的用户是什么样的、分布在哪里、同时还搜索了哪些相关的词。百度指数可以反映这个关键词的热门程度，是帮助用户决定是否选择该关键词作为核心关键词的重要参考数据。例如，在百度指数中输入关键词"空调"，其百度指数结果如图 4-41 所示。

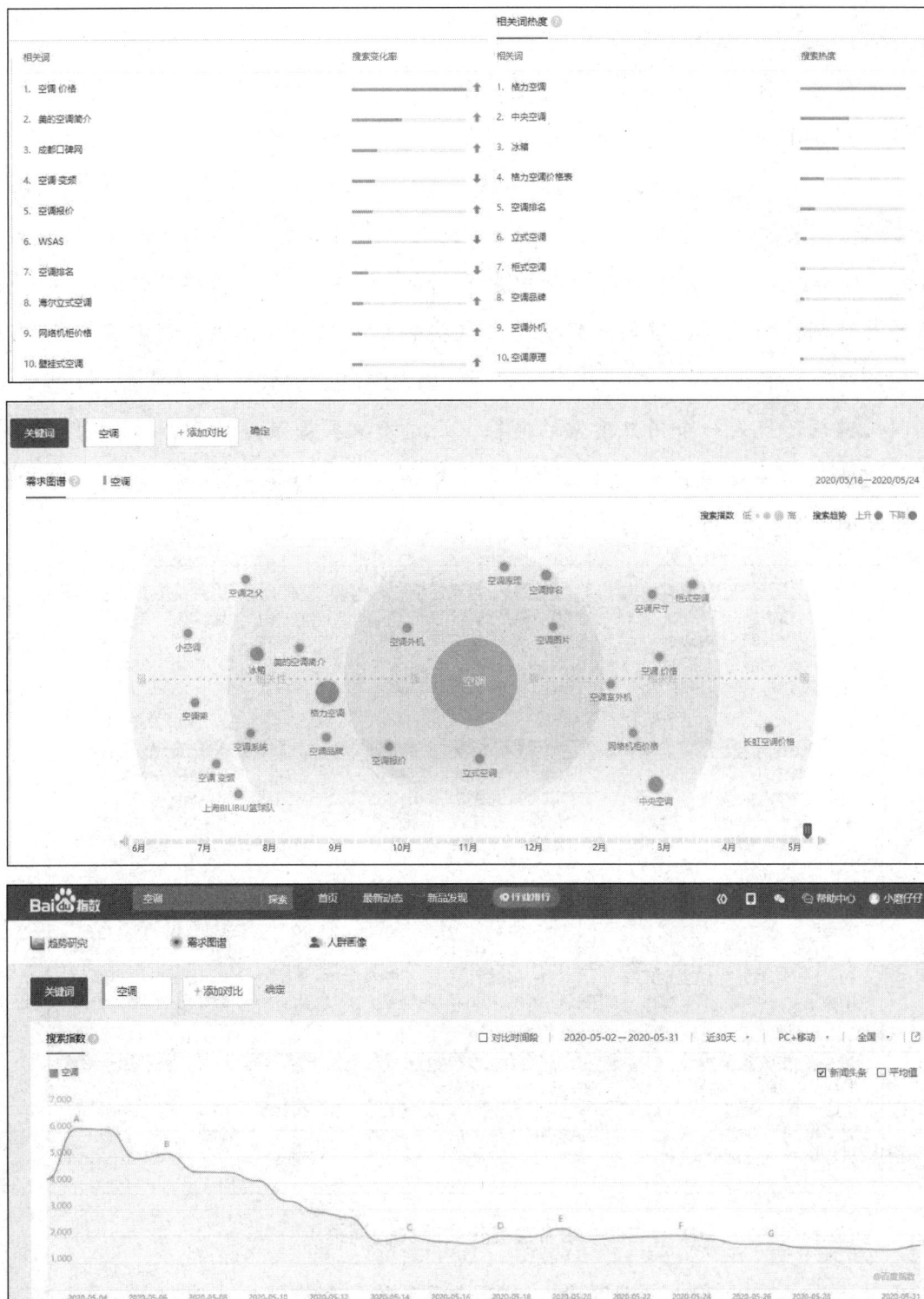

图 4-41 "空调"的百度指数结果

根据百度指数的数据来选择核心关键词，如果关键词的指数越高，则说明关键词被搜索的次数越多，流量越大，关键词越热门，这样的关键词也就越有价值，但关键词的竞争也越激烈。与之相对的可叫作冷门关键词，这样的关键词排名更容易靠前，但搜索量较低。

读一读

1. 热门关键词：从商品类目中找

淘宝网会定期筛选出一些近期用户关注和常用的关键词来作为热门关键词推荐，在商品属性类目里用醒目的颜色标识出来，以吸引用户的关注，帮助他们更快地找到需要的商品信息。

点击淘宝网首页的一个商品分类，可以看到这个商品分类下面更详细的商品属性类别，从"服装"分类进入女装分类可以看到关键词提示（见图4-42），这些就是近期用户使用频率较高的关键词，叫热门关键词，只要单击这些热门关键词，就能看到淘宝网包含这些热门关键词的所有商品。

热门关键词不仅是一个用户搜索的捷径，还是卖家提高流量的快车道，因此如果店铺的商品与这些热门关键词有关，可以随时关注并及时修改商品名称，增加相应的热门关键词，为商品争取到更多的"露面"机会。

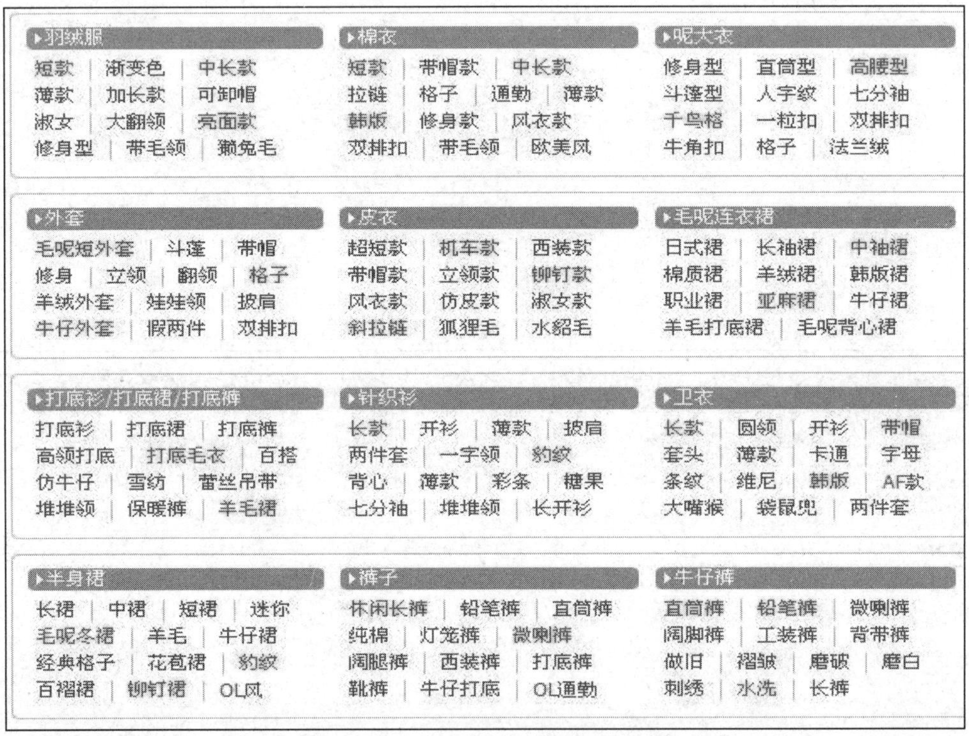

图4-42　女装分类的关键词提示

不夸张地说，30个字决定浏览量，是否使用了热门关键词，或者很好地利用了热门关键词，与商品的曝光度和店铺的销售机会息息相关，善用热门关键词是提高浏览量的不二法门。

2. 热门关键词：从活动页面中找

一款普通商品之所以会热卖，与它的曝光度是息息相关的，从图4-43所示的活动页面中，可以看到淘宝的热卖单品里也在大量地使用前文提到的商品关键词，如皇冠热卖、包邮、好评如潮、热款卫衣、狂卖千件、显瘦等。

图 4-43　活动页面

5. 使用商品关键词的相关规定

（1）不得在标题中加入其他与本商品无关的名字和功效。

（2）不得乱用淘宝网热推关键词，并且与本商品无关。

（3）不得使用非该商品制造或生产公司使用的特定品牌名称。

（4）不得出现与其他商品和品牌相比较、甚至贬低的情况。

（5）不得在标题中使用"最高""最好"等最高级陈述。

（6）不允许任何商品在标题中添加对赠品、奖品的描述。

（7）不能以任何理由在同一件商品中使用多种属性关键词。

（8）不得在标题中添加未获得的授权，以及未加入的服务。

你知道吗？

"乱用商品关键词"是如何定义的？

卖家为使发布的商品引人注目，或使客户能更多地搜索到所发布的商品，而在商品名称中滥用品牌名称或与本商品无关的字眼，扰乱淘宝网的正常运营秩序，淘宝网判定其相关商品为乱用商品关键词商品。参照前文提出的使用商品关键词的相关规定，具体示例如下。

（1）卖家在所出售的商品标题中使用并非用于介绍本商品的字眼（包含但不仅限于如下情况：标题为"MISSHA 杏子去角质面膜 瘦身健美用品热销中"等）。

（2）卖家故意在所出售的商品标题中使用淘宝网正在热推的商品关键词，并且该商品关键词和内容商品无直接关联。

（3）卖家在所出售的商品标题中使用非该商品制造或生产公司使用的特定品牌名称（包

含但不仅限于如下情况："橡果同厂出品×第二代×浙江-双超×豪华液压摇摆踏步机"，实际商品品牌为"双超"，不可在标题中使用其他品牌）。

（4）卖家在所出售的商品标题中出现与其他商品和品牌相比较的情况（包含但不仅限于如下情况："可媲美 LV 的真皮手袋"等）。

（5）在标题中使用"最大""最高""最好"等最高级陈述（包含但不仅限于如下情况："淘宝最低价"包身蓬蓬裙等）。

（6）不允许任何商品在标题中添加对赠品、奖品的描述，否则属于乱用商品关键词。卖家可以将相关促销内容添加到商品描述中。参加淘宝活动有另行规定的除外。

（7）运动类目商品管理规则补充：不能以任何理由在同一件商品中使用多个属性关键词，以免干扰用户搜索。除网站整体规则以外，下列情况也是被禁止的：组合式发布商品也不允许使用多个属性关键词（如品牌、系列、类别等），卖家可以在商品描述中进行说明。

（8）卖家如未取得专卖资格或者特约经销商资格，不得在商品信息中声称为"淘宝专卖"及"特约经销商"等暗示与商标权人或者生产厂家之间存在授权或者合同关系的字眼。

（9）网络游戏虚拟商品交易区商品管理规则补充：QQ 专区下，商品标题中不得出现其他类目的字眼，否则属于乱用商品关键词。例如，在 QQ 秀红钻下面，只能出现标题中带有红钻的商品，不能出现如"红、黄、蓝钻 2 元/月"这样标题的商品。

（10）如果卖家或店铺不具有相关资质或未参加淘宝相关活动，淘宝网不允许卖家在商品标题中使用与特定资质或活动相关的词汇，如淘宝商城、消费者保障计划、先行赔付等。

案例分析：

确定商品关键词

现以类目"女装/女士精品>中老年女装"为行业关键词，在此基础上进行分析与扩展，制定一条与商品相关的商品关键词描述。

6. 任务目标

（1）了解阿里指数的使用方法。
（2）了解百度指数的使用方法。
（3）学会分析与确定核心关键词。

7. 任务描述

在阿里指数和百度指数中搜索类目"中老年女装"，根据搜索结果进行关键词的分析与扩展，确定商品的核心关键词，并将其组合为一条标题。

8. 任务准备

通过不同的工具进行商品相关关键词分析，并对分析的结果进行对比，选择具有较高关注或用户需求的词语作为核心关键词，并对其进行扩展和组合。

9. 任务实施

（1）在阿里指数中选择"行业指数"选项，并设置类目关键词为"中老年女装"，搜索其数据分析结果，如图 4-44、图 4-45 所示。

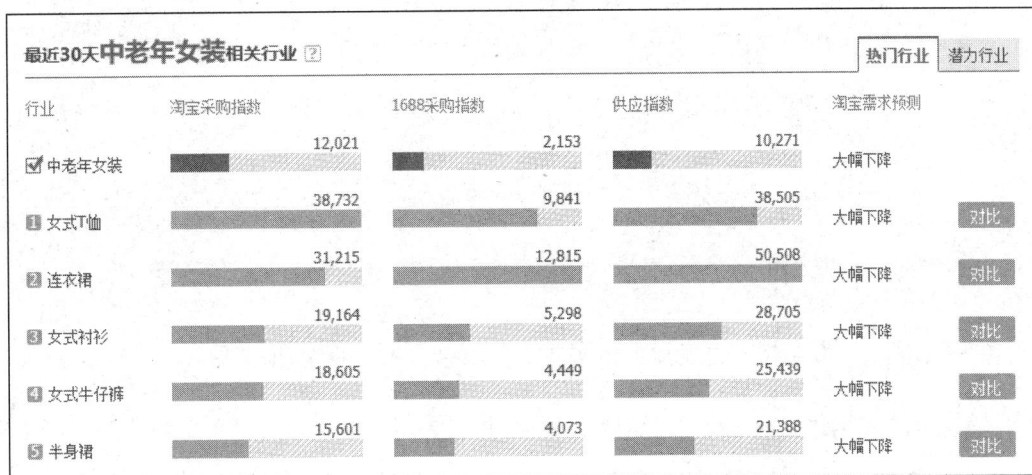

图 4-44　行业指数中"中老年女装"的数据分析结果

商品本身的消费群体定位为中老年女性群体，但从结果可知，购买者大部分都是年轻人/青年人，可以理解为是给长辈购买的，因此商品的购买者还是年轻人/青年人。

图 4-45　行业指数中"中老年女装"的数据分析结果

（2）百度指数中"中老年女装"的数据分析结果，如图 4-46、图 4-47 所示。

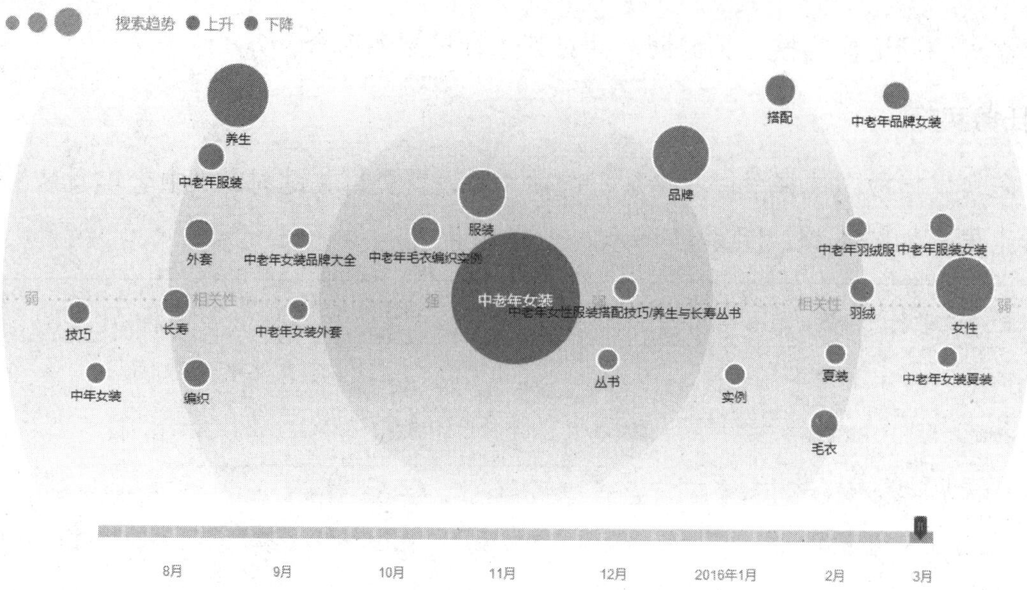

图 4-46　百度指数中"中老年女装"的数据分析结果

从分析结果可知，用户对商品的品牌、季节性比较关心。

（3）结合两者的分析，可将商品的季节性作为核心关键词，再根据百度指数中相关的内容作为辅助关键词，结合商品的特点作为扩展词语。下面示例几个组合后的标题。

◇　中老年女装　春装外套　长袖衬衫　妈妈装中年人大码　牛仔衬衣　上衣春秋款

◇　中老年女装　冬装毛呢外套　春秋装中年妈妈装　中长款呢子大衣

◇　中老年女装　衬衫上衣　中年人衣服女　妈妈装春装长袖 T 恤

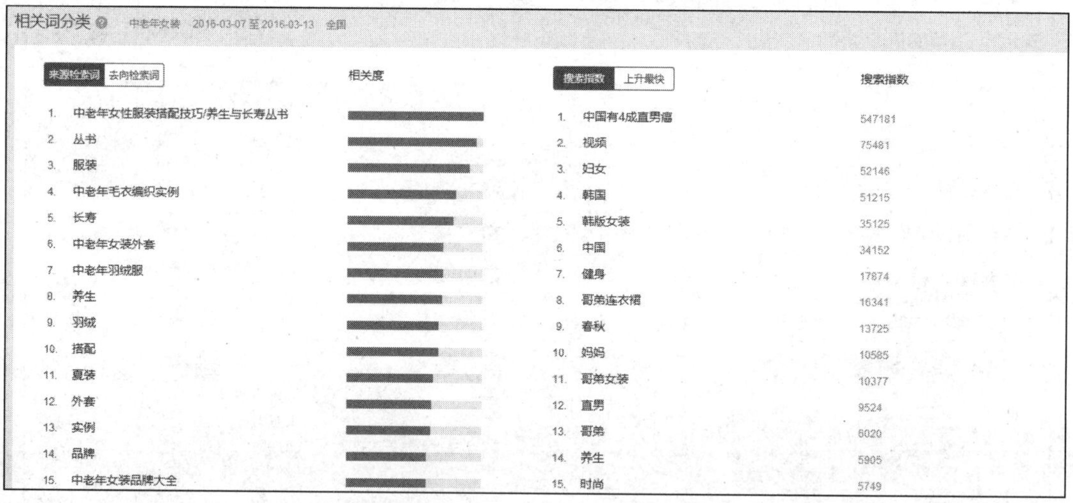

图 4-47　百度指数中"中老年女装"的数据分析结果

拓展学习

1. 实际要求和目的

（1）编写有助于销售的商品名称，并能灵活运用不同类型的商品关键词进行组合。

（2）商品名称要求至少包含两种类型的商品关键词，其中要有热门关键词，重要信息必须放在醒目的位置。

2. 实训操作步骤

（1）在"已发布的商品"中选择一款商品，修改它的名称。先写出商品的属性关键词，如运动鞋、大衣、太阳镜等。

_____

（2）根据需要在此基础上加入品牌关键词、促销关键词、评价关键词。

加入促销关键词：_____

加入品牌关键词：_____

加入评价关键词：_____

（3）查找出商品的热门关键词。

_____

_____。

（4）将商品名称的字数控制 30 个字以内，并调整商品关键词所在的位置，以达到引人注意的目的。

尝试由两种以上的商品关键词来进行组合：

促销关键词＋属性关键词：_____

品牌关键词＋属性关键词：_____

评价关键词＋属性关键词：_____

还可以尝试更多种的组合方式：

促销关键词＋品牌关键词＋属性关键词：_____

_____

_____

品牌关键词＋评价关键词＋属性关键词：_____

_____

_____

评价关键词＋促销关键词＋属性关键词：_____

_____

_____

活动 4.3.3　技能训练：羊绒服装的关键词遴选

认知电子商务客服职业，根据羊绒服装的商品特点，选取相关关键词，并对其标题进行优化，具体要求如下。

1. 收集关键词

通过多种渠道，搜集羊绒服装普遍使用的关键词，并将整理好的内容填入表 4-9 中。

表 4-9　羊绒服装关键词收集表

渠　　道	关　键　词
行业语言	
用户体验（线上线下消费群体）	
搜索引擎所提供的"相关搜索"	
搜索引擎提供的关键词工具，如阿里指数或百度指数	

2. 遴选关键词

所选择的关键词应该比较具体、有针对性，如羊绒服装可以设定为"品牌+型号+商品名"。

_____

_____

_____

3. 换位思考

利用表 4-9，站在客户的角度思考，客户在搜索羊绒服装时会使用什么关键词。例如，一些技术专用词，普通客户可能并不熟悉，也不会使用它去搜索。应选择被搜索次数最多、竞争最小的关键词。

_____

_____

_____

教师点评

项目小结

通过本项目的学习，我们认识到售前客服除了要有良好的服务态度，还要熟悉商品信息、网上交易的流程。

售前服务是促成客户成交的重要因素。售前服务最直接、直观的感受是通过一线客服的职业态度和专业技巧来传递的。售前客服的专业性体现在，要对商品的尺寸、颜色、价格、规格、参数、功能、质地、属性、用途，以及使用说明、注意事项、细节说明、发布流程与规律等熟记于心，分析售前客服的聊天记录，总结常见问题。

我们还应熟悉售前客服的专业操作原则，了解商品软文的写作方法，掌握商品上下架的控制流程，在专业性的基础上增加生动性和真实性，会进一步促成交易。

项目 5
售中客服技巧

学习目标

通过学习本项目，你应该能够：

（1）理解衡量客服工作效率的公式；

（2）掌握应对客户砍价的策略；

（3）了解商品款项处理的原则；

（4）掌握淘宝网的改价技巧；

（5）掌握商品运费修改的技能；

（6）了解库存对卖家的重要性；

（7）掌握商品的发货流程；

（8）掌握应对一些常见纠纷的策略。

网店售中客服在网店交易过程中起着重要的作用，需要具备售中的服务意识，如热情地为客户介绍、展示商品，详细说明商品使用方法，耐心地帮助客户挑选商品，解答客户提出的问题等。售中服务与客户的实际购买行动相伴随，是促进商品成交的核心环节。掌握一定的售中客服技巧，有利于我们网店交易的顺利进行，减少淘宝"双十一""双十二"狂欢节出现的纠纷。

本项目主要完成 3 个任务：掌握应对客户砍价的策略；熟悉商品款项的处理；掌握商品的备货发货。

任务 5.1　掌握应对客户砍价的策略

问题引入

通过前面对网店及店里的商品的推广，店铺的浏览量有了大幅度的提升。在众多的浏览者当中，对商品产生兴趣的就是我们的潜在客户。这些潜在客户在转化为正式客户之前，肯定对商品还存在着疑问，这就需要客服打消他们的购买顾虑。那么，在接收到第一条客户的咨询信息前，你准备好了吗？对于售中客服来说，要怎样应对这些信息？

_____

_____

_____

你知道吗？

"亲，你好!"这么简单的一句问候，背后包含的是前面付出的多少努力与成本，所以千万不能马虎应对。那么，这么简单的一句话到底能反映出什么？客户又在想什么呢？一般来说，当客户发出第一句问候语的时候，心思无外乎以下几种：一种是议价型的，商品看起来不错我就要买了，来还价争取优惠；一种是试探型的，描述和评价都让我有购买的欲望，再来试探一下客服的服务是否像说的那么好；一种是疑问型的，我关心的问题没有在描述中说明，先来问清楚再决定买不买；还有一种是比较型的，这家不是最便宜的，它的优势是什么。分析完客户的心理之后，客服就可以"对症下药"，促成交易了。

活动 5.1.1　熟悉接收客户信息后的应答技巧

做中学

● 请在你的家人、朋友和同学中做一个小调查，了解他们在网购中关心什么问题，什么是影响他们购买的因素，将结果填入表 5-1 中。

表 5-1　网购影响因素调查汇总

网 购 群 体	调 查 人 群		网购中关心的问题						
	男	女	价　格	质　量	商家信誉	售　后	服务态度	资金安全	物流问题
"00后"									
"90后"									
"70后""80后"									
"50后""60后"									

● 请你依据表 5-1，设计一份网购影响因素调查表。

必备知识

1. 衡量客服工作效率的公式

衡量客服工作效率的公式：

$$客服业绩=咨询量×成单率×客单价$$

咨询量：在一定时间内，客服收到的客户咨询的总量。当咨询量大时，能很好地考验客服的业务能力。一个客服能同时响应多个客户的咨询，说明这个客服业务熟练，打字速度也够快。据调查，客户在发出信息 60 秒之内得不到响应，满意度立马下降 80%，离开率超过 70%。

成单率：最后付款成交的订单占咨询总量的比例。一般来讲，成单率低就意味着客户流失率高，需要加强对客服的培训。只有完成付款的订单才算有效订单。数据表明，下单 48 小时以后还未付款的客户，不再付款的比率高达 86%以上。所以对于下单未付款的客户，客服在一定时间后要进行跟踪、提醒甚至电话回访，帮助客户完成付款。另外，通过回馈也需要了解客户不付款的原因，是付款流程的问题，还是商品的问题，或是服务的问题。

客单价：在一定时间内，每一个客户平均购买的商品金额。网店常用低价商品（以秒杀、团购、大优惠等方式）吸引客户来网店，但低价商品往往不会带来很高的利润，所以需要让客户在购买低价商品的同时，吸引他们购买一些较高利润的商品，这除了网店页面上的推荐与套餐搭配，还需要客服做相应的诱导与推荐。通过分析和统计每个客服成交业绩的商品品牌及类别的分布情况，可以帮助客服提升推荐高利润商品的主动性，以提高客单价与营业利润。

2. 售前服务、售中服务和售后服务

售前服务、售中服务和售后服务流程如图 5-1 所示。

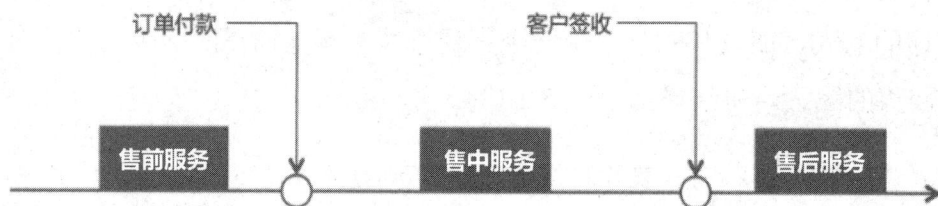

图 5-1　售前服务、售中服务和售后服务流程

售前服务是企业在客户未接触商品之前所开展的一系列刺激客户购买欲望的服务工作。售中服务是指在产品销售过程中为客户提供的服务，如接待服务、咨询服务等。售后服务是指凡与所销售产品有连带关系的服务。

【案例 5-1】

接收到客户的信息之后

每个客户都是客服前期巨大的付出才换回来的资源，所以每个客户都是非常珍贵的。那么，当信息响起时，客服应该如何应对？

1. 招呼：及时答复，礼貌热情

客户：在吗？

客服：亲，欢迎光临碧柔官方旗舰店，柔小蜜已经等候多时了。

客户：你家新款防晒霜还有吗？

客服：亲，让碧柔为您的肌肤披上轻薄的"防晒衣"，遇到心仪的宝贝就赶紧下单，在接下来的日子就与您相伴。

2. 询问：热心引导，认真倾听

客户：我想要一个户外防晒，推荐一下！

客服：好啊，请问您是什么肤质呢？

客户：干性。

客服：亲爱的，如您是干性肌肤的话建议您参考一下：透白凝露、倍护水凝露、保湿水凝露，另外亲也要注意多给肌肤补水保湿哦。

3. 分析：收集信息，抓住重点

客户：我想买防晒霜，帮我推荐一下？（疑问表情）

客服：您希望大约在什么价位的呢？（再收集）

客户：大约在 100 元左右吧。（摸清预算）

客服：好的，帮您挑最合适的。

4. 根据情况，精准推荐

客服：好的！帮您挑选最合适的几款，请您稍等。

客服：这两款防晒深受大众喜爱。（得意表情）

客服：这是这两款的链接。

客户：好的，我看看。

客服可根据了解的情况，为客户更精确地推荐几款合适的。

5. 提前准备，耐心热情

客户可能需要的帮助有支付帮助、签收帮助、异常帮助、退换帮助等，客服必须了解清楚，做出专业的解释。

6. 预设解决方案

设置好常见问答、客户须知、快捷用语等，客服要做好这些准备，以便忙碌的时候及时给出解决方案。

7. 及时核实，避免出错

核实收货人地址等信息；确认已商定的交易内容；确认客户特别交代的事项；核实完毕及时做好准备。

在这一步，交易差不多就完成了，这时候客服就要特别注意客户的特别需求，备注好。

8. 道别，热情道谢，信息预告

客户：我想再考虑一下可以吗？

客服：好的，谢谢您的光临，买不买都是朋友哦！

客户：嗯，不客气。

客服：新货过三天就到了，到时候记得来看看。

9. 跟踪：拍下未付，沟通确认

客服：亲，您好，感谢您选择我们的商品，我们已经为您做好发货的准备了哦，您看什么时候方便，麻烦支付一下货款，争取今天就发货，也请您核对一下地址。（龇牙表情）

客户：哦，不好意思，上午比较忙，地址没有错，我这就去付款。

客服：打扰您工作了，谢谢！

案例思考：

在接收到客户的信息之后，除案例中出现的这些方法之外，你还知道其他应对方法吗？

拓展学习

登录百度，输入关键词"客服应答技巧"进行搜索，了解更多的客服应答技巧，并分组讨论，整理讨论的内容，形成一份关于客服应答技巧的报告，各组之间互相分享。

活动5.1.2　掌握应对客户砍价的策略

做中学

查找相应的信息，结合教材中的必备知识了解电子商务客服的类型。

- 登录百度，输入关键词"砍价技巧"，了解在交易过程当中，客户常用的一些砍价技巧。
- 根据各组搜集到的资料，互相交流讨论。

必备知识

1. 砍价

砍价是指客户在卖方给出的售价基础上要求降价，以达到自己满意价位的行为。

2. 客户常用的砍价技巧

挑肥拣瘦法：对商品挑肥拣瘦，指出颜色、款式等有令自己不满意的地方，要求客服给出价格上的优惠。

掏空腰包法：以自己支付宝或者网银中数额不足为由，要求客服给出价格上的优惠。

阶梯砍价法：看中一件商品后不直接洽谈价格，如这件商品是连衣裙，从布料质量、做工精细程度、是否时兴、流行价码等方面商讨，表现得内行、务实，价不实绝不肯买。

3. 价格策略

价格策略是指网店根据分析客户各自不同的支付能力和效用情况，结合产品进行定价，实现市场营销组合的策略，从而实现最大利润的定价办法。

想一想 如果你是客户，当你中意一件商品时，你会采取什么样的砍价方式？

【案例 5-2】

如何应对客户的砍价

掌握客户的砍价心理，才能知道如何应对，在满足客户需求的同时，实现了自己的盈利目的，请同学们看看下面这个砍价案例。

一位老板从广州购进一批皮带，拿到市场上去卖。"180 元，广州正宗货，大家快来买啊！"老板拿着皮带，大声向过往的路人吆喝着，可是很少有人停下脚步来看热闹。有个人走上前来，老板变得格外热情。

客户："老板，给点儿优惠吧？"

老板："这样，您帮我开个张，就 160 元。"

客户："这皮带的质量值这个价格，就是我口袋里的票子有限啊。"

老板："你有多少钱？"

客户："90 元。"

老板："交个朋友，帮我开个张，就 90 元。"

客户："我不会给你 90 元的，我还要留 10 元的车费。"

老板："车费？这和你买皮带有什么关系，你真心买皮带吗？"

客户："当然了，不然我也不会和你在这里浪费这么多口舌啊。"

老板："虽然我看不出来你的真心，但我认赔了，算你 80 元好了。"

客户："等等，我还要补充一点，我还没有吃早饭，我很饿。"

老板："你……你太过分了，你在耍花招儿。"

客户："相信我，我很真诚。如果再不吃饭的话，我会昏倒在你面前。"

老板："我真是倒霉，遇到你这样的滑头。可你的确过分，一会儿要坐车，一会儿又要吃早饭。是不是你一会儿还要说你口渴，想喝饮料呢？"

客户："老板，相信我，这是最后一次，我这就给你钱。"

老板："快些。"

客户："等等，你瞧这皮带都起褶子了，看起来旧旧的。"

老板："什么？你侮辱我人没有关系，请你不要侮辱我的皮带，这是真东西。"

客户：……

老板："好吧，我给你看我的进货单……你瞧，进货日期是上个星期三，进货单位是广州某某皮革厂，这怎么能是旧皮带呢？

客户："哦，对不起我误会了，不过……天啊，进货价20元每条。"

老板："嘿嘿，25元行不？我的好兄弟，让我赚点儿。"

客户："什么？25就是二百五的意思，你瞧不起我？"

老板："没有没有，就24吧。"

客户："有一个4，就是"死"的意思，不吉利，我很迷信的。"

老板："天，23没有毛病吧。"

客户："好吧，成交。"

案例思考：

案例中，客户可以砍价成功的原因有哪些？老板又是如何应对客户的砍价的，请同学们谈谈自己的看法。

> **试一试** 分组讨论，如果你是店铺客服，你会怎样说服对价格有疑问的客户买下店铺中的商品？

✂ 拓展学习

通过访问淘宝论坛等相关的资料，了解客服应对客户讨价还价时常用的策略。分组讨论，形成文字方案。各组之间进行交流。

✂ 知识链接

应对客户砍价的必备技巧

1. 冷静淡定

遇到客户讲价，客服不要跟客户横眉竖眼，更不要对客户大动肝火，即使心里很不舒服，也要想想主动权在你手中，而不是在客户手中，然后从头到尾保持淡定的微笑，合理应对。

2. 清楚底价

客服必须清楚并且守住商品的底价，无论客户怎么难缠、磨叽，都不能失了这个底价。大多数客户对商品的价格其实是一片茫然的，客服只要滴水不漏，客户就无法摸着石头过河。

3. 横向比较

做生意千万不能"两耳不闻窗外事"，平时客服就要多观察并记住周围竞争对手的商品价格，这样在面对客户砍价的时候，就可以用更好的参考标准来应对客户，避免无的放矢。

4. 转移重点

当客户把精力用于跟客服砍价的时候，客服可以不接招儿，而是跟客户闲聊一些其他话题，如事业、家庭、育儿等，拉近双方关系，让客户感到跟客服很投缘，然后就会爽快购买了。

5. 突出优势

客户总喜欢指出商品的不足和缺陷，以此作为砍价的筹码，这时客服也可以突出商品的优势，或者用同类其他商品对比，让客户知道整个大类的商品都这样，他们就无话可说了。

6. 区别对待

客服平时也要记住客户的性格，对于爱砍价、贪小便宜的客户，每次来购物的时候，都要多加留意，给自己留下回旋的余地。

7. 主动引导

当客服的应对已经奏效，客户无法再施展出新的砍价招数时，就要乘胜追击，不能让客户犹豫不决，而是应该以婉转的方式把客户引导到付款那一步，促使客户尽快付款。

活动 5.1.3 技能训练：千牛应答快捷语的设置

小组合作开展训练，设置千牛工作平台的应答快捷语，具体步骤如下。

1. 设置快捷回复

（1）进入聊天模式，单击"快捷短语"按钮，如图 5-2 所示。

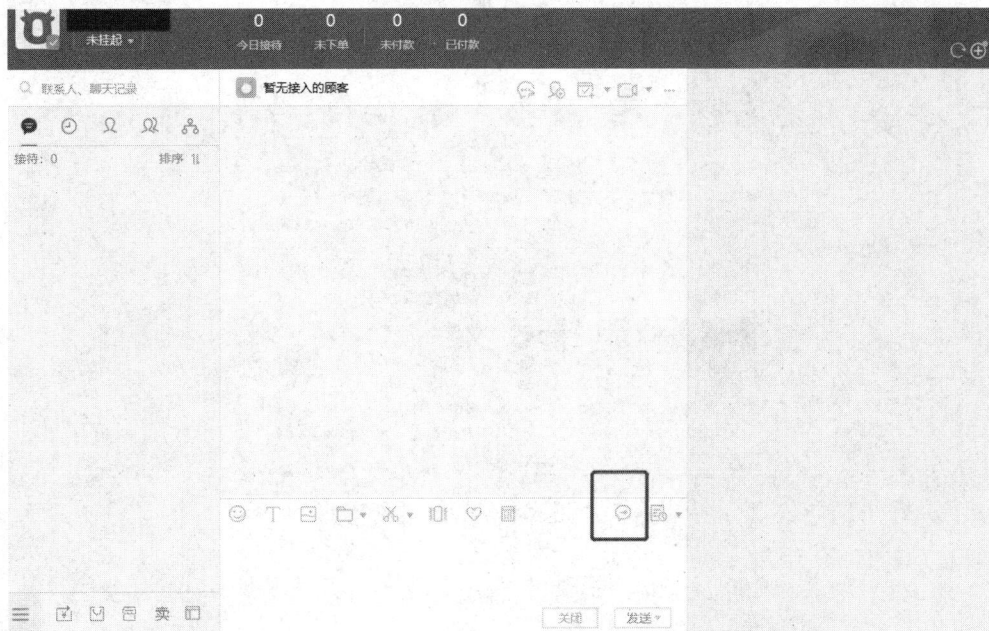

图 5-2 单击"快捷短语"按钮

（2）单击"新建"按钮，新建快捷短语，如图 5-3 所示。

（3）输入快捷短语内容，如图 5-4 所示。

图 5-3　新建快捷短语

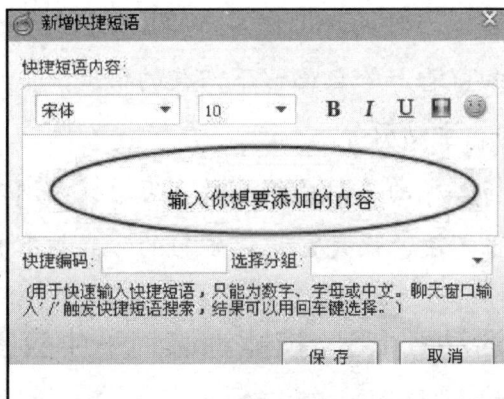

图 5-4　输入快捷短语内容

2．设置店小蜜自动回复

（1）以工作台的模式登录千牛后，在好友中双击任意一个阿里旺旺头像，进入客户基本信息界面，如图 5-5 所示。

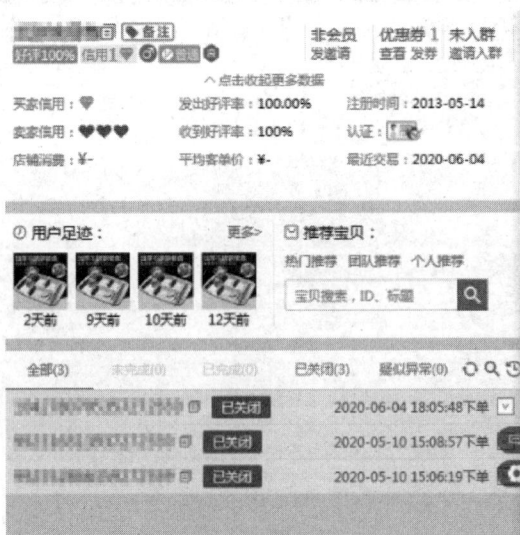

图 5-5　客户基本信息界面

（2）单击"机器人"按钮，进入机器人设置界面，如图 5-6 所示。

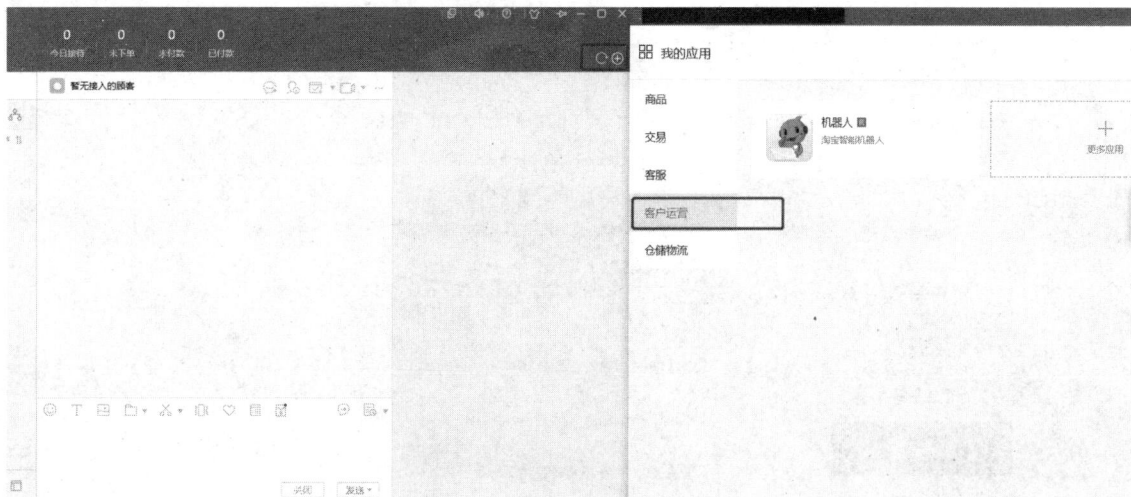

图 5-6　机器人设置界面

（3）选中"开启千牛自动启动机器人"复选框，然后单击"去开启"，进入店小蜜智能开启界面，如图 5-7 所示。

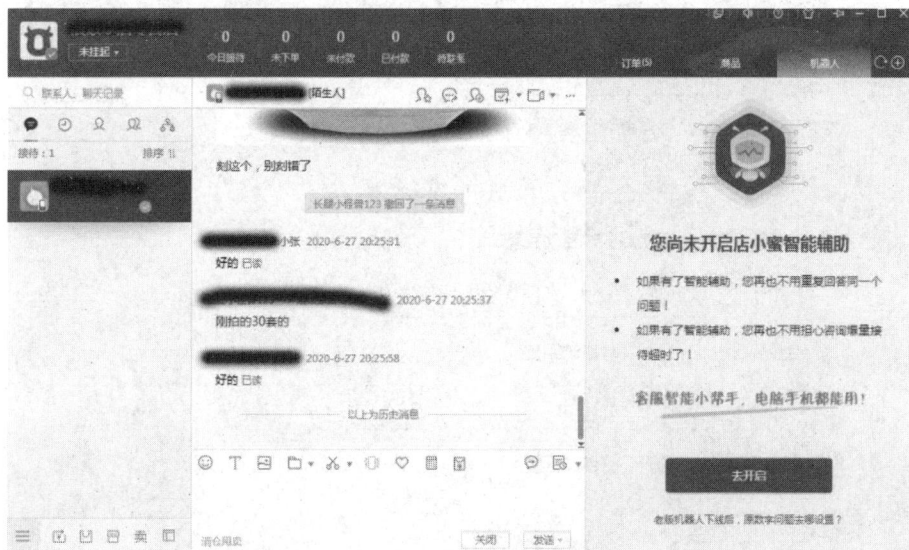

图 5-7　店小蜜智能开启界面

（4）进入后台的系统设置，选择"自动回复"，进行接待操作的一些基本设置，如图 5-8 所示。

（5）根据系统默认设置的自定义问题并结合买家的咨询量进行相应的设置，如"双十一"期间问候语就按系统默认的咨询量大的语言，同样回答语也可以按系统默认的，然后选择"新增"对话框，设置不同状态的自动回复，完成新增以后，"新增"字样就变成"修改"字样，回复内容可以进行修改，如图 5-9 所示。

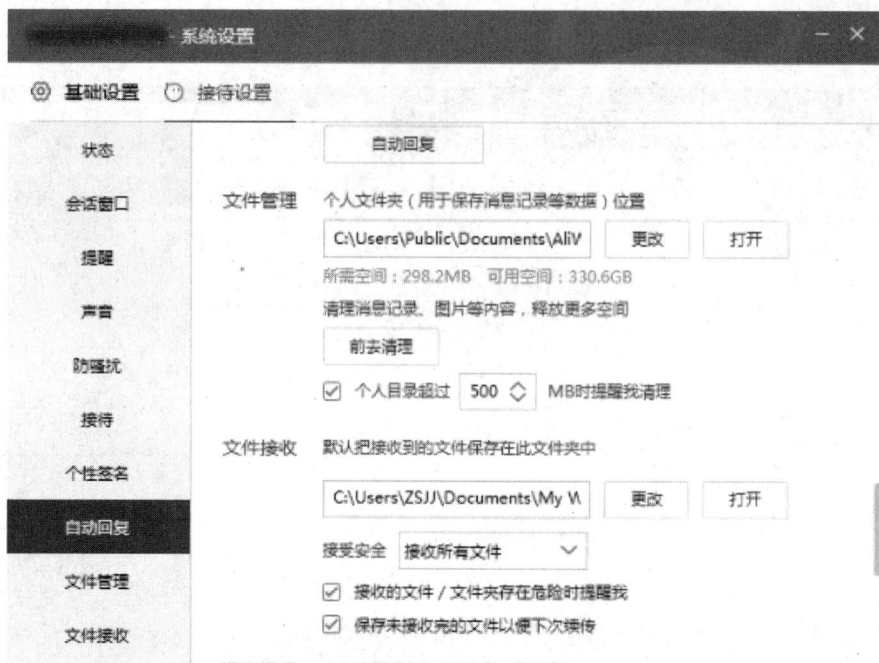

图 5-8　开启"自动回复"操作

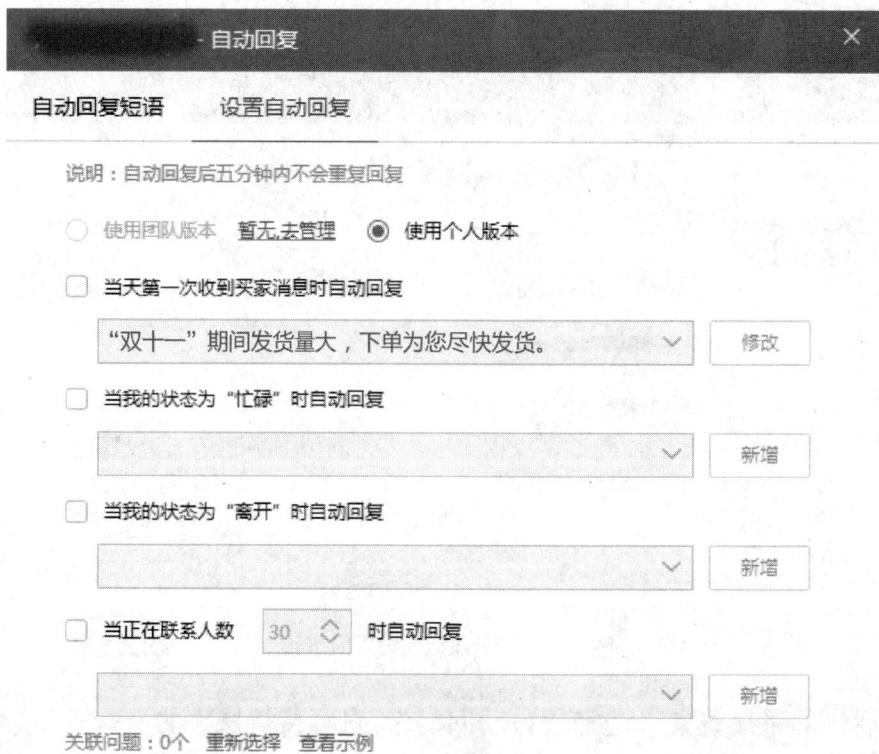

图 5-9　设置自动回复操作

教师点评

任务 5.2 熟悉商品款项的处理

✏ 问题引入

通过与客服的交流与沟通，客户决定下订单，客户在下订单之前要求客服给出价格的优惠，在这种情况下，客服应该怎样进行改价操作？客户来自五湖四海，运费当然也是不同的，客服应该怎样进行邮费设置？

_____

_____

_____

👥 你知道吗？

以韵达快递为例，不同的重量、不同的路程，邮费的价格也是不同的。以首发地在浙江（杭州、舟山之外的地区）省内为例，浙江省内、江苏、上海首重 5 元/kg，续重 2 元/kg；到安徽、湖南、重庆、福建、河南、北京、四川、天津、广东、湖北、河北、山东、江西首重 10 元/kg，续重 10 元/kg；到海南、吉林、山西、陕西、辽宁、云南、贵州、广西首重 12 元/kg，续重 12 元/kg；到内蒙古、甘肃、宁夏、黑龙江、青海首重 15 元/kg，续重 14 元/kg；到新疆、西藏首重 20 元/kg，续重 20 元/kg。如果店铺还没有设置运费模板，就需要手动修改运费价格。

活动 5.2.1 了解商品销售款项的处理

🔍 做中学

● 请在你的家人、朋友和同学中做一个小调查，了解他们在进行网购的过程中，常用到哪些支付方式，将结果填入表 5-2 中。

表 5-2 网购支付方式基本情况调查汇总

网购群体	第三方支付方式				其他支付方式			
	支付宝	银联网上支付	财付通	其他	网银支付	邮局汇款	电子支票	其他
"00后"								
"90后"								

续表

网购群体	第三方支付方式				其他支付方式			
	支付宝	银联网上支付	财付通	其他	网银支付	邮局汇款	电子支票	其他
"70后""80后"								
"50后""60后"								

● 请你依据表5-2，设计一份网购支付方式的基本情况调查表。

必备知识

1．商品款项的含义

款项是指完成某种任务或者为了某种用途而存储或者支出的钱。

商品款项是指客户为了获得商品的所有权而对卖家支付的一定金额的钱。

2．款项处理的原则

在电子商务中，所有的行为都是为达成货物的交易而服务的。同理，款项处理的原则也是这样的。

卖家应尽量选择大众化的收款方式，如在淘宝网的店铺要开通支付宝的收款方式，在拍拍网、易趣网的店铺要分别开通财付通、安付通的收款方式。

在客户由于价格原因而对是否购买商品犹豫不决时，本着薄利多销的原则卖家可以提供一定量的价格优惠（如通过修改商品本身的价格或者修改邮费）来完成让利多销的目的。

3．销售折扣

销售折扣可以分为商业折扣和现金折扣两种：商业折扣是指卖方为薄利多销以低于正常的价格卖出商品，以折扣后金额开给买方发票；现金折扣是指卖方卖出商品为尽快收回欠款给予的现金折扣。对卖方而言，销售折扣通常就是现金折扣。现金折扣的核算方法有两种：一种是全价法，即营业收入按全价反映，实际发生的现金折扣则冲减营业收入；另一种是净额法，即营业收入按实际发生的现金折扣后的净额反映。

> **议一议** 电子商务商家在什么情况下会采取折扣策略？电子商务商家什么时候会采取现金折扣策略？

【案例5-3】

卖家常见的八种折扣方法

方法一：错觉折扣——给客户不一样的感觉

人们普遍认为打折的东西质量会差一些，而换一种叙述方式（如注重强调商品的原价值，让客户觉得花了更少的钱，买到了更超值的商品），效果往往大不同。

不同的让利方式给客户的感受是不同的。如果卖家打出"全场 7.7 折，99 元任选！"，把 130 元的商品打 7.7 折后按 100 元销售，客户就会感觉这个商品就值 100 元。但是如果卖家把方案改成"花 100 元换购价值 130 元的商品"，客户就会觉得这款商品的价值还是 130 元，而他只要花 100 元就买到了。

方法二：一刻千金——让客户蜂拥而至

"一刻千金"的促销方案就是让客户在规定的时间内自由抢购商品，并以超低价进行销售。

例如，如果周一早上 9:00—9:30 拍下商品，可以以 5 元的价格成交。这个促销看似大亏本，但是实际上这一举动给卖家带来了急剧的人气提升和很多的潜在客户。30 分钟是很短暂的，30 分钟后还会有很多客户来光顾，而那些得到 5 元成交机会的客户也会因此购买更多的东西。

方法三：超值一元——舍小取大的促销策略

超值一元，就是在活动期间，客户可以花一元钱买到平时几十元甚至上百元的商品。

这种方法是赔本赚吆喝吗？当然不是。店铺中有一件标价一元的商品会为卖家的整个店铺争取到大量的流量。购买了一元商品的客户很有可能购买其他商品。也很有可能出现被这种极低价格吸引进来的客户没有购买该商品而购买了其他商品。

方法四：临界价格——客户的视觉错误

所谓临界价格，就是在视觉上和感性认识上让人有第一错觉的那个价格。例如，以 100 元为例，临界价格可以设置为 99.99 元或者 99.9 元，这种临界价格最重要的作用是给客户一种视觉错误，这款商品的价格不是上百元，而是几十元。

方法五：阶梯价格——让客户自动着急

所谓阶梯价格，就是商品的价格随着时间的推移出现阶梯式的变化。例如，新品上架第一天按 5 折销售，第二天按 6 折销售，第三天按 7 折销售，第四天按 8 折销售，第五天按 9 折销售，第六天按原价销售。这样给客户造成一种时间上的紧迫感，越早买越划算，减少客户的犹豫时间，促使他们冲动购物。当然阶梯的方式有很多，卖家可以根据自己的实际情况来设定，其宗旨就是既吸引客户又不让店里亏本。

方法六：降价加打折——给客户双重实惠

降价加打折实际上就是让一件商品既降价又打折，双重实惠叠加。相比纯粹的打折或者纯粹的降价，它多了一道弯儿，但是不要小看这道弯儿，它对客户的吸引力是巨大的。第一，对于客户来说，一次性的打折方案和降价加打折比起来，客户毫无疑问地会认为后者更便宜。这种心理使客户丧失了原有的判断力，被促销所吸引。第二，对于店铺来说，提高了促销的机动性，提高了因促销而付出的代价。以 100 元的商品为例，如果直接打 6 折，一件商品就会损失 40 元的利润。但是如果先把 100 元的商品降价 10 元，再打 8 折，那么一件商品损失的利润是 28 元。但是客户在感觉上会认为后者比较划算。

方法七："摇钱树"——摇出来的实惠

圣诞节购物满 38 元即可享受"摇树"的机会，每次摇树都会掉下一个号码牌，每个号码牌都有相应的礼物。店铺让客户感到快乐，客户才会愿意光顾此店，才会给店铺带来创收的机会。喜庆元素、互动元素、实惠元素让客户"乐不思蜀"。

方法八：退款促销——用时间累积出来的实惠

客户通过购买店铺的商品，注册成为会员，以成交订单的金额进行积分的累积，根据积分可以兑换商品、现金抵扣券、小礼品等。客户购物，不仅能满足自己的需求，还能从购物中感受到店铺的实惠。

案例思考：

除了以上 8 种折扣方法，你还知道其他折扣方法吗？请为你的店铺制定一套折扣方案。

✕ 拓展学习

● 登录百度，输入关键词"商业折扣"与"现金折扣"进行搜索，将相关内容填入表 5-3 中。

表5-3　销售折扣策略实施需要考虑的因素

序　　号	商 业 折 扣	现 金 折 扣
考虑因素 1		
考虑因素 2		
考虑因素 3		
考虑因素 4		

● 小组讨论：交流一下你知晓的商城或者网上商城中出现过的其他价格折扣方法。

活动 5.2.2　掌握淘宝网的改价技巧

✕ 做中学

查找相应的信息，了解不同平台的改价技巧。

● 登录百度，搜索京东、一号店、淘宝、天猫商城的客服如何改价的资料。

● 根据以上调查所搜集到的资料，各小组讨论各个平台的改价方式的异同，并且将组内讨论结果形成汇报，与其他组进行讨论。

必备知识

1. 进行改价操作的原因

进行改价操作是客服进行促销的需要。为了给网店引进流量，增加点击量，从而增加成交量，很多客服都会采用低价促销的方式。采用低价促销的方式，自然而然需要修改商品的价格。

邮费是影响买家购买欲望的一个重要因素。所以，很多客服为了达成交易，在与买家沟通的过程中都会做出"包邮"的让步，这样客服需要在买家拍下商品之后改价。

价格是影响买家购买欲望的另一个重要因素。所以，很多客服为了达成交易会答应买家降低价格或者打折优惠的要求。这样的订单也需要客服在运营后台修改买家的订单价格。

> **想一想** 分组讨论，你认为除了上述情况，还有哪些情况客服需要进行改价操作？

【案例 5-4】

怎样应对买家的议价

方案一：证明价格是合理的

举例：亲，活动火爆进行中，难得看中，我们手表拥有多年的技术沉淀，相信实物的高雅与质感不会让您失望的。我们还有七天无理由退货和赠送运费险为您保驾护航，让您售后无忧。

方案二：用比较法让客户相信价格是合理的

举例：这款商品亲可以用××年呢，按××年计算，有××天，实际每天的投资是××元，您每天只需花××元，就可获得这款商品，值！

方案三：不要一开始就亮出底牌

有的客服会在一开始就亮出低价，这样会让自己处于很被动的局面。议价也是一项博弈，只有双方一步步地妥协，才能达成最后的价格。

方案四：适时地"装可怜"

举例：我们保证我们的商品绝对对得起价格，真心没办法少了，希望您多多理解呢，现在的活动只是赚个信誉，是没有利润的。

案例思考：

除了这几种应对策略，你还知道其他策略吗？

2．以淘宝网为例的改价操作

1）买家拍下价格并且未付款前

第一步，登录淘宝网，进入"卖家中心"，查看"已卖出的宝贝"，如图 5-10 所示。

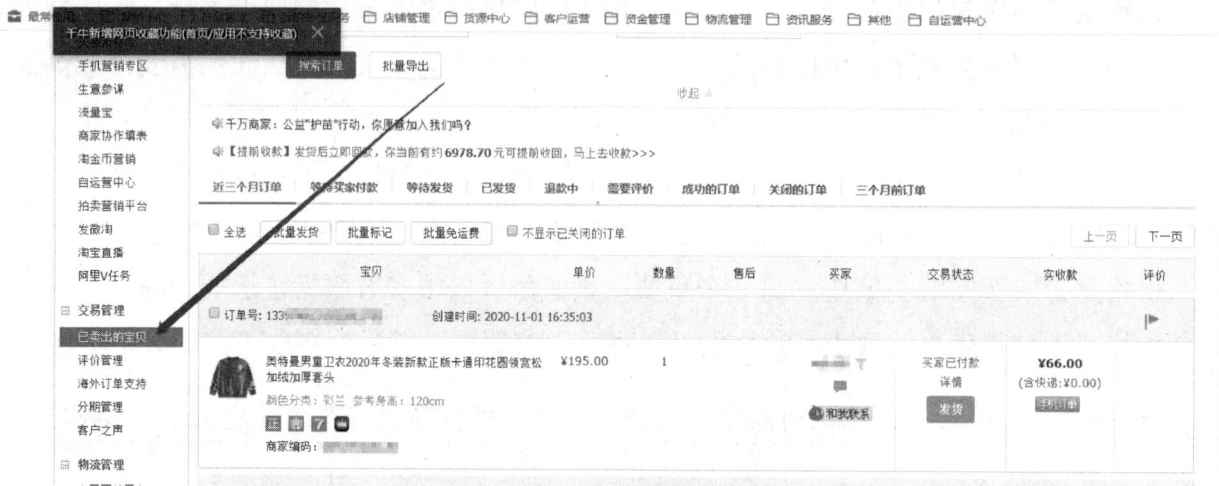

图 5-10　已卖出的宝贝

第二步，单击"近三个月订单"按钮，卖家可以查看买家已经拍下的商品，如图 5-11 所示。

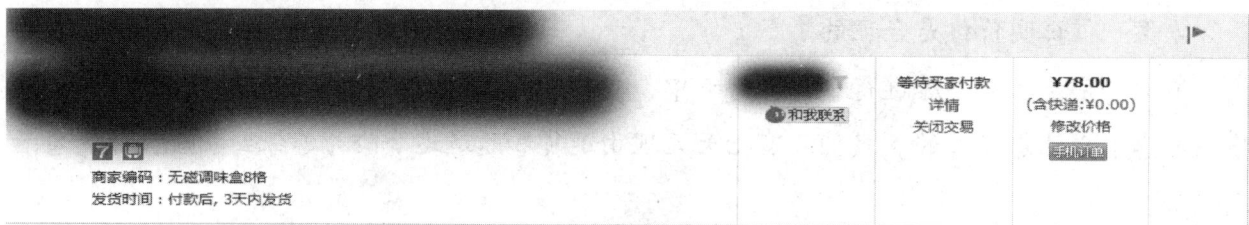

图 5-11　买家订单

第三步，单击"修改价格"按钮，进入修改价格界面，会看到涨价或折扣、邮费（元）等可以修改的信息，输入"-117"（减价 117 元），系统会自动填充折扣，若是打折，也会出现相应的价格，如图 5-12 所示。

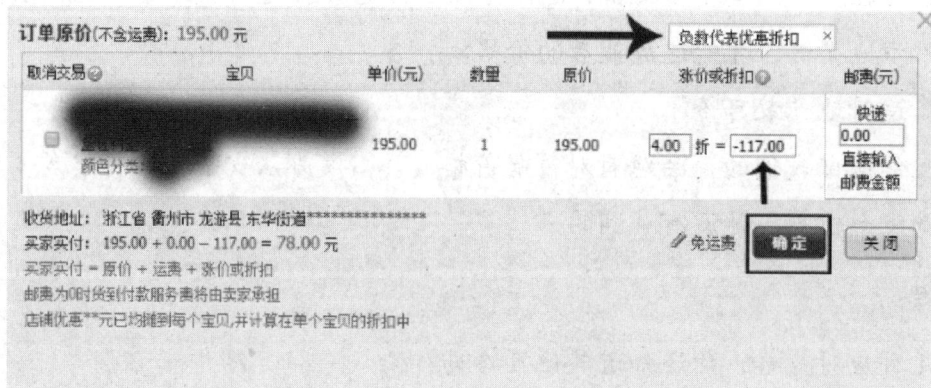

图 5-12　"修改价格"操作

第四步，修改完价格后单击"确定"按钮，修改完成的订单如图 5-13 所示。

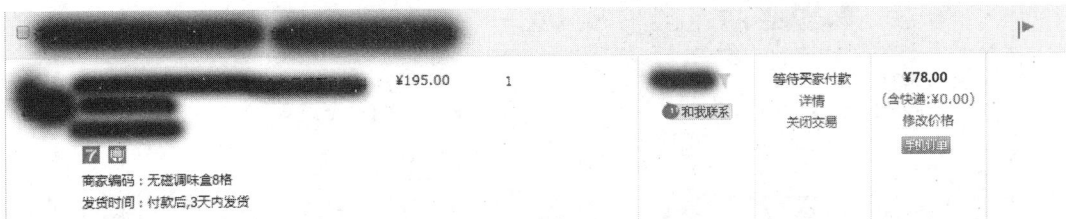

图 5-13　修改完成的订单

2）买家未拍下商品（促销价格的设置）

买家未拍下商品，让卖家修改价格，这个对卖家来说有风险，如果有其他买家同时在浏览，来回改变价格，容易引起纠纷。不过，卖家在进行促销时会用到修改"出售中的宝贝"的技能。

第一步，登录淘宝网，进入"卖家中心"，查看"出售中的宝贝"，如图 5-14 所示。

第二步，进入编辑模式，修改价格，完成后单击"保存"按钮，如图 5-15 所示。

图 5-14　出售中的宝贝

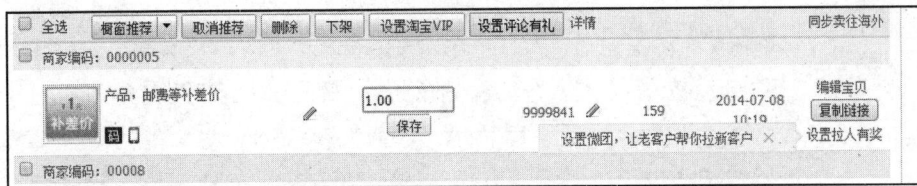

图 5-15　编辑模式

活动 5.2.3　技能训练：商品运费的修改

小组合作开展训练，在淘宝卖家中心完成以下操作。

1. 创建和设置运费

进入"卖家中心"，选择"出售中的宝贝"来创建和设置运费，如图 5-16 所示。

图 5-16　设置运费

2. 新增运费模板

新增运费模板，如图 5-17 所示。

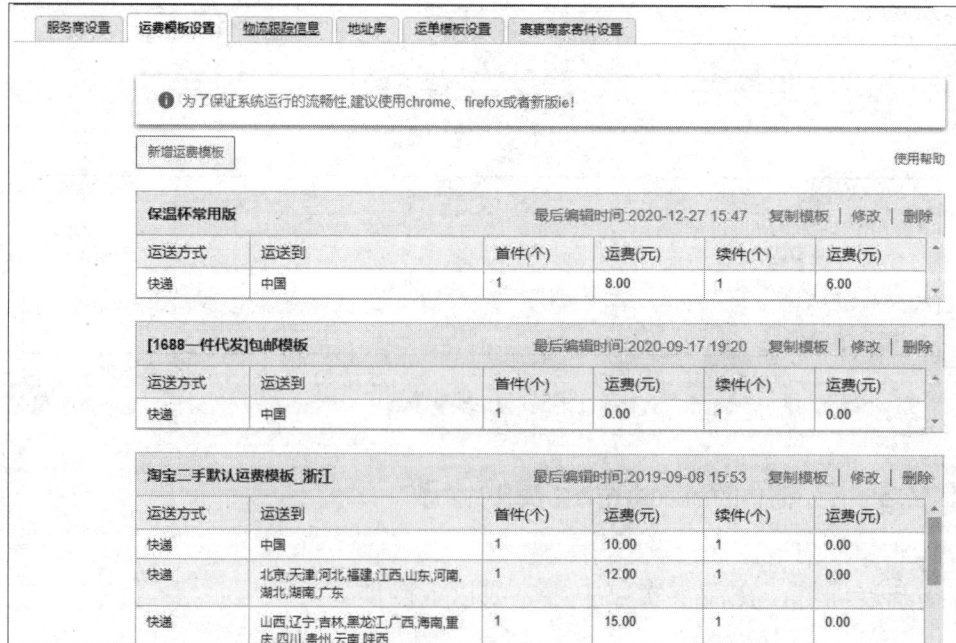

图 5-17　新增运费模板

3. 为运费模板命名

为运费模板命名，如图 5-18 所示。

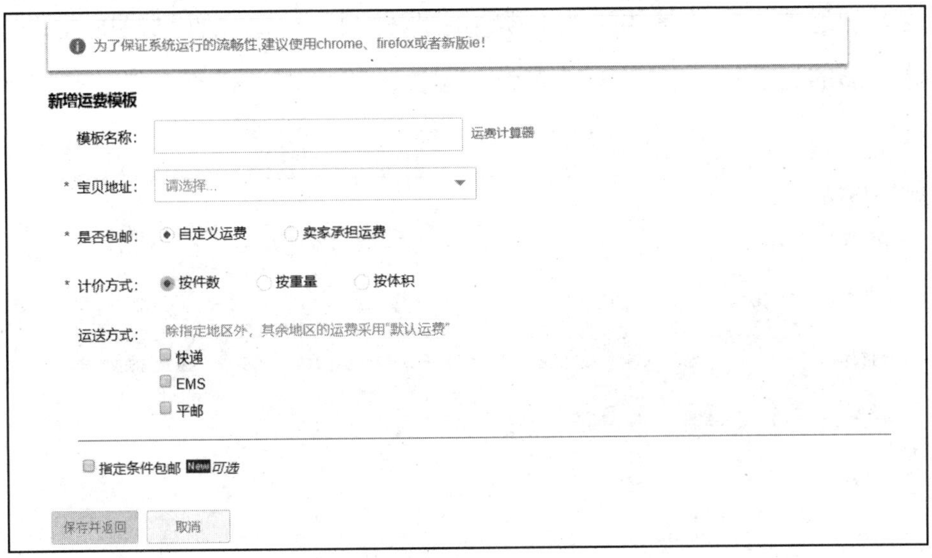

图 5-18　为运费模板命名

4. 选择商品运送方式

目前，淘宝网提供 4 种运送方式：平邮、邮政快递、快递公司、EMS。选择适合自己的方式，选中对应的复选框，如图 5-19 所示。

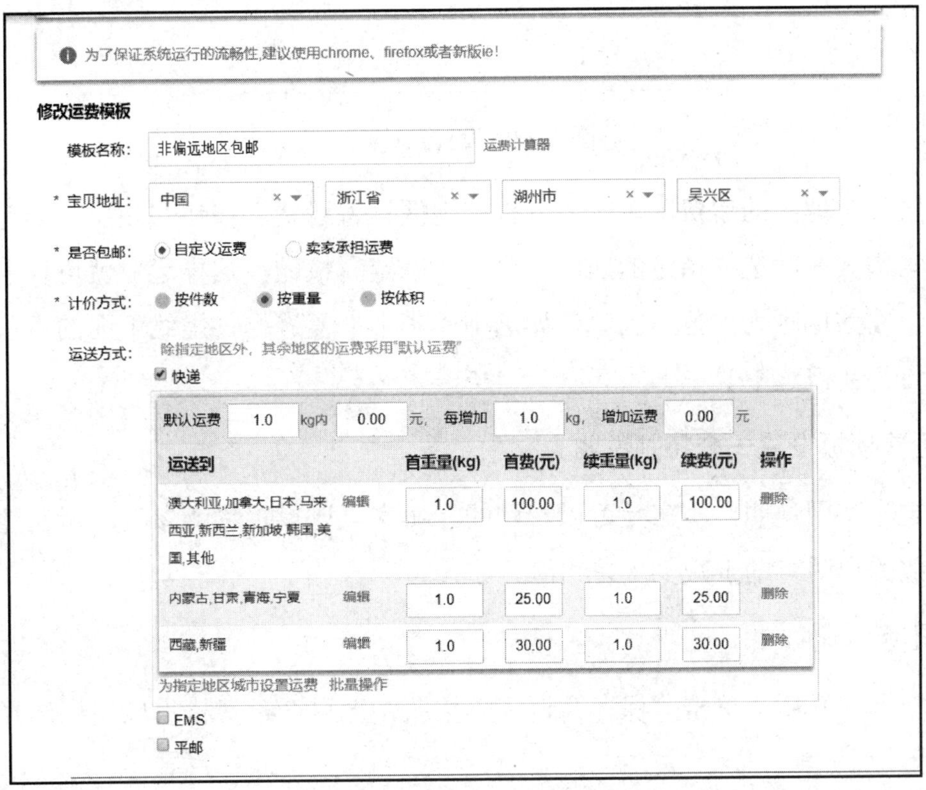

图 5-19　选择商品运送方式

5. 设置具体的运费

（1）设置默认运费，如图 5-20 所示。除特别指定地区的运费之外都将使用默认运费。"每超过一件需要增加运费"指的是如果买家购买了两件商品，第一件商品的运费按照默认运费收取，第二件商品的运费则是卖家设置的这个运费。也可以不设置，表示每多一件商品仍按照默认运费收取。

图 5-20 设置默认运费

（2）设置指定地区的运费。单击"为指定地区设置运费"按钮，弹出一个包含地区信息的对话框，只需要在此选择指定的地区，单击"确定"按钮，这样运费就可以应用到指定地区了（虚线上面的地区为大范围区域，如选中"华中"复选框，虚线下面的省份湖南省、湖北省、河南省都会被选中）。

6. 为运费模板设置一个特别说明

注意：这个特别说明，买家是可以看到的。卖家可以设置物流参数、所在地及提取方式等内容，细致的说明有助于减少交易纠纷。

7. 应用

运费模板添加好后，单击"保存并返回"按钮，把这个运费模板应用到选择的宝贝上，如图 5-21 所示。

为了保证系统运行的流畅性,建议使用chrome、firefox或者新版ie!

新增运费模板

使用帮助

非偏远地区				最后编辑时间:2021-01-06 15:05	复制模板 | 修改 | 删除	
运送方式	运送到		首件(个)	运费(元)	续件(个)	运费(元)
快递	中国		1	8.00	1	2.00
快递	重庆,四川,贵州,云南,西藏,陕西,甘肃,青海,宁夏,新疆		1	15.00	1	10.00

图 5-21　应用运费模板

教师点评

任务 5.3　掌握商品的备货发货

问题引入

客户在客服的耐心引导下,终于下定决心拍下了商品,接下来的操作就是给客户发货了。但是假设这件商品是店铺中的爆款,销量很好,客服需要时时留意这件商品的库存状况,那么应该如何查看商品的库存呢?查看库存之后发现库存充足,又该如何进行发货操作呢?

_____

_____

_____

你知道吗?

2020 年 3 月 21 日,这一天成为电商直播界的"双十一"。我们通常将淘宝 11 月 11 日,作为淘宝的一个狂欢日,"321 直播购物节"弥补了传统"双十一"的空档期。

在淘宝直播购物节中,销量增幅集中于品牌店铺。2020 年 3 月 21 日,雅诗兰黛直播间连播了 15 个小时,通过直播带来的成交量超过了日常的 30 倍,苏宁旗舰店单天环比增长 700%以上。在蘑菇街的"321 直播购物节"中,直播数据呈整体上扬的趋势,女装品类同比增长 103%,美妆品类同比增长 82%,食品品类同比增长 316%,家居品类同比增长 269%,内衣品类同比增长 194%,配饰品类同比增长 175%,母婴品类同比增长 108%。

活动 5.3.1 了解商品库存状况

做中学

● 登录淘宝网，搜索衣服鞋帽等商品，注意页面上卖家的库存量，并且尝试拍下搜索到的商品，观察卖家库存量的变化情况。

● 请你根据观察到的情况，说说你对库存这一概念的理解。

必备知识

1. 卖家商品库存

卖家商品库存是指卖家为了满足客户的购买而拥有的实际商品数量。卖家的商品库存不是越多越好，库存越多意味着被积压的资金越多，卖家的负担就越重。当然，商品库存也不是越少越好，库存太少，会出现不能满足客户的购买需求而发不出货的情况。这两种情况都应该避免。

2. 库存管理的目标

在电子商务中，卖家对库存进行管理需要达到怎样的目标？

谋求资本的有效运用——中小卖家的资金往往是有限的，如果过多地积压库存，势必影响到中小卖家的资金周转。

谋求店铺的持续发展——中小卖家还处于发展的上升期，过多的库存会造成资金周转困难而影响店铺的运作，同理，过少的库存也不利于店铺的持续发展。如果一个店铺持续因为库存不足而发不出货，那样也会影响到店铺的发展。

3. 库存管理的意义

在保证经营需求的前提下，店铺应使库存量经常保持在合理的水平上。卖家应掌握库存动态，实时查看库存，避免出现缺货或者超储的情况。

【案例 5-5】

小卖家如何做好库存管理

库存管理是一项系统性较强的活动，它与企业的资金流、信息流、物流等环节息息相关、不可分割，可以这么说，库存管理的好坏关系到一家网店的生死。如果卖家的库存管理是杂乱无章的，卖家不能很好地了解自己还有多少存货，就很有可能出现客户拍下了商品却发不出货的情况。而小卖家的网店还处于上升期，每一个客户资源都是十分珍贵的，经不起这种损失。那有什么办法可以很好地管理库存呢？大型卖家拥有一定的资金及运作团队，一般会选择一些专门的库存管理软件。应用专门的库存管理软件，每件商品入库时录入相应条码，出库时只认条码，系统中也可随时查询商品库存，避免错发、漏发、库存乱等问题，实现零错货率。

但是，小卖家由于刚刚起步，一切还处于不成熟的状态，资金匮乏，团队不完善，专门的库存管理软件显然不适合小卖家。那么，什么软件适合小卖家进行库存管理呢？

答案是 Excel。Excel 软件具有强大的分类、筛选、统计的功能，通常商品需要记录的项目有品牌、分类、名称、产品包装、包装颜色、生产日期、入库数量、入库日期、到期日期、产品编号、货位、剩余库存、出库日期、出库数量等内容，具体到不同的商品可能还有不同的项目，可以酌情增减。而且，Excel 软件作为最常见的办公软件，计算机上基本都有配备，不需要额外的资金投入。

案例思考：

为什么专门的库存管理软件不适合小卖家？为什么说 Excel 软件是适合小卖家进行库存管理的软件？

拓展学习

● 登录百度，输入关键词"如何利用 Excel 进行库存管理"进行搜索，学习利用 Excel 软件进行库存管理的基本方法。

● 小组讨论：说说利用 Excel 软件进行库存管理需要对哪些项目进行统计及处理。

活动 5.3.2　熟悉商品的发货流程

做中学

利用搜索引擎查找不同平台上发货流程的异同。

● 登录百度，输入关键词"淘宝卖家发货流程"，了解在淘宝平台上卖家的发货操作流程。

● 登录百度，输入关键词"京东商城卖家发货流程"，了解在京东平台上卖家的发货操作流程。

● 登录百度，输入关键词"一号店卖家发货流程"，了解在一号店平台上卖家的发货操作流程。

● 根据以上调查所搜集到的资料，各小组讨论在 3 个平台上卖家进行发货操作的异同。

必备知识

1. 卖家发货

卖家发货是指卖家在规定时间内，将商品交付给物流公司，并且将物流单号反馈给客户，以便客户查询自己所购买物品的物流动态。

2. 物流

2006年发布的中华人民共和国国家标准GB/T 18354—2006《物流术语》中将物流定义为物品从供应地向接收地的实体流动过程。根据实际需要，将运输、储存、装卸、搬运、包装、流通加工、配送、信息处理等基本功能实施有机结合。

一般的中小卖家应用的物流一般为第三方物流公司提供的第三方物流。

3. 选择物流公司的技巧

卖家在选择物流公司时需要考虑以下因素。

安全问题：物流公司提供的服务必须保证能把商品完好无损并且及时地送到客户手上。

诚信问题：诚信度高的物流公司更能赢得买卖双方的信任。

价格问题：如果选择的物流价格太高，将加重卖家的负担。

4. 淘宝卖家常规发货流程

登录淘宝网，找到"千牛卖家中心"，如图5-22所示。

图5-22　千牛卖家中心

第一步，在"卖家中心"选择"交易管理"→"已卖出的宝贝"，如图5-23所示。

确认收货信息及交易详情，如图5-24所示。

第二步，确认发货/退货信息，如图5-25所示。

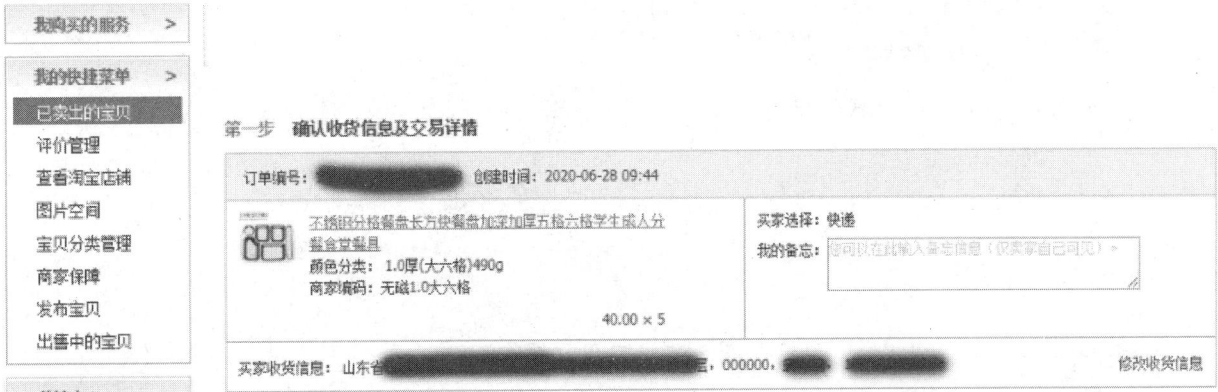

图 5-23　已卖出的宝贝　　　　　　　图 5-24　确认收货信息及交易详情

图 5-25　确认发货/退货信息

第三步，进入选择物流界面。有 4 种物流方式可供选择，分别是在线下单、自己联系物流、官方寄件和无须物流。

（1）在线下单。在选择物流服务时单击"在线下单"，根据物流公司选择自己所需要的物流方式，如图 5-26 所示。

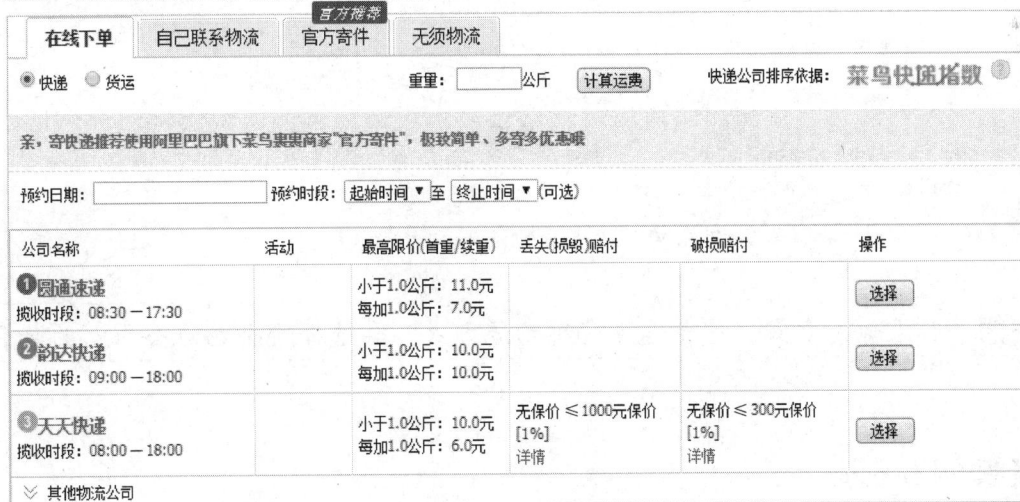

图 5-26　在线下单

（2）自己联系物流。在选择物流服务时单击"自己联系物流"，填写运送单据信息，如图 5-27所示。

（3）官方寄件。在选择物流服务时单击"官方寄件"，填写运送单据信息，如图 5-28 所示。

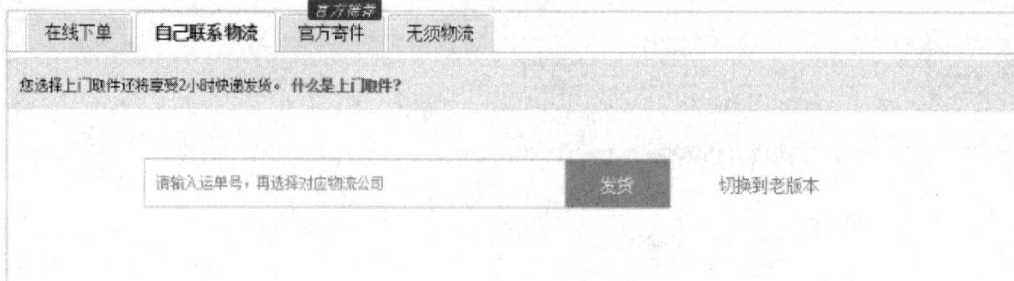

图 5-27　自己联系物流

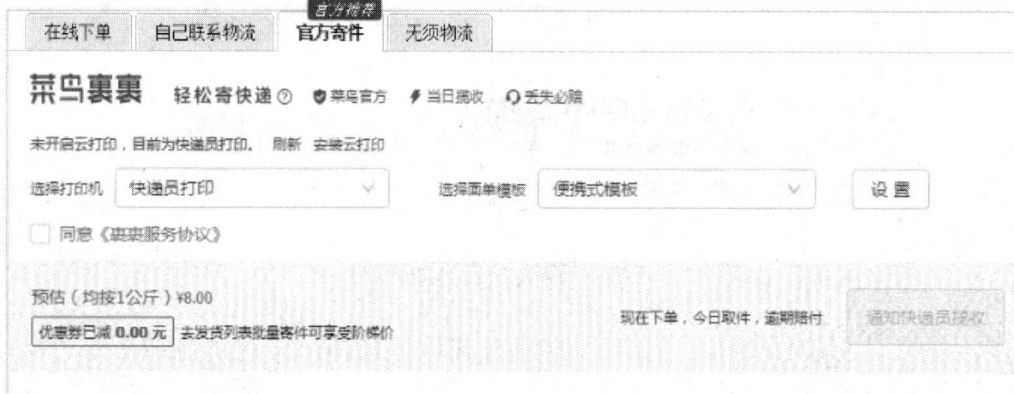

图 5-28　官方寄件

（4）无须物流。在选择物流服务时单击"无须物流"选项区域中的"确认"按钮即可，如图 5-29 所示。

图 5-29　"无须物流"→"确认"

想一想　如果你是卖家，你会选择哪种物流方式？会选择哪个物流公司？为什么？

【案例 5-6】

挑选快递公司的一些小提示

宅急送：价格较贵，但是操作规范，信誉良好。

圆通、申通：圆通一般在江浙沪很便宜，网点多；申通网点多，而且服务好。

顺丰：服务好，速度快，民营快递，比 EMS 快 50%，比其他快递快 20%。经营灵活，昼夜不间断的运营机制，保证货物中转。但顺丰相比其他快递来说价格较高。

EMS：EMS 网点较全，几乎全覆盖。货物丢失损坏率在 1% 以下，安全性比较好。

案例思考：

如果你是销售化妆品的卖家，并且位于长三角地区，你会选择哪个快递公司？为什么？

拓展学习

通过上网搜索、查阅资料等方式，收集国内主要快递公司在网点布局、配送速度、服务质量、费用高低等方面的优劣，形成调研数据报告。

活动 5.3.3　技能训练：网店交易纠纷处理

小组合作开展训练，针对以下几种情况，给出应对方式。

1．商品质量问题

客户投诉收到的商品开箱就是损坏的，你怎么处理？

客户抱怨收到的商品与网页上的照片颜色有出入，你怎么处理？

客户抱怨刚拿到手的商品，用了几次就坏了，你怎么处理？

客户抱怨拿到手的商品没有他想要的功能或者没有达到他的期望，你怎么处理？

> **议一议**　怎么应对客户诸如此类的关于商品质量问题的抱怨与投诉？

2．物流问题

客户向你抱怨说，商品收到了，但是快递员的态度很差，你怎么应对？

客户要求查物流信息，并且抱怨快递速度太慢，你怎么应对？

客户提出"明天如果还不到，就不要这东西了"，并要求申请退款，你怎么应对？

> **议一议**　怎么应对客户对于物流的抱怨？

3．其他纠纷

在交易过程中还会存在哪些纠纷？＿＿＿＿＿＿＿＿＿＿＿＿＿＿＿＿＿＿＿＿＿＿＿＿＿
＿＿＿＿＿＿＿＿＿＿＿＿＿＿＿＿＿＿＿＿＿＿＿＿＿＿＿＿＿＿＿＿＿＿＿＿＿＿。

> **教师点评**

项目小结

通过本项目的学习，我们能理解衡量客服工作效率的公式，能正确而巧妙地应对客户的砍价，能掌握一定的应对客户砍价的策略；了解商品款项的处理原则，能掌握淘宝网的改价技巧，掌握商品运费修改的技能；能了解库存对卖家的重要性，有效进行库存管理，掌握商品的发货流程，并能正确应对一些常见纠纷。

项目 6
售后客服技巧

学习目标

通过学习本项目，你应该能够：

（1）了解商品退换货的流程；

（2）正确处理商品退换货的价差处理；

（3）了解客户投诉的原因；

（4）熟悉处理客户投诉的技巧；

（5）正确处理客户的中差评；

（6）具有与客户良好沟通的能力。

近几年，随着电子商务的快速发展，网络购物逐渐成为主流购物方式之一，2014年开始实施的新《中华人民共和国消费者权益保护法》（以下简称《新消法》）针对网购做了多方面规范，消费者拥有七天"反悔权"是其中一大亮点。根据《新消法》，消费者可以在七天内无理由退货。在这样的购物环境下，部分冲动型的消费者会有更多的退货，从而增加了售后客服的工作量。因此，售后客服将面临更多的交流沟通，提高自身的沟通能力，能有效提升店铺形象，减少退货率，确保店铺健康良好发展。

本项目主要完成两个任务：学会商品退换货的处理；学会正确处理客户投诉。

任务 6.1　学会商品退换货的处理

问题引入

2014年3月15日，随着新《中华人民共和国消费者权益保护法》的实施，张明发现店铺的转化率上升了，但同时退换货的客户数量也在增加，那么在"七天无理由退货"的前提下，售后客服能否通过与客户的交流沟通，转变客户的退货本意，降低退货率，消除客户的不满意投诉，成为张明思考的重点。在这样的网络消费背景下，售后客服应该如何提升自己的沟通技能？如何打造优质的售后服务？

_____

_____

你知道吗？

2019 年"天猫双十一狂欢节"当日截至 24:00 交易额为 2684 亿元，2018 年"双十一"为 2135.5 亿元，2017 年为 1682 亿元。2019 年通过淘宝 App、天猫 App 等参加"双十一"活动的用户超过 5 亿人，比 2018 年"双十一"当天增加 1 亿人。此外，超过 10 万个商家开通直播，"双十一"开场 1 小时 3 分钟，淘宝直播引导的成交额已超越 2018 年"双十一"全天，淘宝直播首次成为今年"双十一"主流的消费方式。然而这一令人惊叹的数据背后，却有另外一番景象：根据新浪微热点大数据研究院统计，2019 年 10 月 21 日至 11 月 15 日，全网相关"双十一"电商平台投诉的信息量达 44.8 万条，是去年同期的 3 倍左右，而"双十一"前后购物平台投诉量增长超 40%，美妆服饰类投诉 11 月增长率位列第一。

活动 6.1.1　了解商品退换货的流程

做中学

● 请在你的家人、朋友和同学中做个小调查，了解他们 2019 年"双十一"上网购物是否有退换货的情况，上网购物的平台主要选择在哪里。请将调查结果填入表 6-1 中。

表 6-1　2019 年"双十一"网购退换货情况调查汇总

网 购 群 体	调 查 人 群		是 否 购 物		选择平台	退 换 人 数		退换原因	有无运费险	
	男	女	是	否		男	女		有	无
"00 后"										
"90 后"										
"70 后""80 后"										
"50 后""60 后"										
沟通方式	电话人数		阿里旺旺人数			QQ人数			其他人数	

● 请你依据表 6-1，设计一份网购基本情况调查表。结合教材中的必备知识理解电子商务售后客服的退换货工作流程。

必备知识

店铺经营过程，客服创造价值，但真正的销售始于售后。所谓售后服务，就是在商品出售以后所提供的各种服务活动。从营销工作来看，售后服务本身也是一种促销手段。在追踪跟进阶段，客服要采取各种形式的配合步骤，通过售后服务来提高店铺的信誉，扩大商品的市场占有率，来提高营销工作的效率及效益。

1．确立售后服务观念

售后服务除了能维护老客户还能吸引新客户，都说看一家店好不好，主要看售后服务好不好。售后服务是整个商品销售过程的重点之一，好的售后服务会带给客户非常好的购物体验，可能使这些客户成为忠实客户。服务观念是需要长期培养的一种个人（或者店铺）的魅力，客服都应该建立一种"真诚为客户服务"的观念。在"真诚为客户服务"观念的指导下，问心无愧地做好售后服务，相信一定会得到相应回报的。客服应该充分重视和把握与客户交流的每一次机会。因为每一次交流都是一次建立感情、增进了解、增强信任的机会。客户也会把他们认为很好的客服推荐给更多的朋友。

2．交易结束及时联系

客户下单后，商品成交后客服应主动和客户联系，避免成交的客户由于没有及时联系而流失掉。商品成交的当天就应发出成交邮件，避免冲动性购物的客户流失掉，趁热打铁至关重要。如果客户 2 天内没有回复邮件，客服可以主动打电话询问是否收到成交邮件或者在阿里旺旺留言。

3．售后服务的意义

（1）售后服务是营销的最后过程，也是再营销的开始，正所谓"良好的开端等于成功的一半"。

（2）售后服务过程中能够进一步了解客户和竞争对手更多的信息。

（3）售后服务能与客户进一步增进感情，为下一步合作打下基础。

（4）售后服务是一种广告，是为企业赢得信誉的关键环节。市场的规律已经证明，企业的信誉积累很大程度上来源于售后服务。

（5）售后服务的过程也是客服积累经验、提高技巧、增长才干的过程。

4．售后客服的职能

只要商品寄出，所有的问题都由售后客服来处理。处理内容包括退换货、物流问题、客户的反映和投诉、中差评等，客服要争取做到所有的售后问题都不是问题，让客户感受到优质的售后服务，提高客户忠诚度。

5. 售后客服每日工作流程

（1）查看客户的留言，并及时跟进，每天需要对已经成交的订单进行物流跟踪，要做到抢在客户前面发现问题，发现疑难件以后，要定期跟踪，做好记录。

（2）查看评价管理，如果有评价内容需要解释的，及时处理，店铺的中差评要在一周之内处理完成。

（3）当客户催单时，要在第一时间打电话给相关快递公司的客服，把物流信息反馈给客户，并且安抚客户的情绪，同时做好记录，及时跟踪。

（4）关怀客户，对档案库的客户进行关怀，如在节假日、天气骤变等特殊日子问候客户，让客户感受到店铺对他的重视。

6. "七天无理由退货"的定义

"七天无理由退货"指用户（下称卖家）使用淘宝提供的技术支持及服务向买家提供的特别售后服务，允许买家按本规则及淘宝其他公示规则的规定对其已购商品进行退货。具体为，当淘宝买家使用支付宝服务购买支持"七天无理由退货"的商品，在签收商品（以物流签收单时间为准）后七天内（若有准确签收时间的，以该签收时间后的 168 小时为 7 天；若签收时间仅有日期的，以该日期后的第二天零时起计算时间，满 168 小时为 7 天），若因买家主观原因不愿完成本次交易，卖家有义务向买家提供退货服务；若卖家未履行其义务，则买家有权按照本规则向淘宝发起对该卖家的投诉，并申请"七天无理由退货"赔付。

卖家在申请"七天无理由退货"服务之前，应仔细阅读本规则。一旦卖家申请该服务并成功提交相关信息，则默认确认并接受本规则所有内容，同时默认确认并接受《消费者保障服务之"商品描述属实保障"服务规则》。

7. "七天无理由退货"责任范围

（1）买家在收到商品后因不满意商品希望退货时。

（2）因商品质量问题产生的退货，所有邮费必须由卖家承担，七天内无理由退货质量问题的界定为商品破损或残缺。

（3）退货要求买家具备商品收到时完整的外包装、配件、吊牌等；若购买商品被洗过，影响二次销售，人为破坏或标牌拆卸的不予退换；所有预订或订制特殊尺码的商品不予退换；特殊商品一旦拆封或使用不得退换。

（4）非商品质量问题的退货，应由买家承担退货运费，如果是包邮商品因买家个人喜好或个人原因导致的退货，如颜色不喜欢、尺码不合适等，商家无须承担退货运费，仅需承担初次邮寄给买家的运费。

特别提醒：为避免由于商品滞留造成的经济损失，所有退货商品，买家应在规定时间内发回（以物流签收运单显示的时间为准），超过规定时间仍不能将退货商品发回的，请买家与卖家自行协商处理办法。

【案例 6-1】

退货风波

一个买家参加"聚划算"活动时在某店铺购买了一件衬衫，收到后反映衣领一大一小，有质量问题，她拍照发过来，卖家从图片上看不出来。"聚划算"活动一过，售后的工作量是平时的几十倍，为了不耗费太多时间，卖家就请买家将货先退回。若是质量问题，退货运费由卖家承担；若不是质量问题，出售时的包邮运费由卖家承担，退货时的运费由买家承担。卖家收到货后，发现货并没有问题，还特意让其他同事和工厂的厂长检查了，确定货没有问题。于是卖家再次联系买家说明情况并拒绝其退款申请。买家却直接投诉了卖家。几天后，淘小二与卖家交涉，聊天记录截图如图 6-1 所示。

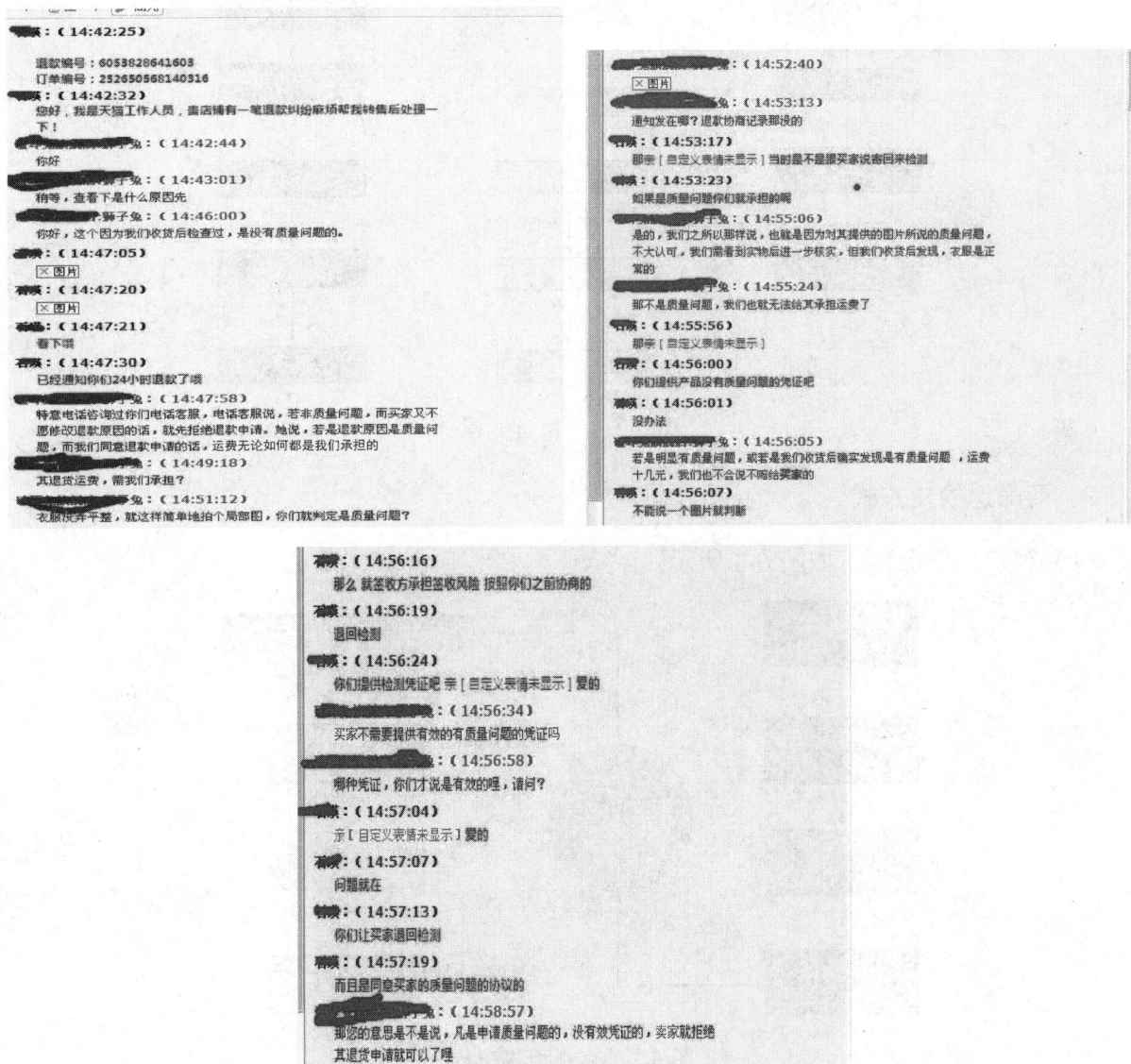

图 6-1 淘小二与卖家的聊天记录截图

案例思考：

整个事件的问题关键点是什么？淘小二所说的"不能说一个图片就判断""那么就签收方承担签收风险"，说明淘宝处理纠纷的原则是什么？举证方如何确定？损失如何承担？作为售后客服，你是否熟悉淘宝的退换货规则及申诉举证规则？

8. 商品退换货流程

售后客服通过查证情况，区分 3 种不同的情况并与客户完成退换货流程，特别要注意因商品质量问题导致的退换货。退换货流程如图 6-2 所示。

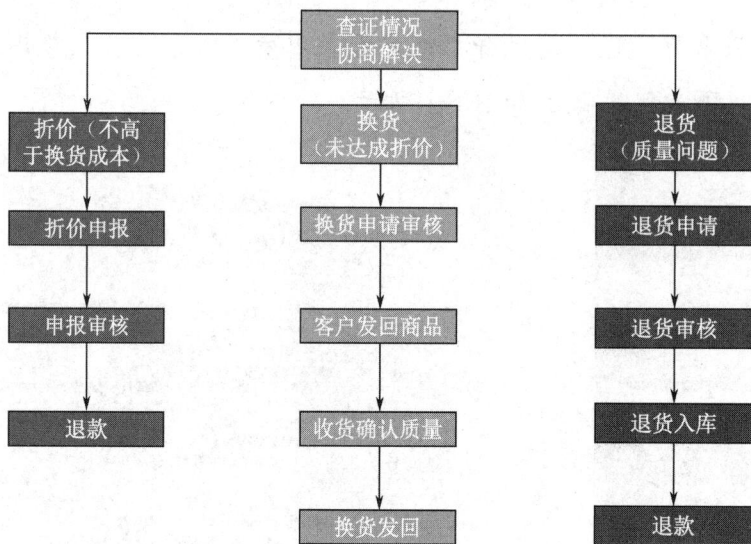

图 6-2 退换货流程

9. 商品退换货方式

（1）客户拒签流程，如图 6-3 所示。

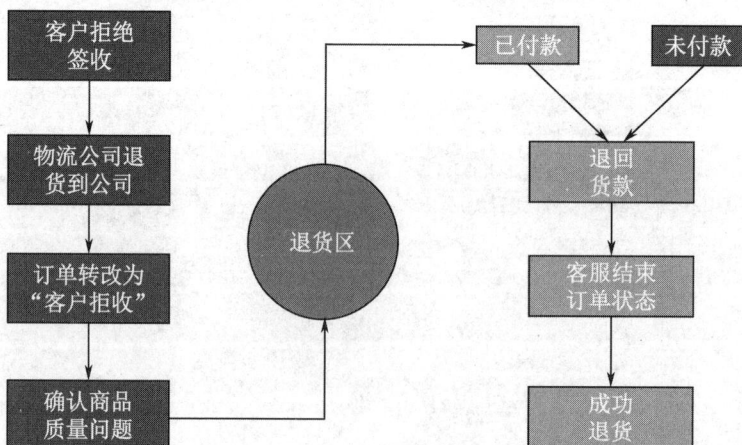

图 6-3 客户拒签流程

（2）主动退货流程，如图6-4所示。

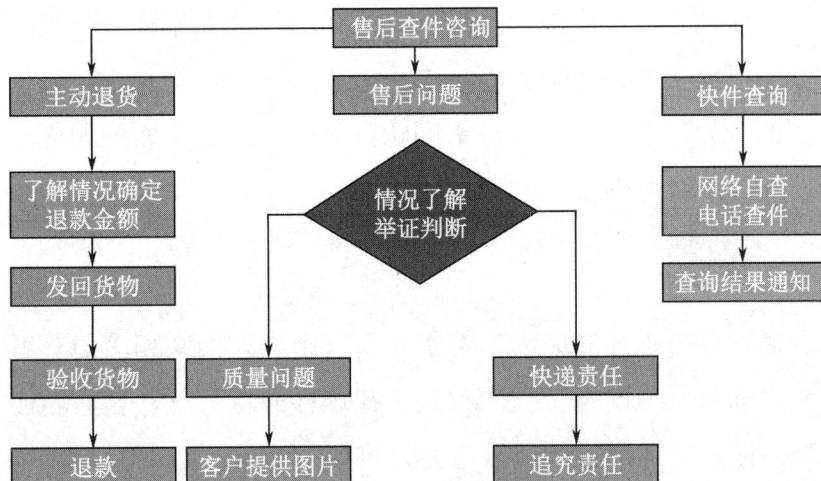

图6-4 主动退货流程

> **议一议** 对于不同的退换货方式，售后客服要关注哪些问题？它们之间的区别是什么？

拓展学习

● 登录百度，输入关键词"淘宝交易规则"进行搜索，熟悉淘宝的各类规则，把售后客服需要了解的淘宝规则填入表6-2中。

表6-2 售后客服需要了解的淘宝规则

项 目	内 容
交易规则	
超时规定	
评价管理	
市场管理	
违规处罚	
争议处理规则	

● 小组讨论：你了解2014年3月实施的新《中华人民共和国消费者权益保护法》的具体内容吗？其中与网络消费相关的具体内容是什么？推荐代表课内进行交流。

活动6.1.2 熟悉商品退换货的价差处理

做中学

查找相应的信息，结合教材中的必备知识熟悉商品退换货产生的费用情况。

- 利用搜索引擎或结合自己店铺的实际情况，列出网购商品退货产生的费用。

- 利用搜索引擎或结合自己店铺的实际情况，列出网购商品换货产生的费用。

- 了解网购商品退换货的运费险。

- 根据收集到的资料，各小组讨论分析网购商品的退换货形成的相应费用情况，把讨论的结果整理好，推荐代表课内交流。

必备知识

网购商品的退换货存在不同的原因，特别是新《中华人民共和国消费者权益保护法》实施后，赋予消费者"七天无理由退货"的权利。在这样的背景下，售后客服如何通过自身的努力，降低退货率，提升店铺形象，就显得尤为重要。

消费者退换货的原因有很多，如客服自身的沟通交流、商品质量等，更好地分析、了解消费者退换货的原因，有助于售后客服的沟通过程更具针对性。

网购退换货率高的原因，从根本上说，是消费者的购物心理预期与实际货物相差过大导致的，恶意买货退货的人占少数，而且可以通过一定的技术手段防止其继续购买。

1. 商品质量问题

（1）商品有质量问题，消费者要求退换货。

当这种情况出现后，消费者与卖家协商退货事宜，根据淘宝网的规定，退换货的运费应该由卖家承担。

（2）商品有质量问题，消费者不退货。

这种情况特殊但也多见，很多消费者怕麻烦，或者照常使用商品，就不退货了，所以这样就不会有退货费用该由谁承担的问题。

> **想一想** 分组讨论，如果你是卖家，这样的消费者你会选择如何处理？如果你是店铺的售后客服，你会与消费者进行怎么样的沟通？如何增加消费者的满意度，促使消费者成为你的忠实"粉丝"？

2. 非商品质量问题

（1）店铺包装物选择不当造成商品受损。

不同的商品和不同的区域对于包装物的选择有一定的要求，合适的包装物会更好地保护商品，包装物选择不当容易造成商品的破损、污染等。

（2）快递配送不当。

快递公司由于员工的素质造成的野蛮装卸、恶意换货、私自签收等，配送延时、商品滞留造成生鲜物品损坏，都会导致客户退换货。

3．消费者"后悔"

（1）消费者购买不理性。

消费者在新《中华人民共和国消费者权益保护法》"七天无理由退货"的影响下，购物的谨慎性降低，可能因冲动型购买形成不理性购买。

（2）消费者凑单现象。

部分消费者在"七天无理由退货"和运费险的影响下，为了能凑到一定金额，获取相应的商家优惠或者购物津贴减免，而产生的购买后退货现象。

【案例 6-2】

可以拒绝吗

"双十一"购物节时，王小姐在某大型购物网站上看到一双高跟鞋，款式新颖，价格也很便宜，王小姐毫不犹豫就购买了。收到货后，王小姐觉得这双高跟鞋虽然款式新颖，但颜色跟网页上的图片出入很大，便联系卖家要求退货，并愿意承担来回的运费，却遭到卖家的拒绝。

案例思考：

作为消费者，王小姐已经为自己的错误买单了，那么卖家有理由拒绝吗？如果你是店铺的售后客服，会怎么做？是简单拒绝还是有效沟通？如果你是消费者，又会怎么做？

4．发货错误

卖家在发货过程中因某种原因使发货错误，消费者收到的商品非购买品，造成消费者退换货。

5．"缺斤少两"

卖家在发货过程中因某种原因商品配件短缺、尺码错误，造成消费者退换货。

【案例 6-3】

错发货的困惑

我在网上买了双女鞋，37 号码，回来后看见鞋底有纸标 37 号，我穿了大约两个小时感觉脚太挤，回来再检查鞋时发现纸标下面的鞋底上刻有 36 号的号码，已向客服告知此事，正提交照片，但不知，他会如何处理。在这件事中我应怎样维护自己的权益？

案例思考：

分组讨论，如果你是店铺客服，你会怎么做？怎样才能消除消费者的不满心理？来回运费由谁承担？

6. 价差处理

常见商品退换货产生的价差处理如表 6-3 所示。

表 6-3　常见商品退换货产生的价差处理

退换货原因	费 用 处 理
商品质量	卖家承担
包装不当	消费者承担
野蛮快递	卖家承担，但向快递公司索赔
消费者"后悔"	消费者承担退换货的运费
发货错误	卖家承担
"缺斤少两"	卖家承担

拓展学习

● 通过上网搜索、查阅资料等方式，每位同学收集各类退换货形成的原因、退换货的费用处理，至少收集 3 个案例，填写在表 6-4 中。

表 6-4　退换货处理案例

分　类	案 例 名 称	案 例 来 源	启　示

● 讨论：根据案例进行客服工作处理过程中的模拟训练，除必备知识中的退换货原因外之外，还有其他原因吗？各小组汇总学习结果，推荐代表在班级交流发言。

活动 6.1.3　技能训练：女装的退换货处理

小组合作开展训练，针对商品的退换货流程，依据不同的类别进行训练，其具体要求如下。

1. 退货处理

（1）客户拒签的退货流程是_____

（2）客户主动退货的流程是_____

_____

_____

（3）退货的责任追究：_____

_____

_____

2. 换货处理

（1）能实行换货处理的女装，首先要满足的条件是_____

_____

_____

> **议一议** 如果是客户本身选择不够精确，如尺码偏大、颜色不符、款式不对等情况，而客户也愿意承担相应的责任，但是他是以质量问题为由退换的，你认为可以吗？

（2）你认为哪些情况下可以不需要换货，说明理由_____

_____

_____

3. 折价处理

（1）女装折价处理的条件是_____

（2）在折价处理的过程中，售后客服应该如何与客户沟通？_____

_____

（3）在折价处理过程中要注意什么问题？_____

_____

_____

> **议一议** 怎样才能消除客户因换货而产生的不满？换货过程中如何引导客户给予好评？

4. 退换货原因汇总

售后客服在发生客户退换货处理的过程中，要及时汇总处理、解决问题的具体原因和方法，要特别关注产品质量导致的退换货原因。完成表6-5的填写。

表6-5 退换货原因汇总表（次数）

类 别	产品质量	图片处理	尺寸大小	软文描述	客服沟通	物流配送
主动退货						
换货处理						
折价处理						
客户拒签						

教师点评

✖ 拓展学习

引发退换货的因素你知道吗

店家们都很担心自己的店铺出现退货、换货的现象，因为退换货率一旦高对店铺的影响非常不好，想要知道最常见的引发退换率的因素是什么吗？没错，是尺码不合适，这里仅以服装为例。大多数时候，客户会退货或者换货除质量之外，还有一个很大的因素，就是尺码不合适，因为尺码不合适，质量再好也得退、也得换。有什么办法能降低退换货率呢？

1. 做尺码表的人要见到实物

一般尺码表都会出现在商品的详情页里面，而这个通常由美工来做，要是连美工都没接触过产品，仅凭自己的感觉去制作尺码表，这样做出来的尺码表是不会很准确的（即便美工真的很熟悉服装行业），因为没见过实物，对这个尺寸就没有具体的感受。所以，想要做得准确，还得见到实物才行。

2. 造成测量误差的因素

通常造成测量误差的因素有以下几个。

（1）面料的原因。如羊毛的上衣，面料弹性很大，测量时如果稍微用手扯一下，出来的结果可能就会相差2~3厘米了。在这种情况下可在尺码表的下面备注清楚：平铺测量，因羊毛面料弹性很好，难免会存在1~3厘米的误差。一句话不但可以将商品的卖点（羊毛的弹性）表现出来，还能说清楚误差的因素，一举两得。

（2）测量部位。比如连衣裙的胸围，有的人量腋下，有的人量腋下10厘米处，最好是在尺码表附近说清楚是怎么测量的，因为有时候测量示意图不能标示明白的东西，多写上一句话效果可能会更好。

（3）衣服的新旧。测量过的棉质的衣服、崭新的产品或试穿过的商品，尺寸差个几厘米是很正常的，如果发给客户的衣服都是崭新的话，那么测量的衣服也应该是新的。对于伸缩性比较强的衣服，如棉、羊毛等材质的衣服，最好拿出量一下，减少误差。

（4）商品批次。这个属于做工的范畴，同样的东西，不同的批次，尺码都可能会略有误差。这就要求美工做的时候不要把尺码表做成图片格式，直接做成表格，文字和数字修改起来都很方便。

3. 说清楚尺码误差是在可允许的范围内，不属于质量问题

4. 可以给客户尺码参考

一般大家见得多的都是试穿报告，建议这些数据直接从已经确认收货的客户那里提取。

5. 一般建议不要给客户尺码建议

不要轻易给客户建议尺码，如果客户要求，可以提供几个尺码，让客户自己选择。当客户问客服身高 160 厘米、体重 100 斤穿什么尺码的裤子合适时，客服不要想当然，也许客户腿比较长。给尺码参考，就一定要有真实的参考价值，但不要给尺码建议。这两部分是相辅相成的。

很多淘宝店都是因为退换货率太高而影响到店铺的运营，这是尺码不合适造成的，现在通过上面的方法提醒，同学们应该都知道怎么减少这种情况的发生了吧！

任务 6.2 学会正确处理客户投诉

问题引入

随着越来越理性消费的客户数量的增多，客户对店铺的投诉也在不断增加，售后客服采用即时聊天工具与客户进行有效沟通，及时处理各类投诉，树立店铺的良好形象，张明对售后客服投诉处理还有很多不解，你觉得如何处理效果更好？

_____

_____

_____

你知道吗？

吸引一个新客户的费用是保持一个老客户费用的 5 倍；一个忠实的客户所带来的持续消费、关联性消费、介绍他人消费等是一次性客户消费量平均额的 N 倍；80% 的生意来自 20% 的客户。调查资料表明：70% 的客户，如果在一家店铺里的服务体验不好，那么他们将不再光顾这家店铺。不满意的客户中只有 4% 的客户会投诉，96% 的客户从不投诉，但是 90% 的客户永远不会再购买这家店铺的商品了。不要以为没有投诉就万事大吉，因为店家可能不知道为什么客户不来购买商品了。客户投诉不但要处理，还要及时处理。用适当的方式处理客户的投诉与问题，可以让客户成为店铺的忠实客户。

活动 6.2.1　了解客户投诉的原因

做中学

● 小组合作，在百度或搜狗等搜索引擎进行资料查找，2019 年天猫"双十一"销售额前 10 名近 30 天的退款及投诉情况，将搜索结果填入表 6-6 中。

表 6-6　天猫"双十一"销售额前 10 名近 30 天的退款及投诉情况

销 售 排 名	品牌或企业	退 款 率	退 款 次 数	投 诉 率	投 诉 次 数
1					
2					
3					
4					
5					
6					
7					
8					
9					
10					

● 讨论：在繁荣的"双十一"背后，居高的投诉率和投诉次数说明了什么问题？针对存在的问题，结合教材中的必备知识，售后客服应该如何处理？小组讨论并推荐代表课内交流。针对这样的情况，撰写一篇你认为如何改变这一现象的短文。

必备知识

客户意识到不满抱怨（潜在化投诉），当有外界原因触发加剧不满的时候就形成了投诉。客户遇到问题时就要进行投诉以保护自己的合法权益。

当今社会客户投诉情况发生的频率越来越高，这是一种进步的表现，也促使商家竞争更为激烈，产品质量更好，服务态度更好。

1. 客户投诉

客户投诉是客户由于商家的产品质量问题、服务态度等各方面的原因，向商家主管部门反映情况，检举问题，并要求得到相应的补偿的一种手段。

当客户购买或使用商品和服务时，对商品本身和客服服务都抱有良好的期望，当期望和要求都得不到满足时，心理就会失去平衡，由此产生的抱怨和不满行为就是客户投诉。

2. 投诉类型

1）友善型客户

策略：提供最好的服务，不因为对方的宽容和理解而放松对自己的要求。

点评：这类客户比较常见，正常交流，热心接待就好。

2）独断型客户

策略：小心应对，尽可能满足其要求，让其有被尊重的感觉。

点评：这类客户相对来说会比较难沟通，客服说什么他都有自己的想法，要先给予他足够的尊重。

3）分析型客户

策略：真诚对待，做出合理解释，争取对方的理解。

点评：这类客户只要客服不投机耍滑、偷换概念其实还是很容易沟通的，真心实意为客户着想去营销（当然别忘了还要赚钱哦）。

4）自我型客户

策略：客服要学会控制自己的情绪，以礼相待，为自己的过失真诚道歉。

点评：这类客户比较类似于独断型客户，不过更具有攻击性，客服不要因为某些不当言论影响了自己的好心情。

3. 解决投诉客户的意义

（1）在没有平息委屈和解决困难的客户中有 89% 的客户不会再回来。

（2）一个烦恼的客户会把他的不满意告诉 9 个人。

（3）如果客服积极地解决了客户的抱怨，75% 的客户会再回来寻求你的帮助。

（4）如果客服当场积极地解决了客户的抱怨，95% 的客户仍会寻求你的帮助。

4. 解决客户投诉的原则

解决客户的投诉要秉承双赢原则。

（1）对客户投诉的正确认识：投诉客户的抱怨是很常见的。

（2）处理时一定要树立"客户第一"的思想：不能本能地为自己辩护，要让客户知道你确实在听，简要地复述客户的问题，并应感激客户提出了意见，询问他是否还有不满意的地方。

5. 客户投诉处理要求

客户投诉处理解决可分为 4 个阶段：接受投诉阶段、解释澄清阶段、提出解决方案阶段、回访阶段。每个阶段的要求如下。

（1）接受投诉阶段的要求：①认真倾听，保持冷静，同情、理解并安慰客户；②给予客户足够的关注和重视；③明确告诉客户等待的时间，一定要及时将处理结果反馈给客户；④注意对事件全过程仔细进行询问，语速不宜过快，要做详细的投诉记录。

（2）解释澄清阶段的要求：①不与客户争辩或一味寻找借口；②注意解释语言的语调，不要让客户有受轻视、冷漠或不耐烦的感觉；③换位思考，易地而处，从客户的角度出发，做合理的解释或澄清；④不要推卸责任，不得在客户面前评论公司、其他部门、同事的是非；⑤当没有彻底了解清楚客户投诉的问题时，不要将问题反映到相关人员处，避免出现"车轮战"的局面；⑥如果确实是公司的原因，必须诚恳道歉，但是不能过分道歉，注意管理客户的期望，同时提出解决方案。

（3）提出解决方案阶段的要求：①可按投诉类别和情况，提出相应解决问题的具体解决方案；②向客户说明解决问题所需要的时间及其原因，如果客户不认可或拒绝接受解决方案，坦诚地向客户表示公司的规定；③及时将需要处理的投诉记录传递给相关部门处理。

（4）回访阶段的要求：①根据处理时限的要求，注意跟进投诉处理的进程；②及时将处理结果反馈给投诉的客户；③询问客户对处理结果的满意程度。

6．客户投诉后期望得到公平的对待

公平对待的含义有3种：结果公平、过程公平、相互对待公平。

（1）结果公平：客户希望结果或赔偿能与其不满意水平相匹配，赔偿结果采用双方友好协商的形式商定。

（2）过程公平：除公平赔偿之外，客户还希望投诉过程的政策、规定和时限公平。

（3）相互对待公平：除对公平赔偿、快速处理的期望之外，客户还希望被有礼貌地、细心地和诚实地对待。

7．解决客户投诉的步骤

解决客户投诉时客服应先处理客户的心情再处理事情，具体的步骤如下。

（1）迅速接受客户投诉，决不拖延。

（2）了解客户的情况，平息客户的怒气、怨气。

（3）总结并澄清问题，让客户把情绪宣泄出来。

（4）提供选择，关注解决方案，探讨解决问题的方式，寻求补救措施。

（5）在方案上达成共识并采取行动。

（6）感谢客户，表示诚意（歉意）。

（7）跟踪并监控问题的执行。

8．如何看待投诉客户

（1）客服应该将投诉客户视为感恩的对象。

（2）投诉是客户送给客服最宝贵的礼物。

（3）如果是难缠的客户，客服可以从中学到很多东西，从而反省自己、改变自己。

（4）如果不妥善解决，就会失去客户对公司的信任。

（5）恰当地处理客户投诉的问题可以成功地培育出一个忠实的高消费能力的客户与其所在的客户群。

（6）客户投诉与需要处理的问题一般来讲都是客服一直在努力解决的事情。

（7）把客户的抱怨、倾诉、投诉当作客户与客服交流的渠道，此渠道中有不少有价值的信息。

读一读

2020 年 4 月 22 日，依据国内唯一电商专业消费调解平台"电诉宝"（315.100EC.CN）2020 年 Q1 受理的全国 319 家电商用户消费纠纷案例大数据，网经社电子商务研究中心发布了《2020 年 Q1 中国电子商务用户体验与投诉监测报告》。2020 年 Q1 国内网购投诉占比 58.24%，相比于 2019 年 Q1 占比 50.53% 有所增加，跨境网购为 8.14%，在线差旅为 5.98%，网络支付为 3.29%，物流快递为 3.06%，网络订餐为 1.23%，网络传销为 1.01%，分期消费为 0.71%，银行电商为 0.34%，P2P 网贷为 0.26%，网络打车为 0.08%，其他类为 6.61%。

2020 年 Q1 共计受理 319 家主流电商平台用户投诉。其中，零售电商为 209 家，生活服务电商为 69 家，金融科技平台为 15 家，电商物流企业为 19 家，B2B 为 7 家。

2020 年 Q1，来自以下地区的用户投诉最为密集，分别是广东（12.03%）、江苏（8.29%）、山东（7.14%）、北京（6.50%）、浙江（5.68%）、上海（5.57%）、四川（5.08%）、河北（4.30%）、辽宁（4.15%）和河南（3.92%），为"全国十大热点电子商务投诉地区"。

2020 年 Q1，全国网络消费前三热点投诉问题依次为退款问题（30.82%）、发货问题（12.66%）和商品质量问题（8.22%），这类问题直接影响用户体验，需引起重视。

议一议 从上面的数据中你发现了什么问题？客户投诉的背后意味着什么？你认为客服如何做才能减少客户投诉？

拓展学习

小组合作学习，针对店铺的实际情况，了解客户投诉的原因。

● 登录百度、一搜、搜狗等搜索引擎，搜索"电子商务客户投诉案例"词条，查找相关案例进行点评。

● 利用以上搜索引擎中的一种，查找客户投诉的原因，并将相关内容填入表6-7中。

表 6-7　客户投诉的原因

投 诉 类 别	投 诉 原 因	处 理 结 果

将投诉原因归类后，小组交流形成处理结果，将各类不同原因的处理结果推荐代表在课内进行交流。

投诉原因描述：＿＿＿＿＿＿＿＿＿＿＿＿＿＿＿＿＿＿＿＿＿＿＿＿＿＿＿＿＿＿＿＿＿＿

＿＿

＿＿

处理结果：＿＿＿＿＿＿＿＿＿＿＿＿＿＿＿＿＿＿＿＿＿＿＿＿＿＿＿＿＿＿＿＿＿＿＿＿＿

本小组推荐的代表：＿＿＿＿＿＿＿＿＿＿＿＿＿＿＿＿

活动 6.2.2　熟悉处理客户投诉的技巧

做中学

● 结合自己店铺的商品实际状况，利用搜索引擎（如百度、搜狗等）查找有关客户投诉的处理案例，将售后客服处理的结果进行记载，小组同学之间相互进行交流，了解客户投诉后对结果的满意程度和对店铺的影响。

案例摘录：＿＿＿＿＿＿＿＿＿＿＿＿＿＿＿＿＿＿＿＿＿＿＿＿＿＿＿＿＿＿＿＿＿＿＿＿

投诉原因：＿＿＿＿＿＿＿＿＿＿＿＿＿＿＿＿＿＿＿＿＿＿＿＿＿＿＿＿＿＿＿＿＿＿＿＿

处理结果：＿＿＿＿＿＿＿＿＿＿＿＿＿＿＿＿＿＿＿＿＿＿＿＿＿＿＿＿＿＿＿＿＿＿＿＿

满意程度：＿＿＿＿＿＿＿＿＿＿＿＿＿＿＿＿＿＿＿＿＿＿＿＿＿＿＿＿＿＿＿＿＿＿＿＿

店铺影响：＿＿＿＿＿＿＿＿＿＿＿＿＿＿＿＿＿＿＿＿＿＿＿＿＿＿＿＿＿＿＿＿＿＿＿＿

● 结合教材中的必备知识，设计一份针对本网店的客户投诉处理工作手册，结合客户投诉的要点进行整理归类，小组课间交流。

必备知识

有些客户看似不讲道理，然而从根本上，他是理智的、讲道理的，只是缺少沟通，缺少客服与客户的深度交流。正确处理客户的投诉，可以让客户成为"口碑营销"的传播者。

1. 投诉客户的一般分类

1）易怒的客户：脾气比较暴躁

处理方法：针对这样的客户，要"以柔克刚"，要多沟通，让客户认识到自己的错误，或是客服因什么原因造成的问题等，妥善地解决。这类客户容易成为忠实的口碑传播者，所以，客服不要吝啬自己温暖的语言和真诚的道歉。

2）古怪的客户：性情难以琢磨

处理方法：由着他的性子来。越是来投诉的客户，越方便客服与客户进行"感情"交流，可以增加客户对商品的认可程度。

3）贪小便宜的客户：强词夺理

处理方法：这类客户因为贪图小便宜，所以表现自己"上帝"的地位，来"拿"认为是该拿的。应对此类的客户，如果道理讲不通，可以通过自己的实力和职业精神来应对。

4）知识分子型的客户：不温不火，头头是道

处理方法：这样的客户本身具有一定的知识，这就要求客服从知识方面入手，与客户交流切磋，若处理得当，或许这样的客户还会带来一些意想不到的收获。

5）素质差的客户：不懂得欣赏

处理方法：此类客户投诉时，甚至还可能把商品骂得一文不值，但不要着急，他们缺少的只是对商品的认识和认可，客服可以根据其需要着重对其服务。

6）喋喋不休的客户：总是说个没完

处理方法：针对这样客户的投诉，客服要听他的"唠叨"，要让他感觉到只要听到他的"唠叨"客服就能完美地解决事情。如果这类客户在精神上得到了满足，就可能为店铺做免费广告。

2. 客户投诉处理技巧

（1）保持冷静，避免个人情绪受困扰。

（2）从积极方面去想，并采取积极的行动。

（3）只讲客户希望知道的，而不是客服想讲的。

（4）集中研究解决问题的办法，而不是运用外交辞令（熟记各种可行的办法，并向客户提出适当的建议）。

（5）避免提供过多不必要的资料或假设。

（6）要充满信心。

（7）即使客户粗鲁无礼，也要保持耐心和同情。

（8）多用类似下列的语句。

① 谢谢您的提醒，我们会注意的。

② 谢谢您告诉我们。

③ 我们明白您的困难/问题。

④ 如果我是您，我也可能会这么做。

⑤ 造成这样的问题我们非常抱歉。

3. 处理客户投诉的措施

先要找到合适的方式与客户进行交流。客户在投诉时会表现出情绪激动、愤怒，甚至对客服破口大骂。实际上，这是一种发泄，把自己的怨气、不满发泄出来，客户忧郁或不快的心情便得到释放和缓解，从而维持了心理平衡。此时，客户希望得到同情、尊重和重视，因此客服应立即向其表示道歉，并采取相应的措施。

1）快速反应

客户认为商品有问题，一般会比较着急，怕不能得到解决，自然会不太高兴。这时客服要快速反应，记下他的问题，及时查询问题发生的原因，及时帮助客户解决问题。即使有些问题不是马上能够解决的，也要告诉客户会马上给他解决，现在就给他处理。

2）热情接待

客户收到商品后过来反映问题，客服要比交易时更热情接待，这样客户就会认同你，人的认同是良好有效沟通的开始，客户的满足感会促使他再次购买。

3）表示愿意提供帮助

"让我看一下该如何帮助您，我很愿意为您解决问题。"

客服解决客户正在投诉的问题，体贴地表示乐于提供帮助，自然会让客户感到安全、有保障，从而进一步消除客户的对立情绪，形成依赖感。

4）引导客户思绪

客服有时候会在道歉时感到不舒服，因为这似乎是在承认自己有错。其实，"对不起"或"很抱歉"主要表明客服对客户不愉快经历的遗憾与同情。同时，客服也可以运用有效的方法来引导客户的情绪，化解客户的愤怒。

（1）"何时"法提问。

降低客户的愤怒，可以做到有效进行沟通，有利于矛盾的解决。对于客户的抱怨，应当用一些"何时"问题来冲淡客户的不良情绪。

客户："你们根本是瞎胡搞，不负责任才导致了今天的烂摊子！"

客服："您什么时候开始感到我们的服务没能及时替您解决这个问题？"

（2）转移话题。

当客户按照他的思路在不断地发火、指责时，可以抓住客户投诉的内容扭转方向，缓和气氛。

客户："你们这么搞把我的日子彻底打乱了，你们的日子当然好过，可我还上有老下有小啊！"

客服："我理解您，您的孩子多大啦？"

客户："嗯……6岁半。"

（3）间隙转折。

暂时停止对话，特别是在客服也需要找有决定权的人做一些决定或变通的时候。

（4）给定限制。

有时客服虽然做了很多尝试，但客户依然出言不逊，甚至不尊重客服的人格，客服可以转而采用较为坚定的态度给客户一定限制。

> **想一想** 分组讨论，如果你是店铺客服，你会怎么对话？减少客户的投诉你觉得还有什么方法？

5）认真倾听

客户投诉商品有问题，不要着急去辩解，而要耐心听清楚商品问题的所在，然后记录下客户的用户名、购买的商品，这样便于客服去查找当时的记录。和客户一起分析问题出在哪里，才能有针对性地找到解决问题的办法。

在倾听客户投诉的时候，不但要听他表达的内容还要注意他的语调与音量，这有助于客服了解客户语言背后的内在情绪。同时，要通过解释与澄清，确保客服能真正了解客户的问题。

【案例6-4】

对客户的真诚和尊重

客服："您好，我是本店的××号售后客服，很高兴为您服务。请稍等，我看一下您之前与我们店沟通的聊天记录，方便更好地了解问题。"

客户："好的，希望你们店能给我一个解决办法。"

客服："我了解了一下这个问题，您是说在咱家购买的这款小冰箱制冷出了问题，今天早上小冰箱温度回到了常温，后来重新启动以后就恢复正常了，对吗？"

客户："是的，就是这样的，你们产品质量有问题，导致我放在冰箱里的东西变质了。"

客服："亲，如果冰箱还能正常启动并且工作，就没有问题的。您不妨考虑一下您家电压是否正常，因为在夏天部分偏远地区会发生停电或者电压不正常的情况，会发生您说的这种问题，这一点在说明书中也有说明哦。（微笑表情）"

客户："哦，原来是这样，我家在农村，是会发生电压不稳的情况。"

客服："好的呢，不要担心，如果这个电压不稳情况经常发生，这边建议您购买一个稳压器，也可以更好地保护您家里别的电器。"

认真倾听客户讲话，向客户解释他所表达的意思并请教客户我们的理解是否正确，都是向客户表明了你的真诚和对他的尊重。同时，这也给了客户一个重申清晰意图的机会。并且只有认真倾听客户讲话，才能更好地为客户解决问题，完成一个完美的售后服务。

6）认同客户的感受

客户在投诉时会表现出烦恼、失望、泄气、愤怒等，客服不应当把这些表现理解成对你个人的不满。客户的情绪是完全有理由的，理应得到极大的重视和迅速、合理的解决方法。所以，要让客户知道客服非常理解他的心情，关心他的问题，如"王先生，对不起，让您感到不愉快了，我非常理解您此时的感受"。

无论客户是否正确，至少在客户的世界里，他的情绪与要求是真实的，只有与客户的世界同步，才有可能真正了解他的问题，找到合适的方式与他交流，从而为成功地处理投诉奠定基础。

7）安抚和解释

首先，客服要站在客户的角度想问题，设想如果是自己遇到这个问题会怎么做、怎么解决，所以要跟客户说："我同意您的看法。""我也是这么想的。"这样会让客户对你更加信任。

此外，沟通时的称呼也是很重要的，客服代表的是公司，所以对自己这边的称呼要以"我们"来称呼，对客户也可以说"我们"，这样会更亲近，对客户也要以"您"来称呼，表现专业和礼貌。

8）诚恳道歉

不管是什么原因造成客户不满，都要诚恳地向客户致歉，对因此给客户造成的不愉快和损失道歉。如果客服已经非常诚恳地认识到自己的不足，客户一般也不会继续不依不饶。

9）提出解决方案

对于客户的不满，要及时提出解决方案，并且明确告诉客户，让客户感觉到客服在为他考虑，为他弥补，并且很重视他。一个及时有效的解决方案，往往能让客户的不满转化成满意和感谢。

针对客户投诉的情况，客服在提供解决方案时要注意以下几点。

（1）为客户提供选择。通常一个问题的解决方案不是唯一的，给客户提供选择会让客户感受到尊重。同时，客户选择的解决方案在实施时也会得到客户的认可和配合。

（2）诚实地向客户承诺。因为有些问题比较复杂或特殊，客服不确定该如何为客户解决时，不要向客户做任何承诺，而要诚实地告诉客户，会尽力寻找解决的方法，但需要时间，然后约定给客户答复的时间。客服一定要确保准时给客户答复，即使到时仍不能解决问题，也要向客户解释问题进展，并再次约定答复时间。客服的诚实会更容易得到客户的尊重。

（3）适当地给客户一些补偿。客服一定要灵活处理，需要注意的是，将问题解决后，一定要改进工作，以避免今后再发生类似的问题。

10）通知客户并及时跟进

给客户采取什么样的解决方案，现在进行到哪一步，都应该告知客户，让客户了解客服的工作，了解客服为他付出的努力。当客户发现商品有问题后，首先担心能不能得到解决，其次担心需要多长时间才能解决，当客户发现解决方案及时有效，而且客服也很重视时，就会感到放心。

4. 处理客户投诉时应有的态度及常用语句

1）耐心聆听

让客户觉得客服是关心其投诉并做出相应反应的，客服以不同的语句重复其主要论点。常用语句：好的，我明白了；我明白您的意思；×先生/小姐，我很明白您现在的心情；明白了，您的问题我刚详细记录下来了。

2）投诉客户显示不快时

客服应先向客户致歉以平息其怒气，方便事件的处理。常用语句：对不起，×先生/小姐；×先生/小姐，我非常抱歉，还请您原谅；×先生/小姐，我听到这件事也觉得非常抱歉，是我们做错了，影响了您的购买体验，对不起。

3）错在我方

必须向对方道歉并保证立即采取补救行动。常用语句：×先生/小姐，发生这件事，我觉得十分抱歉，但我会马上尽力补救，尽力帮您解决这个问题。

4）当需要做出承诺时

向客户保证不会再犯同样的错误。常用语句：希望您能相信我，我保证不会有同样事情发生（此时客服可以告知客户自己的工号或姓名，增强客户的购买信心，"我是××，出现任何问题您都可以找我"）。

5）亲近客户

客服要让客户明白自己是真心帮助他/她的，提出解决办法。常用语句：×先生/小姐，这其实是最好的解决方法，不过如果您认为不方便的话，我建议……您看我们可不可以这样安排……

6）婉转拒绝

售后客服要有礼地解释其中理由。常用语句：×先生/小姐，真对不起，这件事只可以在……情况下才可以；×先生/小姐，真不好意思，请恕我们无法办到，因为……；×先生/小姐，真不好意思，这件事只怕暂时帮不了您，因为……；×先生/小姐，多谢您能打电话来，我很乐意向您解释这件事；×先生/小姐，这件事请恕我无法帮忙，希望下次可以帮上您的忙；×先生/小姐，您的问题我详细记录了，我会及时反映给相关部门，希望在您下次购买时能处理您遇到的同类问题。

7）婉转处理

客服若需要比你级别高的人来处理投诉，要让对方知道会找相关人员处理有关问题。常用语句：×先生/小姐，这件事请恕我无法帮助您，不过我可以请我的上司跟您谈谈，好吗？

5. 处理反对意见

客户提出反对意见是常见的情况，但是客服要把反对意见视作考验而加以克服，对于客户的反对意见，要及时处理。客户提出反对意见的类型及处理方法如下。

（1）第一类：误会客服的意见，起因在于缺乏沟通。

① 以发问方式重复客户所提出的反对意见，等待回答。

② 立即澄清（重复客户的意见可使对方知道客服真正明白他的反对意见，并唯有聆听客户的反对意见，才可帮助客服更加了解客户的反对意见并表示尊重）。

③ 加强沟通练习，提高沟通成效。

（2）第二类：合理的反对意见。客户认为客服提出的建议对本身并无效益或对建议无好感。

① 以技巧的反问方式重复客户所提出的反对意见，等待回答。

② 每次均以商议或发问作结（提出构思或解决方法，以降低反对意见的严重性）。

（3）第三类：不合理的反对意见。客户只不过喜欢无中生有或纯粹为难你。

① 以发问方式重复客户所提出的反对意见，等待回答。

② 任由客户发表意见，切不可与客户争辩。

想一想 处理客户投诉具有挑战性，你觉得还有其他处理技巧吗？你能把那些处理技巧归并整理吗？针对自己的店铺，你认为还应该增加什么处理技巧？

✖ 拓展学习

● 请用小组合作的方式，线上线下查找不同类目的商品店铺客户投诉的成功处理案例，把结果填入表6-8中。

表6-8　不同类目商品的投诉处理

类　目	店铺名称	投诉原因及处理结果
服饰鞋包		
食品/保健		

类　　目	店 铺 名 称	投诉原因及处理结果
家居用品		
家用电器		
通信设备		

● 查阅相关的教材和培训材料，摘录知识描述，小组讨论，结合自身店铺的实际，将你认为有帮助的知识进行整理，推荐代表课内交流。

活动 6.2.3　打造优质售后服务

做中学

● 利用搜索引擎上网查找，并结合自身店铺的实际情况，小组进行交流，列出优质售后服务的关键点，以知识点或短文的方式进行课内展示。

● 你觉得优质的售后客服该做哪些事情？客户关怀该怎么做？

● 结合教材中的必备知识，依据自己店铺的实际情况完成以下任务。

针对老客户采取的措施：_____

_____

_____

物流快递的沟通方式：_____

_____

_____

优质客户的关怀：_____

_____

_____

必备知识

售后服务是售后重要的环节，已经成为企业保持或者扩大市场份额的要件。从服务体系而言，产品的售后服务，既有生产厂商直接提供的，又有经销商提供的，但更多是以厂家、商家合作的方式展现给客户的。售后服务的优劣影响客户的满意程度。客观地说，优质的售后服务是品牌经济的产物，名牌产品的售后服务往往优于杂牌产品的售后服务。作为网店，如果无法阻止客户的流失，那就意味着网店将永远无法做大。那么，如何做才能阻止客户的流失呢？笔者认为首先要弄清楚客户流失的原因，然后对症下药，采取相应的有效措施，加以阻止，具体如下。

1. 导致客户流失的因素

客户的需求不能得到切实有效的满足往往是导致客户流失的关键因素，一般表现在以下几个方面。

（1）店铺商品质量不稳定，客户利益受损。

很多店铺开始做的时候会选择质量好、价位稍高的商品来销售，但时间久了，商家会发现有些劣质商品，只要图片漂亮一样好卖，于是改换劣质商品充当高档商品卖高价位，这样一来，客户肯定会流失很多。

（2）店铺缺乏创新，客户"移情别恋"。

任何商品都有自己的生命周期，随着网上购物平台市场的成熟及商品价格透明度的增高，商品带给客户的选择空间也越来越大。若店铺不能及时对商品进行创新，客户自然就会寻找其他店铺的商品，毕竟买到性价比最高的具有新意的商品才是客户所需要的。

（3）客服服务意识淡薄。

客服傲慢，客户提出的问题不能得到及时解决，客户咨询无人理睬，客户投诉无人处理，客服回复留言语气生硬，客服接听电话支支吾吾，客服回复邮件草草了事，客服工作效率低下也是导致客户流失的重要因素之一。

（4）员工跳槽，带走了客户。

店铺都是小规模雇人经营，员工流动性相对较大，而商家在客户关系管理方面不够细腻、规范，客户与客服之间的桥梁作用就被发挥得淋漓尽致，而商家对客户影响相对乏力，一旦客服摸清进货渠道，在网上自立门户，以低价位进行恶性竞争，客户就会随之而去。

（5）客户遭遇新的诱惑。

市场竞争激烈，为能迅速在市场上获得有利地位，竞争对手往往会不惜代价搞低价促销、做广告来吸引更多的客源，客户"变节"也不是什么奇怪现象。

另外，个别客户自恃购买次数多，为买到网上的最低价格商品，每买一件商品都搜索最低价来对比，否则就以"主动流失"进行要挟，客服满足不了他们的低价要求，客户就会流失。

2. 防范客户流失的措施

找到导致客户流失的因素，至于如何防范，店铺还应结合自身情况"对症下药"才是根本。一般来讲，店铺应从以下几个方面入手来堵住客户流失的缺口。

（1）实施全面质量营销。

① 进行商品质量管理。树立全员质量营销的意识，加强商品生产过程质量监控，确保商品质量的长期稳定，并不断加以改善。

② 提高服务质量。首先要树立客户至上的意识，客户是店铺生存的根本，客服一定要认

识到客户满意的重要性，只有认识到了其重要性，才能真正为客户着想，处处使客户满意；企业还要建立无客户流失文化，并将其渗透到客服的观念里，贯彻到行动中。其次要把店铺的服务理念灌输在行动中。

③ 降低客户经营成本。一是通过改进商品，提高商品的总价值。二是通过改善服务和促销网络系统，减少客户购买商品的时间、体力和精力的消耗，从而降低货币和非货币成本。

④ 不断完善店铺服务。及时发现店铺存在的问题，并不断加以改进。同时增加额外服务，完善服务，留住客户。

（2）提高市场反应速度。

① 善于倾听客户的意见和建议。客户与店铺是一种平等的交易关系，在双方都能获利的情况下，店铺还应尊重客户，认真对待客户提出的各种意见和抱怨，迅速将解决方法及结果反馈给客户，并提请其监督，提高客户的信任度与忠诚度。客户意见是店铺创新的源泉，聆听客户信息，以此进行创新，促进企业更好的发展。

② 建立强力督办系统，快速解决问题。客户建议若能及时采纳，则会对工作产生更大的推动作用，建议是否落实、工作是否改进和解决问题的快慢关系重大，因此必须建立强有力的工作督办系统，及时检查督促交办任务的落实情况，加快问题的处理和工作的改进。

③ 建立客户投诉和建议制度。95%的客户不满意是不会投诉的，仅仅是停止购买，最好的方法是方便客户投诉。

④ 建立预测系统，为客户提供有价值的信息。一方面预测短期内市场需求的变化，及时在商品涨价前通知客户增加购买数量，在商品准备降价时通知客户减少购买数量；一方面预测竞争对手可能会做出的反应。

（3）与客户建立关联。

① 向客户灌输长远合作的好处。店铺与客户的合作过程中经常会发生很多短期行为，这就需要店铺对客户灌输长期合作的好处，对短期行为进行成本分析，指出短期行为不仅给店铺带来很多不利，而且给客户本身带来了资源和成本的浪费。

② 向客户描绘店铺发展的远景。店铺应该向客户充分阐述店铺的美好远景，使客户认识到只有跟随店铺才能够获得长期利益。

③ 与客户进行深入的沟通。店铺应及时将经营战略与策略的变化信息传递给客户，同时把客户对店铺商品、服务及其他方面的意见和建议收集上来，把其融入店铺各项工作的改进当中。加强对客户的了解，掌握客户资料，经常进行客户满意度的调查，以了解客户对店铺的印象。

④ 优化客户关系。感情是维系客户关系的重要方式，日常的拜访、节日的问候都会使客户深受感动。售后客服还需与客户保持联系，以确保他们的满意持续下去。

> **想一想** 一个优秀的售后客服应该具有哪些特质？该做哪些事情？你如何把自己打造成一个优秀的售后客服？

✗ 拓展学习

● 针对自身店铺或者你所了解的店铺实际状况，说一说处理客户投诉的过程是怎样的？作为小组案例进行讨论。

● 当你的店铺中发生客户给予中差评的情况时，你是如何进行有效沟通的？沟通的结果如何？作为小组案例写出反思。

● 你觉得对店铺的VIP客户在哪些时间点要做客户关怀，该做什么？

活动6.2.4 技能训练：客户投诉的危机处理

1. 店铺中差评的修改

结合店铺实际，参照图6-5，小组合作开展训练，具体要求如下。

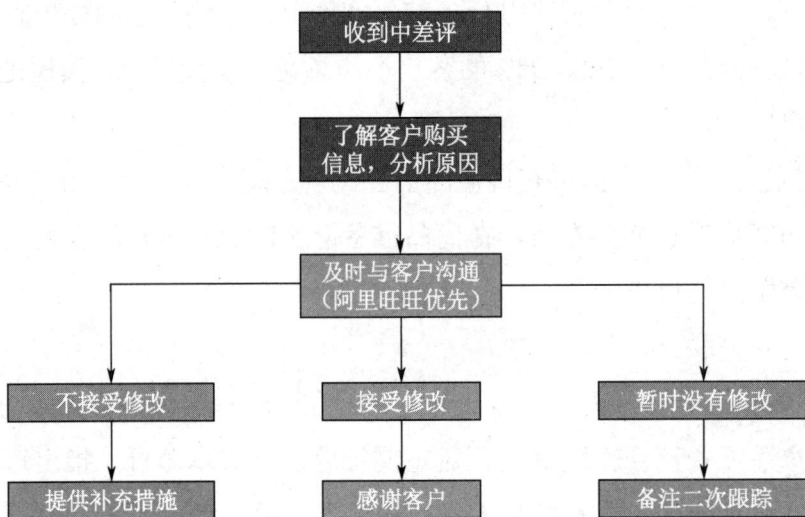

图6-5 店铺中差评的修改流程

（1）采用什么方法了解客户购买信息并分析原因？_____

_____

> **议一议** 客户给予中差评的原因可能有很多，如商品质量、反悔、物流问题、有意刁难等，你会如何确定？如果是恶意差评，你该怎么办？

最终确定的原因是_____

_____

（2）针对 3 种不同情况，你采取的措施分别是什么？

不接受修改的措施是＿＿＿＿＿＿＿＿＿＿＿＿＿＿＿＿＿＿＿＿＿＿＿＿＿＿＿

＿＿＿＿＿＿＿＿＿＿＿＿＿＿＿＿＿＿＿＿＿＿＿＿＿＿＿＿＿＿＿＿＿＿＿＿＿

接受修改的措施是＿＿＿＿＿＿＿＿＿＿＿＿＿＿＿＿＿＿＿＿＿＿＿＿＿＿＿＿＿

＿＿＿＿＿＿＿＿＿＿＿＿＿＿＿＿＿＿＿＿＿＿＿＿＿＿＿＿＿＿＿＿＿＿＿＿＿

暂时没有修改的措施是＿＿＿＿＿＿＿＿＿＿＿＿＿＿＿＿＿＿＿＿＿＿＿＿＿＿＿

＿＿＿＿＿＿＿＿＿＿＿＿＿＿＿＿＿＿＿＿＿＿＿＿＿＿＿＿＿＿＿＿＿＿＿＿＿

> **想一想**　换位思考，如果你是客户，收到商品想给予中差评时，你希望客服怎么做？怎样才能消除你的不满换取好评？

2. 客户投诉

发生客户投诉时，你的处理程序和处理流程是＿＿＿＿＿＿＿＿＿＿＿＿＿＿＿＿＿＿

＿＿＿＿＿＿＿＿＿＿＿＿＿＿＿＿＿＿＿＿＿＿＿＿＿＿＿＿＿＿＿＿＿＿＿＿＿

＿＿＿＿＿＿＿＿＿＿＿＿＿＿＿＿＿＿＿＿＿＿＿＿＿＿＿＿＿＿＿＿＿＿＿＿＿

＿＿＿＿＿＿＿＿＿＿＿＿＿＿＿＿＿＿＿＿＿＿＿＿＿＿＿＿＿＿＿＿＿＿＿＿＿

> **议一议**　作为一名售后客服，你觉得最难处理的客户投诉是什么？怎样处理才能让客户接受？

3. 平台处罚

发生平台处罚时，你的处理程序和流程是＿＿＿＿＿＿＿＿＿＿＿＿＿＿＿＿＿＿＿

＿＿＿＿＿＿＿＿＿＿＿＿＿＿＿＿＿＿＿＿＿＿＿＿＿＿＿＿＿＿＿＿＿＿＿＿＿

＿＿＿＿＿＿＿＿＿＿＿＿＿＿＿＿＿＿＿＿＿＿＿＿＿＿＿＿＿＿＿＿＿＿＿＿＿

＿＿＿＿＿＿＿＿＿＿＿＿＿＿＿＿＿＿＿＿＿＿＿＿＿＿＿＿＿＿＿＿＿＿＿＿＿

> **教师点评**

▰▰ 项目小结 ▰▰

通过本项目的学习，我们认识到电子商务售后客服技巧的形成有助于提升店铺形象，能更好地促进商品销售。但真正的销售始于售后服务。所谓售后服务，就是在商品出售以后所提供的各种服务活动。从营销工作来看，售后服务本身也是一种促销手段。在追踪跟进阶段，客服要采取各种形式的配合步骤，通过售后服务来提高企业的信誉，扩大产品的市场占有率，提高客服工作的效率及效益。

电子商务售后客服所提供的服务一般包括商品退换货的处理、商品退换货的价差处理、解决客户投诉、打造优质售后等几个大的方面。即要做好以下事情：满足客户退换货的需求、做好退换货的价差处理、正确处理客户投诉、做好 VIP 客户关怀、提升店铺形象。优秀的售后客服要与售前客服、售中客服做好对接，与客户做好互动，同时更要熟悉平台处罚的规则，对于客户给予的中差评和投诉，要有良好的沟通解决方法，好的售后客服是企业成功的关键。通过学习本项目关于退换货流程和处理客户投诉的技巧，在帮助我们解决客户售后问题的同时还能取得交易的成功。

项目 7
电子商务客服交易风险防范

通过学习本项目，你应该能够：

（1）了解电子商务客服面临的一些交易风险；

（2）掌握电子商务客服对于常见交易风险基本的防范措施；

（3）了解电子商务交易安全技术；

（4）构建电子商务交易网络安全系统；

（5）掌握数字证书的安装和使用；

（6）了解电子商务法律法规；

（7）掌握电子商务零售平台常见的交易规则。

2020 年 4 月 28 日，中国互联网络信息中心（CNNIC）发布的第 45 次《中国互联网络发展状况统计报告》显示，截至 2020 年 3 月，我国网民规模达 9.04 亿人，较 2018 年年底增长 7508 万人，互联网普及率达 64.5%，较 2018 年年底提升 4.9%。

我国手机上网网民比例进一步提升，占比扩大。截至 2020 年 3 月，我国手机网民规模达 8.97 亿人，较 2018 年年底增长 7992 万人，占比 99.3%，较 2018 年年底提升 0.7%。

2019 年，网络支付覆盖领域日趋广泛，加速向垂直化应用场景渗透，推动数字经济与实体经济融合发展。

移动终端和支付技术的进步提升了电商在网民中的渗透率，电商行业进入新零售时代，各大电商平台不遗余力地开拓新的营销模式来增加消费者的欲望，电商平台开始探索更多新型电商模式，直播带货和社团团购成为流行的消费模式。然而，直播带货出现了众多雷区，如主播"种草"卖"大牌"，居然全是山寨假货；引流社交平台交易，举步维艰；无良主播"带货"，获得暴利等，电子商务市场的不良现状堪忧。

未来或许从事电子商务客服职业的你，知道目前我国电子商务客服存在哪些交易风险，这些交易风险该如何防范吗？希望通过本项目的学习，可以完成 3 个任务：分析电子商务客服面临的交易风险；实现电子商务客服安全交易保障；熟悉电子商务法律法规。

任务 7.1　分析电子商务客服面临的交易风险

📓 问题引入

作为一名客服，除了具备良好的语言能力、心理素质、服务态度、应变能力，还应具备哪些交易风险的防范能力呢？在交易过程中又会出现哪些风险？张明觉得需要进行认真的学习和领悟。

👥 你知道吗？

360 安全大脑发布的《2018"双十一"网购安全生态报告》，从"羊毛党"、仿冒购物 App、App 漏洞、垃圾短信、网页挖矿木马、网购诈骗六大维度，揭示了消费者正面临的网购安全威胁。

所谓"羊毛党设备"是指仿冒真实用户设备进行"薅羊毛"活动的网络设备。消费者在抢购、秒杀活动中，面对的对手可能是"手速"超人的机器，很难抢到自己所需的物品。

除了"羊毛党"，"寄生"在网页上的挖矿木马，也可能拖慢消费者抢购的节奏。往往表现为计算机资源利用率持续飙升、系统卡顿。"双十一"期间，本来就访问量巨大的电商网站，很可能因中招挖矿木马，让用户感到"更卡、更慢、更抢不到"。

根据报告，这些安全问题涉及消费者财产安全、隐私安全、购物体验等方方面面，情况不容乐观。

活动 7.1.1　识别电子商务售中客服面临的交易风险

🔍 做中学

● 以小组为单位，对一些电子商务客服进行一个小调查，了解作为一名客服面临着哪些交易风险，以及他们是如何防范的，请将调查结果填入表 7-1 中。

表 7-1　电子商务客服交易风险调查表

店铺信誉	客服人数		面临的风险		防范措施
	专职	兼职	售中	售后	

● 请你依据表 7-1，结合教材中的必备知识了解电子商务售中客服面临的交易风险。

必备知识

1. 电子商务交易面临的安全威胁

在电子商务交易过程中，除了自然灾害、意外事故；网络协议中的缺陷，如 TCP/IP 协议的安全问题；人为行为，如使用不当、安全意识差，下面这些行为也属于电子商务交易面临的安全威胁。

1）信息泄露

在电子交易中商业机密被泄露，主要包括两个方面：交易双方进行交易的内容被第三方窃取，交易一方提供给另一方使用的文件被第三方非法使用。

2）文件信息被篡改

当攻击者掌握了信息的格式和规律后，通过各种技术手段和方法，将传输的信息数据在中途篡改，如修改消息次序、时间，注入伪造消息等，然后发向目的地，破坏数据的真实性和完整性。

3）身份识别问题

如果不进行身份识别，第三方就有可能假冒交易一方的身份，来破坏交易，破坏被假冒一方的信誉或盗取被假冒一方的交易成果等。进行身份识别后，交易双方就可防止"相互猜疑"。

4）病毒问题

不少新病毒利用网络作为自己的传播途径，很多病毒借助于网络传播变得更快，破坏性更大，造成的经济损失动辄达数百亿美元。

5）黑客问题

由于黑客的入侵或侵扰，如非法访问、拒绝服务计算机病毒、非法链接等，都会给企业带来损失。而由于各种应用工具的传播，黑客已经大众化了，不像过去那样必须是计算机高手才能成为黑客。

6）诚信问题

电子商务的在线支付有电子支票、电子钱包、电子现金、信用卡支付等方式。但是采用这几种支付方式，都要求消费者先付款，商家再发货。因此，诚信安全也是影响电子商务快速发展的一个重要问题。

2. 电子商务安全其他方面的问题

1）数据库安全

电子商务在数据库中所面临的安全问题表现在非法入侵者对数据库的攻击，电子的交易信息在传输的过程中，可能被他人非法地修改、删除或重放（指只能使用一次的信息被多次使用），从而使信息失去了真实性和完整性。

2）网络通信安全

电子商务在网络通信中所面临的安全问题主要体现在以下几个方面：交易的内容被第三方窃取；电子交易信息在网上传输过程中，可能被他人非法修改、删除或重放；信息的存储和传输受到恶意破坏的威胁（如病毒威胁）；信息破坏包括因网络硬件和软件的问题而导致信息传递的丢失与谬误，以及一些恶意程序的破坏而导致电子商务信息遭到破坏。例如，一些免费 Wi-Fi 其实暗藏风险，大多数公共场所的免费 Wi-Fi 缺少安全防护措施，还有可能是黑客自行搭建的"山寨 Wi-Fi"，会造成账号密码被盗、个人信息泄露、网银盗刷等严重后果。

3）支付安全

随着电子商务的发展，几家大的第三方支付企业均通过各种方式开展网上支付、快捷支付等服务，其中最主要的形式是"快捷支付"。客户可通过将个人第三方支付账户关联自己的储蓄卡或者信用卡，每次付款时只需输入第三方支付账户的支付密码和手机校验码即可完成付款，从而绕开了银行支付网络。目前，支付宝、财付通等主要支付公司都推出了这项服务。

快捷支付的安全关键在于手机，要保证手机绝对安全，特别是保证短信安全，才能保证快捷支付的安全。如果有人知道了用户的支付宝或财付通账号，同时又掌握了用户的手机，那就意味着该用户账号中绑定银行卡的资金容易被盗用，即使用户修改了银行卡的密码也无法阻止。

4）物流安全

物流安全方面存在的问题主要有两个：一是货物丢失；二是货物在运输过程中破损。货物丢失的情况也一般分两种：一是整件丢失；二是内件丢失，即客户收到货时，里面的东西已经被人拿走或调换了。

3. 电子商务售中客服常见的交易风险种类及预防措施

一般商家在大促前，对客服的培训不仅包括商品交易的培训，还包括对客服安全意识的培训，尤其是新客服，售中必须关注以下几个方面，如表 7-2 所示。

表 7-2　售中客服常见的交易风险及防范措施

序　号	常见交易风险种类	交易风险的防范措施
1	钓鱼网站	在交易时，必须使用淘宝官方阿里旺旺，切忌使用第三方沟通工具（如 QQ、MSN、微信、飞信等）。不要随意接收旺旺发送的文件，不要轻易打开阿里旺旺发送的链接
2	急于求成的心理，被诱骗	沉着冷静，不因小失大
3	泄露隐私	警惕以买家朋友、代购等身份找卖家进行地址信息核对的行为，不要将收货地址信息发给非购买者的旺旺账户
4	平台规则不熟悉，应急能力欠缺	多向有经验的客服学习，同时多熟悉相应的规则，按规定的程序来办事

【案例 7-1】

"压缩包"惹的祸

李小姐是一个淘宝的皇冠级卖家，店铺一直经营得很好，可 3 月份来了一个"买家"，竟让如此成熟的皇冠卖家也上当受骗了！

3 月 17 日，李小姐收到一个"买家"发来的消息，表示希望通过 QQ 进行沟通，比较方便。于是，李小姐为了满足"买家"的需求，加了对方的 QQ。随之，"买家"传来一个压缩包，称里面有需要购买物品的清单，让李小姐看看是否有货。李小姐万万没想到自己接收压缩包后解压打开后计算机立即就中了木马。

此时木马会弹出页面虚假提示"系统不支持"，如图 7-1 所示，使人放松警惕，并单击"确定"按钮。

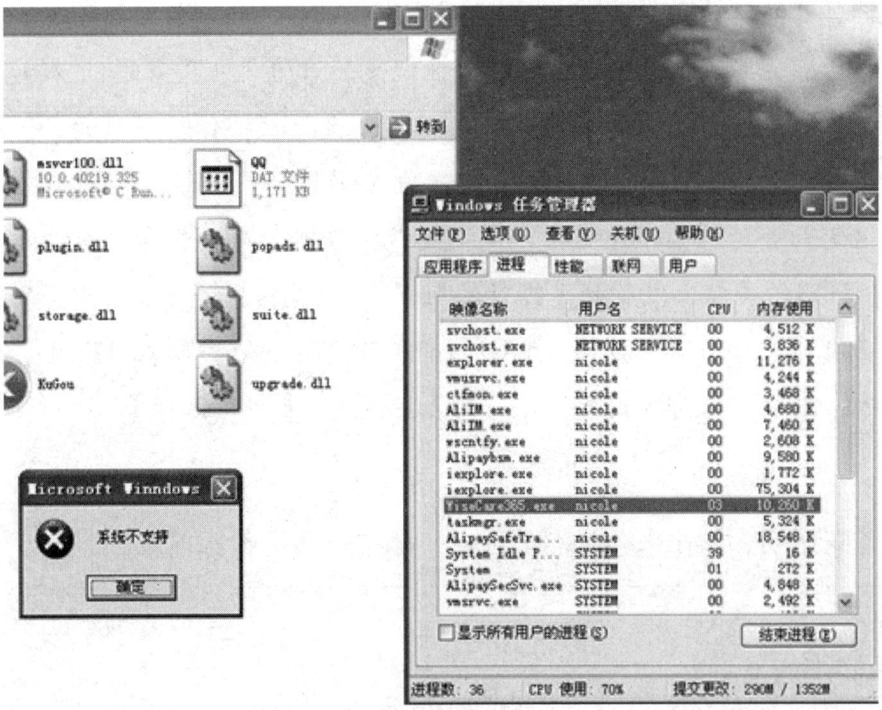

图 7-1 木马弹出的页面虚假提示

随之，账户被异常登录，创建收款，支付账户中的钱也消失了。

案例思考：

上述案例中，"买家"用了什么招式，让李小姐上当受骗了？如果是你，遇到这种情况，你会如何处理？

无论你是淘宝卖家还是买家，请使用阿里旺旺作为唯一的聊天工具，以保留有效的聊天凭证。

千万不要打开陌生人发送的可疑链接、二维码图片、压缩包文件等，避免计算机或手机中木马病毒。同时请给计算机安装杀毒软件并及时升级。

如果不小心打开了钓鱼链接或者其他可疑文件，请及时和公司网管或者淘宝客服联系，建议修改在此机器登录的所有淘宝卖家（子）账户密码，并重装系统。

【案例7-2】

小心，用银行转账的伎俩忽悠你

下午，客服张明和往常一样坐在计算机旁，边接生意边优化宝贝。突然"叮咚"一声，生意来了，张明马上点开阿里旺旺查看并回复，买家一来就截图了3个产品询问是否有货（正常），张明回复有。对方马上截图说了数量，这个数量比一般客户要多，张明心中有点儿小窃喜，马上给他计算产品总价和运费。

计算产品总价加运费大概480元，张明给他优惠价470元。买家说："我能不能先让财务转账到你卡上，你收到钱后，再帮我充到我支付宝，我付款给你？可以的话，我就跟你要，我需要支付宝交易记录，因为买您这些东西需要向公司报销。"张明想，既然他的钱可以转到我银行卡上，这笔业务为什么不做呢？于是张明就把手机号码和银行账户告诉了那个买家。果然，没多久，张明的手机上就收到了银行的短信："尊敬的张明先生，中国××银行客户谢××使用尾号290账户于05月27日15:59向您尾号278的账户转入470元，请注意查收，金额以入账为准。本短信仅作为通知，不作为入账凭证。【××银行】"

案例思考：

如果你是客服张明，接下来你该怎么做呢？你又如何进行防范？

【案例7-3】

提高警惕，不泄密

现在的骗子无孔不入，客服必须提高警惕，识别那些企图套用买家交易信息的人。

骗子利用店铺成交记录中的信息，得知买家在店铺中的购买情况，随后联系客服说自己是买家的朋友，需要修改/核实收货地址，如图7-2所示。店铺的客服信以为真，将买家的收货地址、联系方式发给骗子确认，骗子借机获取买家的联系方式。骗子打电话给买家，称自己是店铺的客服，以各种名义诱导买家进行相关的操作，最终导致买家被骗被盗。

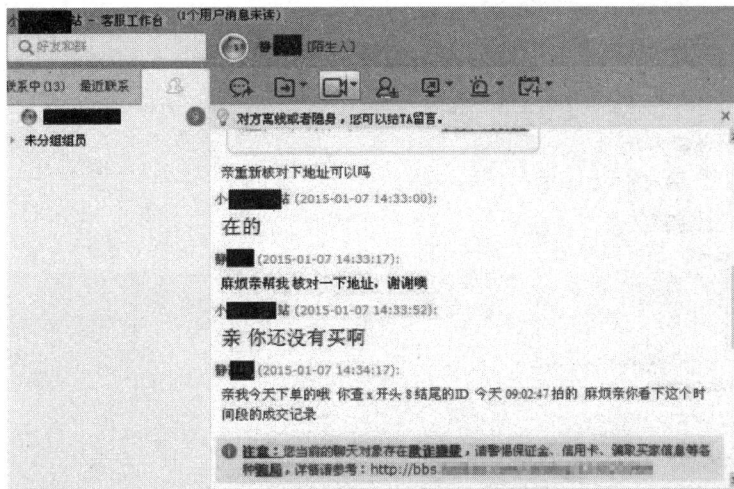

图 7-2　骗子企图套用买家交易信息

保护买家的信息是卖家的基本职责，卖家不能轻易泄露买家的联系方式，若买家确有需要请再三确认买家身份。

读一读

1. 跟买家自己核对地址算违规吗

跟下单本人账号核对地址为正常服务流程，不算违规。在沟通中请明确对方的身份，对方必须为下单者本人账号才可以与对方核对地址。

2. 我遇到了骗子，不小心泄露了买家信息，我该怎么办

如果向非下单账号泄露了订单信息，请立即通过阿里旺旺、电话等手段通知真实买家谨防诈骗。

【案例 7-4】

沉着应对，心莫慌

"老板，我都已经拍好了商品，但怎么付不了钱啊？给你看截图。"买家的聊天截图及分析如图 7-3 所示。

"由于你没有缴纳保证金导致买家不能正常付款，请尽快缴纳不然会被冻结店铺。"一边是火急火燎的买家，一边是步步紧逼的"淘宝客服"，如图 7-4 所示。

刚刚当淘宝掌柜兼客服的小佳一下子慌了手脚，赶紧按照"淘宝客服"的要求缴纳了保证金。可恶的"淘宝客服"竟然还伪装系统发送邮件给客服小佳，指导其开通"消保"，如图 7-5 所示。

亲 怎么付款失败的啊，

您支付宝功能怎么关闭了啊

1.骗子先说不能付款

(18:07:19):

提示信息是什么亲

(18:07:19):

怎么这样的啊，

付款失败。

亲 。

你处理下。

2.骗子开始让客服进入他
设计好的圈套

(18:08:27):

稍等下，我看看

(18:10:50):

亲 我试了，还是一样的啊，

失败

(18:11:22):

亲，您等下，我还没遇到过这样的事呢，让我研究下哦

亲 什么情况啊，

我用支付宝支付的。

(18:16:32):

照理说应该可以的啊

(18:16:35):

那怎么付不上去啊。

对方向您发送了一个振屏。

3.骗子开始催促客服，让
客服感到紧张了，如果客
服不理智下一步就中了骗
子的圈套了

(18:20:53):

在吗

(18:21:05):

图7-3 买家的聊天截图及分析

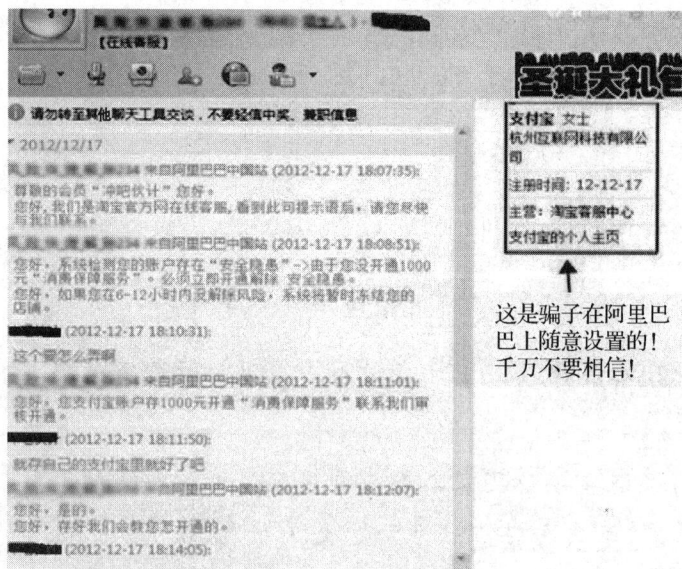

图7-4 假客服，无孔不入

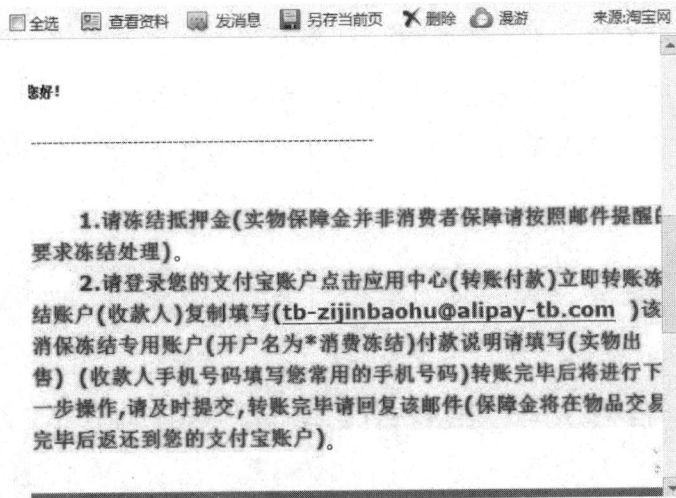

图 7-5 "淘宝客服"伪装系统发送的邮件

结果可想而知，钱没挣到，还被骗走了保证金。

案例思考：

（1）淘宝官方及工作人员会不会要求会员通过任何代付方式及打款方式缴纳保障金（保证金）？

（2）支付宝邮件发件人的地址末尾以"alipay.com"结尾，且后面有黄色锁（QQ 安全标志）。在该案例中，"淘宝客服"发送的邮件有什么问题？

拓展训练

在实际交易过程中，客服通过千牛可以看到买家的信用及评价（见图 7-6）和买家的聊天窗口，可以明确地看到，右侧的数据中有一个发出的好评率（给别人的好评率），从这个数据中可以看出这个买家最近一段时间内给出的好评率为多少，如果好评率低得出奇，客服就要留意了。

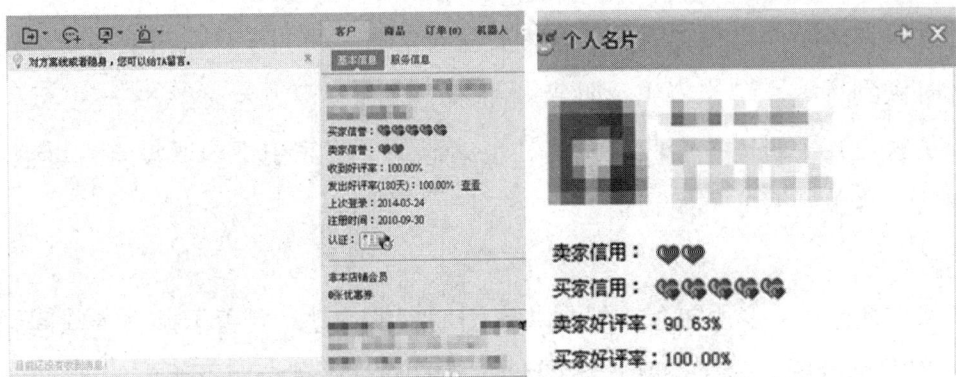

图 7-6 买家信用及好评率

除在聊天窗口可以看到之外，客服还可以在个人资料页里看到，如在最近联系人中找到要查看的买家，将鼠标放在其头像上，就会显示买家的个人资料。

做生意，客户当然是可遇不可求的。但是有一些真的是恶意的客户。例如，下单后收货地址不完整，导致 48 小时内不能发货，然后他们就投诉、诋毁店铺信誉等，对于这类客户，可以把他的 ID 设为黑名单禁止其下单。

你知道淘宝买家黑名单怎么设置吗？动手试一试吧。

活动 7.1.2　掌握电子商务售后客服面临的交易风险

做中学

● 通过走访、上网搜索、查阅资料等方式，收集电子商务客服在售后中面临的交易风险，并将相关内容填入表 7-3 中。

表 7-3　电子商务售后客服面临的交易风险

姓　　名	案 例 名 称	案 例 来 源	售 后 风 险	启　　示

● 讨论：案例中这些风险你遇到过吗？你是怎么处理的呢？各小组汇总学习结果，推荐代表在班级交流发言。

必备知识

1. 做到"三勤"，降低售后风险

那么，如何才能避免以上后果的发生呢？

1）勤留言

对于没有咨询客服而直接拍下的买家，要及时留言，如关于什么时候发货、发什么快递、大约要什么时候到货等。这样事先及时告知买家，有利于双方及时解决一些问题，如物流是否能到达、买家在某个时间能否收到货等。也就避免了买家由于客服没有告诉他而对店铺产生反感，或认为客服的服务不周到。

2）勤提醒

在与买家的交流中，客服要善于发掘买家不明白的问题，要善于抛出一些问题引导买家。例如，"亲，衣服合身吗？看了商品详情图和细节图吗？还有什么不明白的地方吗？"以此提醒买家仔细对比尺寸，详细了解商品，使买家选到心满意足的商品。

3）勤介绍商品的详情

特别是一些不容易从图片上了解的细节，如面料、衣服的装饰是否包括在内等。在与买家聊商品时，最好能把商品具体尺寸、模特尺寸、详细图都给买家发一次。这样做既可以告诉买家商品详情，又可以为售后做保证。

2．恶意评价

1）含义

恶意评价是指买家、同行等评价人以给予中差评的方式谋取额外财物或其他不当利益的行为。

2）发起条件

必须是双方互评的订单，受理的时间范围为评价产生的 30 天内。

3）受理范围

不合理要求：提供双方的聊天记录，证明评价者以中差评要挟为前提，利用中差评谋取额外财物或其他不当利益的评价。

买家胁迫：专业给中差评，且通过中差评获取额外财物或不当利益的买家给出的评价。

同行：与同行交易后给予同行的中差评。

第三方诈骗：第三方诈骗所产生的评价。

泄露信息辱骂或广告：评价方擅自将别人的信息公布在评语或解释中，或出现辱骂、污言秽语等损坏社会文明风貌的行为，淘宝网将删除评语或解释中涉及辱骂、污言秽语、泄露信息或广告的内容，但是评价不做删除。

3．常见的交易风险及防范措施

常见的交易风险及防范措施如表 7-4 所示。

表 7-4　常见的交易风险及防范措施

序号	常见交易风险的种类	交易风险的防范措施
1	买家未真正付款就发货	一定要以账户中的交易状态为准，在"已卖出的宝贝"中查询到交易为"买家已付款"时再发货。不要轻信邮件中的提示
2	货物在运输途中，中途买家修改收货地址设骗局	请一定事先和原买家沟通，确认改地址的和拍下商品的是同一个人后，再进行更改发货地操作
3	货物在运输途中，买家提出退款	双方协商处理，详见本节内容
4	买家在无任何沟通情况下拒签货物	双方协商处理，详见本节内容
5	遇到恶意评价	注意沟通、提高警惕，不掉入对方设置的陷阱中；还可以通过联系客服→自助服务→违规受理→不合理评价人工在线渠道进行发起
6	在物流面单上过多泄露买家信息	打印/填写的信息最小化，不要打印不必要的信息

（1）货到付款且交易发货后买家拒签或联系不上，怎么办？

货到付款交易若发货后买家拒签或联系不上，卖家需要承担往返运费。为降低卖家为买家提供货到付款服务时被拒签的风险，保险公司针对卖家推出货到付款拒签运费险，简称拒签险，卖家可自主选择是否投保。投保后，针对卖家的每笔货到付款订单可进行承保，当货物抵达目的地而买家拒签时，造成的卖家运费相关损失（包括发货运费和拒签后的返程运费）由保险公司承担。

（2）买家无理由拒收快递，需要卖家先提供买家无理由拒收快递的物流公司公章证明，若无法提供有效凭证，则支持全额退款给买家。

买家无理由拒收快递的物流公司公章证明需要包含参考凭证里的全部内容，右下角要填写完整的物流公司名称，并加盖公章（财务章、业务章等无效），如图7-7所示。

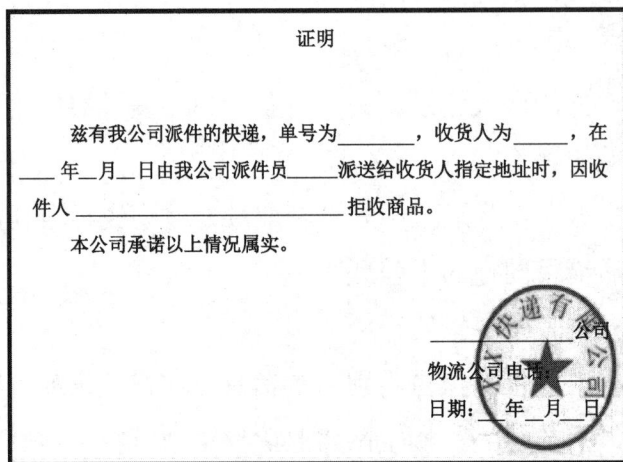

图7-7　买家无理由拒收快递的物流公司公章证明

现在，一种名为"支付宝高仿转账成功工具"的软件（见图7-8）正在不断"轰炸"朋友圈，该软件可以生成支付宝付款、转账截图。在大家玩得不亦乐乎的同时，也有一些人利用其来进行诈骗，而一些微商则用晒截图的方式编造销量提高信誉度。

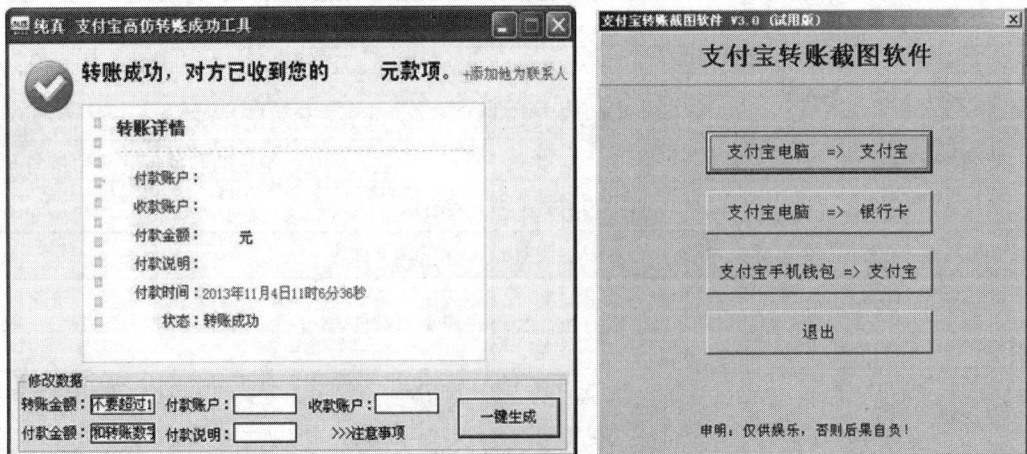

图7-8　支付宝高仿转账成功工具

【案例 7-5】

微店主被假转账截图忽悠　几百元化妆品打水漂

安徽女孩小殷的微店主要销售护肤品，面对众多未曾谋面的客户和合作伙伴，使用手机支付宝转账成了每日必需。但不久前的一次被骗经历立马让她警醒起来。

小殷说，不久前，一名男子加了她的微信，主动跟她聊天，说要买一盒面膜和一瓶玻尿酸。当时小殷正在开车，随口通过微信语音告诉了对方支付宝账号，几分钟过后，对方就把290 元的转账截图和他的收货信息通过微信传来了。小殷看了一眼截图，回到家就让助手给对方发货了。

当晚对账时，小殷查看支付宝钱包里的交易细账，发现对方并未把钱款打来，但货已经给对方发出了。通过同行她才知道，支付宝的付款转账截图是一种软件模拟生成的。通过细查小殷得知，这种软件名叫"支付宝高仿转账成功工具"。

案例思考：

在上述案例中，男子真正付款了吗？有买家在微店上买东西时，卖家不能只看支付宝的转账截图，一定要打开手机里的支付宝钱包，查看款项是否到账。那么，在其他平台上，卖家如何确定买家已经真正付款了呢？

【案例 7-6】

更改收货地址，请仔细辨认买家的旺旺名

最近淘宝网发现一种新的诈骗手段，骗子利用账户名的微小差异，如"己"和"已"，"A1"和"Al"等这种不容易被发现的旺旺名，要求卖家修改地址以达到行骗的目的，也是"更改收货地址"骗局的升级版。

诈骗过程如下。

第一步：买家 A 用"我××自己 c1"旺旺名在卖家店铺拍下商品。

第二步：买家 B 用自己的旺旺名"我××自己 cl"联系卖家，要求修改地址（两个账户如果不仔细看，一般卖家都无法马上发现，就会按照 B 的地址发货了）。

第三步：卖家按 B 提供过的地址发货，货物被签收后，A 来申请退款，表示没有收到货物。卖家去核对和 A 的旺旺聊天记录时，这才发现确实没有聊天过，无法举证。

聊天记录如图 7-9 所示。

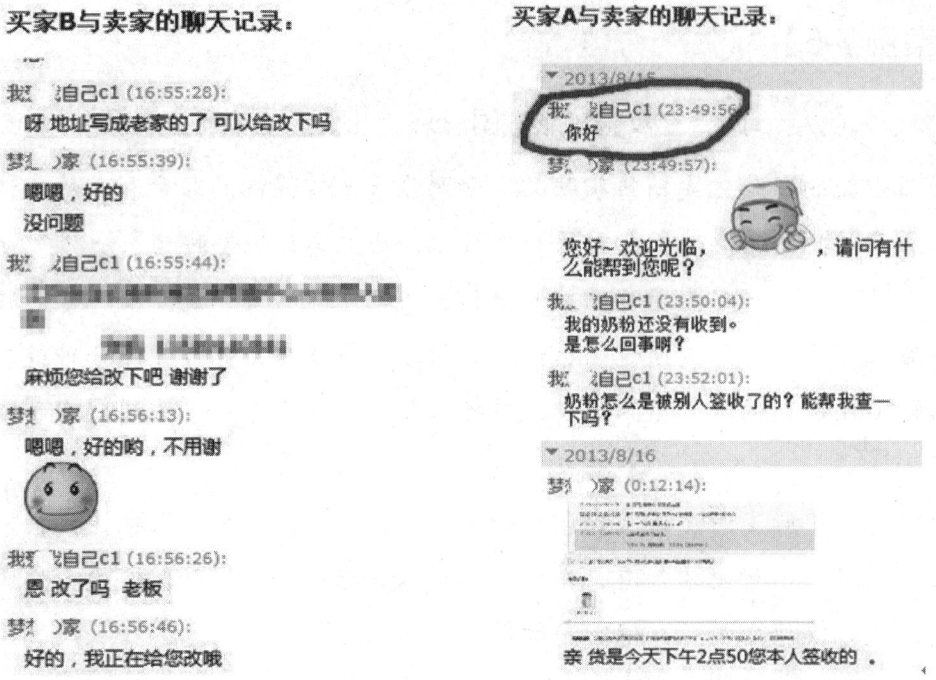

图 7-9　聊天记录

案例思考：

不仔细看，是不是很容易受骗？售后进行修改收货地址这一行为，客服应该关注些什么？

（4）货物在物流运输途中，但是买家申请退款，该怎么办？

如果买家已经申请退款，但是卖家已经发出了货物，建议卖家积极联系物流公司及买家确认货物具体情况，若买家收到货物无异议，直接确认收货即可，此时退款将自动关闭。

若买家表示需要该货物，则建议买家拒绝退款协议。卖家应提醒买家关注退款状态，避免超时导致退款成功并告知物流情况，建议买家等待物流派送货物。

若双方一时无法沟通协商解决，卖家可在"退款管理"中操作"拒绝退款协议"，并提供发货有效凭证，提醒买家及时关注交易退款超时状态，避免因系统超时造成不必要的损失。

拓展学习

高危诈骗投诉

泄露他人信息情景 1：买家 A 看中了一件产品，表示晚上会来付款，晚上的时候，买家 B 来联系了，表示自己就是买家 A，现在来付款了，之后买家 B 表示需要核对收件地址。并准确说出了买家 A 的地址、电话、姓名和购买的产品，要求修改另一个地址。

问：客服是否应该与买家 A 核对信息呢？

问：客服是否可以帮忙修改收货地址？

关闭交易情景 2：买家表示不想要产品了，客服直接就给买家关闭了订单。

问：客服这样做对吗？

线下交易情景 3：买家表示自己没有支付宝，是否可以线下交易或者使用银行卡来购买。

问：客服是否可以同意买家的这个要求？

拓展学习

作为卖家，最怕碰到买家在没有沟通的情况下，轻易给出中差评，甚至有些差评师，故意给客服设置陷阱，让客服掉入他们早已设置好的圈套中。对于给予中差评的三类客户，客服该如何应对？请填入表 7-5 中。

表 7-5　中差评的处理方法

序　号	针　对　类　型	策　　略	方　法	关注点
1	新手买家，双 0 信誉	及时关注买家评价		
2	钻石级买家	用完善的售后服务去感染买家，让争议成为不断完善自我的动力		
3	同行及恶意差评师，以及十分挑剔的买家	火眼金睛，谨慎操作		

活动 7.1.3　技能训练：买家的退款处理

小组合作，查找有关买家申请退款、卖家如何处理的相关资料，填入表 7-6 中。

表 7-6　买家的退款处理

平　台　类　型	退　款　条　件	退　款　程　序
淘宝网		
京东商城		
亚马逊		

读一读

1. 买家表示未收到货物

1）客服应采取的措施

核对是否已将货物发出，如果还没有发出，建议买家直接退款。

货物已经发出，但是买家还没有签收，请联系买家确认是否还需要货物，如果不需要，建议买家把货物退给卖家，卖家退款给买家。

若显示买家已经签收货物，向物流公司核实是谁签收的。

如果不是买家本人签收的，且没有买家的授意，建议直接操作退款并联系物流公司协商索赔，避免与买家产生误会。

2）后续的建议

确保按照约定及时发货。

委托服务质量高，尤其对签收操作规范的物流公司。

提前约定送货过程中的破损、丢件等损失由谁承担。

2. 买家收到货物

下面6种情况在实际工作中较为多见，同学们议一议，并将相关内容填入表7-7中。

表7-7　买家收到货物后客服退款处理表

序　号	出现的情况	处　理　过　程	后　续　建　议
1	货物破损、少件等		
2	描述不符		
3	质量问题		
4	收到假货		
5	退运费		
6	发票无效		

3. 买家已退货

1）客服应采取的措施

_____

_____

2）后续建议

双方协商退货时，建议先确认货物状况，签收货物时注意验货，若需退款应及时给买家退款。

4. 退回来的货物影响二次销售

收到的货物影响二次销售，卖家要第一时间联系买家协商如何解决问题。

（1）若双方协商一致，请卖家保留好相关的聊天记录，按照协商结果来处理。

（2）若双方无法协商，请_____

5. 买家以消费者保障服务为理由申请退款

请同学们进入我的淘宝→我是卖家→消费者保障服务，学习相应的规则并填写处理过程。

1）七天无理由退货

处理过程：_____

_____

相应规则：非包邮商品由买家承担来回邮费；包邮商品由卖家承担发货邮费，买家承担退货邮费。

2）假一赔三

处理过程：核对进货时的供应商是否具备相应资质。

相应规则：_____

3）数码与家电 30 天维修

处理过程：_____

_____

相应规则：在交易成功后 45 天内，卖家要向买家无条件提供免费维修服务，并承担维修后寄回的邮费。

4）第三方质检服务

处理过程：_____

_____

相应规则：参加本项服务，商品质量不合格的，将做退一赔一处理。

5）消费者购物保障

处理过程：_____

_____

相应规则："购物须知"是买卖双方对于消费者保障服务的有效约定，卖家有义务向买家提供保障范围内的服务。

教师点评

任务 7.2　实现电子商务客服安全交易保障

问题引入

同学们，你有用手机购物的习惯吗？你知道手机支付宝账户怎么转账到支付宝账户吗？京东、小米、酷派等都有自己的微信商城了，那么作为 O2O 的代表——微信购物，你知道它的流程和支付平台是什么吗？它和 B2B、B2C 有何不同？

_____

_____

_____

你知道吗？

360 安全大脑发布的《2018 "双十一" 网购安全生态报告》指出，"双十一" 购物一定要认准正版 App，别被山寨 App 骗的财物两空。360 安全大脑监测发现，近一个月内，活跃的虚假仿冒主流购物 App 的数量接近 4000 个，这些 App 已经覆盖了超过 30 万台移动设备，对用户的购物安全构成了极大威胁。虚假购物、退款诈骗是网购中常见的诈骗手段。报告显示，2018 年 9 月、10 月两个月，猎网平台共接到虚假购物诈骗、退款诈骗 127 起，共造成损失约 115.8 万元，虚假购物 App 仿冒目标 TOP10 及仿冒数量如图 7-10 所示。

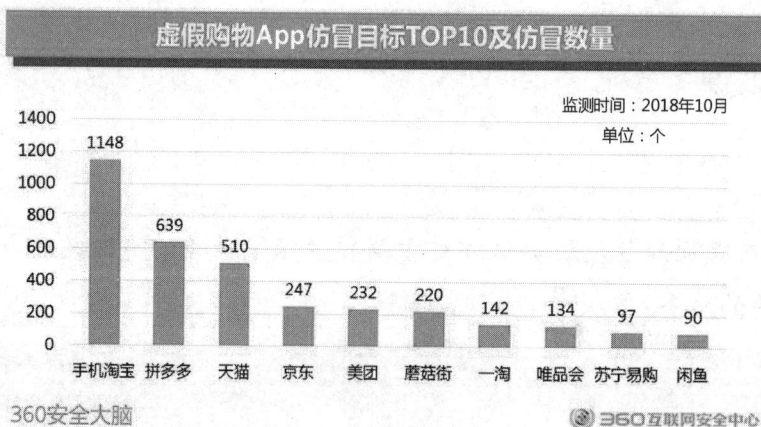

图 7-10　虚假购物 App 仿冒目标 TOP10 及仿冒数量

活动 7.2.1　了解电子商务交易安全技术

做中学

● 走近电子商务园，了解从事电子商务的企业在交易的过程中遇到过哪些安全威胁。为了保证企业网络和交易的安全,这些企业通常安装哪些软件,其主要作用是什么。请将调查结果填入表 7-8 中。

表 7-8　电子商务企业使用的安全技术情况调查汇总

企业 名称	电子商务交易过程中遇见过的安全威胁: 病毒、木马、黑客、钓鱼平台、信息泄露等			使用的安全技术	效　果

● 请你依据表 7-8,结合教材中的必备知识,理解相应的电子商务安全技术知识。

必备知识

1. 电子商务系统中使用的安全技术

安全技术在电子商务系统中的作用非常重要,它守护着商家和客户的重要机密,维护着商务系统的信誉和财产,同时为服务方和被服务方提供极大的方便。因此,只有采取了必要和恰当的技术手段才能充分提高电子商务系统的可用性和可推广性。电子商务系统中使用的安全技术包括加密技术、数字签名技术、数字时间戳技术、数字证书技术、防火墙技术、入侵检测技术、VPN 技术、防病毒技术及一些相关的安全协议等。

1)加密技术

加密技术是电子商务系统采取的主要安全措施,贸易方可根据需要在信息交换的阶段使用。任何一个加密系统至少包括未加密的报文(明文)、加密后的报文(密文)、加密解密设备或算法、加密解密的密钥 4 个部分。

目前,加密技术分为两类:对称加密和非对称加密。

(1)对称加密:又称私钥加密,即对信息的加密和解密都使用相同的密钥,也就是说,一把钥匙开一把锁。

(2)非对称加密:又称公钥加密,密钥被分解成一对,即一把公开密钥或加密密钥和一把私有密钥或解密密钥。这对密钥中的一把作为公开密钥,通过非保密方式向他人公开,而另一把则作为私有密钥加以保存。

2)数字签名技术

在日常的社会生活和经济往来中,签名盖章和识别签名是一个重要环节。数字签名和书面签名有相同之处,采用数字签名,能确认信息是由签名者发送的,信息从签发后到收到为止未曾做过任何修改。

数字签名技术是将摘要用发送者的私钥加密,与原文一起传送给接收者,保证信息传输过程中信息的完整和提供信息发送者的身份认证。使用公开密钥算法是实现数字签名的主要技术。此外，双重数字签名技术是保证在电子交易过程中三方安全地传输信息的技术。

3）数字时间戳技术

在电子商务交易的文件中，时间是十分重要的信息。而数字时间戳服务（Digital Time Stamp，DTS）就能够提供电子文件发表时间的安全保护。

书面签署文件的时间是由签署人自己写上的，数字时间戳则不然，它是由认证单位 DTS 来加的，以 DTS 收到文件的时间为依据。

4）数字证书技术

数字证书（Digital Certification，DC）也叫数字凭证、数字标识，是指利用电子信息技术手段，确认、鉴定、认证互联网上信息交流参与者或服务器的身份，是一个担保个人、计算机系统或者组织（企业或政府部门）的身份，并且发布加密算法类别、公开密钥及其所有权的电子文档。

数字证书通常分为 3 种类型：个人证书、企业证书和软件证书。它由权威机构电子商务认证中心——CA（Certificate Authority）发行，CA 承担着网上安全电子交易认证服务、签发数字证书并确认用户身份的功能。

5）防火墙技术

防火墙是一种将内部网和公众访问网分开的方法，实际上是一种隔离技术，是安全网络和非安全网络之间的一道屏障，以防不可预测的、潜在的网络入侵。

6）入侵检测技术

入侵检测技术是近年出现的新型网络安全技术，目的是提供实时的入侵检测及采取相应的防护手段，如记录证据用于跟踪和恢复、断开网络连接等。

蜜罐技术是一种主动防御技术，包含漏洞的诱骗系统，它通过模拟一个或多个易受攻击的主机和服务，给攻击者提供一个容易攻击的目标。攻击者往往在蜜罐上浪费时间，延缓对真正目标的攻击。由于蜜罐技术的特性和原理，使它可以对入侵的取证提供重要的信息和有用的线索，便于研究攻击者的攻击行为。

7）VPN 技术

虚拟专用网（Virtual Private Network，VPN）是一种基于公共数据网，给用户一种直接连接到私人局域网感觉的服务。同学们可以把它理解成虚拟出来的企业内部专线。它可以通过特殊的加密通信协议在连接在互联网上的位于不同地方的两个或多个企业内部网之间建立一条专有的通信线路，VPN 可以帮助远程用户、公司分支机构、商业伙伴及供应商同公司的内部网建立可信的安全连接，并保证数据的安全传输。VPN 极大地降低了用户的费用，而且提供了比传统方法更强的安全性和可行性。

8）防病毒技术

计算机病毒是指编制者在计算机程序中插入的破坏计算机功能或者数据的代码，能影响计算机使用，能自我复制的一组计算机指令或者程序代码。

从反病毒产品对计算机病毒的作用来讲，防病毒技术可以直观地分为病毒预防技术、病毒检测技术及病毒清除技术。

2．电子商务的安全交易标准

1）安全套接层（SSL）协议

SSL 协议基于 TCP/IP 协议，SSL 连接可以看成在 TCP/IP 连接的基础上建立一个安全通道，在这一通道中，所有点对点的信息都将加密，从而确保信息在互联网上传输时，不会被第三方窃取，以提供信息保密、信息完整、相互认证等安全服务。

2）安全电子交易（SET）协议

SET 协议是 B2C 上基于信用卡支付模式而设计的，它保证了开放网络上使用信用卡进行在线购物的安全。解决用户、商家、银行之间通过信用卡的交易，它具有保证交易数据的完整性、交易的不可抵赖性等优点，因此它成为目前公认的信用卡网上交易的国际标准。

3．其他安全协议

（1）安全超文本传输（SHTTP）协议。

（2）安全交易技术（STT）协议。

（3）UN/EDIFACT 标准。

（4）《电子交换贸易数据统一行为守则》（UNCID）。

读一读

"钓鱼网站"通常指伪装成银行及电子商务平台窃取用户提交的银行卡或信用卡账号、密码等私密信息的网站。"钓鱼"是一种网络欺诈行为，指不法分子利用各种手段，仿冒真实网站的 URL 地址及页面内容，或利用真实网站服务器程序上的漏洞在站点的某些网页中插入危险的 HTML 代码，以此来骗取用户的银行卡或信用卡账号、密码等私密信息。假网址如图 7-11 所示。

图 7-11　假网址

1. 用傲游浏览器识别钓鱼网站

用傲游浏览器访问真实的支付宝、淘宝网站时，地址栏填充色为绿色，同时地址栏末尾还会出现盾牌形图标，如图 7-12 所示。

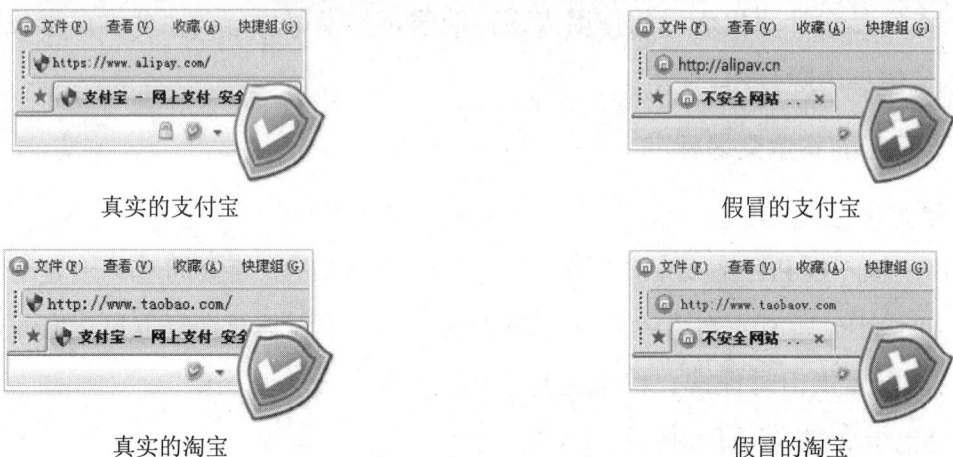

真实的支付宝　　　　　　　　　　　　　　假冒的支付宝

真实的淘宝　　　　　　　　　　　　　　假冒的淘宝

图 7-12　绿色盾牌形图标

2. 用 360 浏览器识别钓鱼网站

用 360 浏览器访问真实的支付宝、淘宝网站时，前面有个官网认证标志（见图 7-13）；用户可以对访问的网站进行鉴定（见图 7-14），几秒钟后便会有结果（见图 7-15）。如果是钓鱼网站，还可以举报该网站。建议打开有官网标志的网站。

图 7-13　360 浏览器访问支付宝、淘宝网站

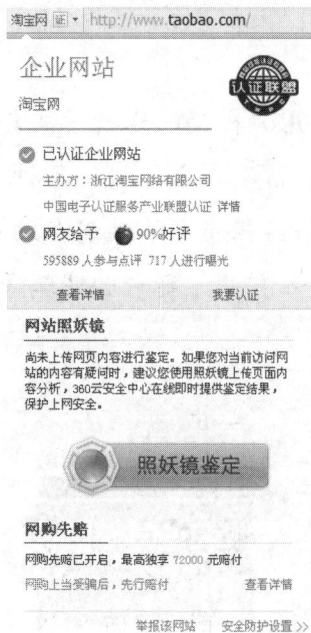

图 7-14　照妖镜鉴定辨真伪　　　　　　图 7-15　照妖镜鉴定结果

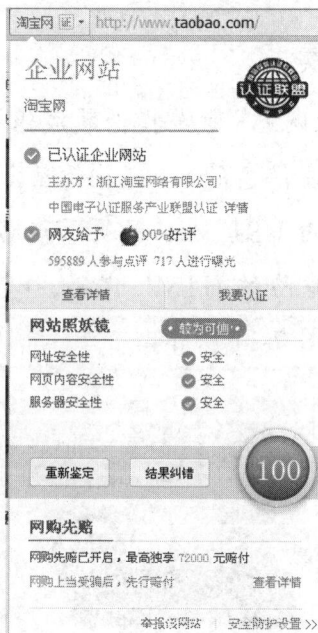

> **做一做** 下面的链接安全吗？
>
> 💙 http://bak.lvy.cc/item.taobao，com/item.htm.id=258677958/YTFB5
>
> 💙 http:/bak.lvy.cc/item.taobao，com/item.htm.id=258677958/YTFB5
>
> 💙 http:bak.lvy.cc/item.taobao，com/item.htm.id=258677958/YTFB5

如果已经在钓鱼网站输入密码了怎么办？

（1）如果还能登录你的支付宝账户，请立刻修改你的支付密码和登录密码，并进入安全中心检查上一次的登录地，同时进入交易管理查看是否有可疑交易，如果有请立刻致电支付宝 95188，并进入安全策略中心（http://safe.alipay.com/）进行举报。

（2）如果你还输入了银行卡的信息，请立刻致电银行申请临时冻结账户或电话挂失（此时你的银行账户只能入账不能出账）。

（3）如果你已经不能登录，请立刻致电支付宝 95188 申请对你的账户进行暂时冻结。使用最新版的杀毒软件对计算机进行全面扫描，确保钓鱼网站没有挂木马。如果发现有，请在确认计算机安全后再次修改登录密码和支付密码。进入安全联盟下载正版杀毒软件。

> **练一练** 初步了解了电子商务的安全技术，作为客服的你，知道如何给自己的手机或计算机"查毒""杀毒"吗？如果已经安装了相应的杀毒软件，就升级杀毒软件，请动手试一试吧。

✖ 拓展学习

● 观看电影《非法入侵》。

● 通过上网搜索、查阅资料等方式，每个同学至少收集 3 个目前在电子商务领域运用得较为广泛的查毒软件，并将相关内容填入表 7-9 中。

表 7-9 电子商务领域运用得较为广泛的查毒软件

小 组 成 员	查 毒 软 件	运 用 情 况	软 件 特 色

● 各小组汇总学习结果，推荐代表在班级交流发言。

活动 7.2.2　构建电子商务交易网络安全系统

做中学

● 查找相应的信息，结合教材中的必备知识初步了解电子商务安全体系。

（1）登录百度，了解计算机浏览器安全等级的设置。

（2）搜集有关黑客攻击的新闻，查找如何防范黑客的相关知识。

（3）搜集支付宝、财付通保障支付安全的相关资料。

● 各小组把搜集的数据整理好，推荐代表课内交流。

必备知识

在前面一节中，我们学习了电子商务主要涉及的安全技术及相关的一些安全协议等。根据电子商务活动的过程，把这些安全技术归结为 3 类：客户端安全技术、支付安全技术、信息传输安全技术。3 类安全技术和电子商务安全协议一起构成了网络安全体系。

1. 客户端安全技术

1）计算机病毒防范技术

计算机病毒防范技术主要针对的是目前流行的计算机病毒与木马，通过安装反病毒软件、反木马软件等防范病毒和木马对客户端造成的破坏。

（1）杀毒软件的使用。

目前中国市场上运用的较多的 3 款杀毒软件如下。

① 360 杀毒软件。

360 杀毒软件拥有超大的百万级病毒库和云安全技术，免费杀毒、实时防毒、主动防御一步到位，可以保护计算机不受病毒侵害。360 杀毒软件每小时升级病毒库，可有效防御最新病毒入侵，360 杀毒软件和 360 安全卫士配合使用，是安全上网的"黄金组合"。

② 金山毒霸杀毒软件。

金山毒霸是世界首款应用"可信云查杀"的杀毒软件，颠覆了金山毒霸多年的传统技术，全面超于主动防御及初级云安全等传统方法，采用本地正常文件白名单快速匹配技术，配合金山可信云端体系。

③ 卡巴斯基杀病毒软件。

卡巴斯基杀毒软件是一款来自俄罗斯的杀毒软件，该软件能够保护家庭用户、工作站、邮件系统和文件服务器及网关。除此之外，还保护反垃圾邮件系统、个人防火墙和移动设备，包括 Palm 操作系统、笔记本式计算机和智能手机。

（2）常见木马的防范方法。

现今流行的很多木马病毒都是专门用于窃取网上银行密码而编制的，木马会监视浏览器正在访问的网页，如果发现用户正在登录个人银行，直接进行键盘记录输入的账号、密码，或者弹出伪造的登录对话框，诱骗用户输入登录密码和支付密码，然后通过邮件将窃取的信息发送出去。因此，用户需要做好自身计算机的日常安全维护，注意以下几点：一是经常给计算机系统升级；二是安装杀毒软件、防火墙，经常升级和杀毒；三是平时上网选大型、知名度比较高的网站；四是尽量不要在公共计算机上登录有关资金的账户和密码；五是在初装系统并确认计算机安全后，给计算机文件进行备份，在使用资金账户前做一次系统恢复。

2）操作系统安全技术

可以使用一些策略使 Windows 系统更加安全快速。

（1）关闭没有使用的服务。

具体的操作方法：首先在控制面板中找到"服务和应用程序"图标，然后弹出"服务"对话框，在该对话框中选中需要屏蔽的程序，并右击，从弹出的快捷菜单中依次选择"属性"→"停止"命令，同时将"启动类型"设置为"手动"或"已禁用"，这样就可以对指定的服务组件进行关闭了。

（2）及时使用 Windows Update 更新系统。

通过它，不但可以获得提升系统功能和性能的组件 Service Pack，还可以获得最新安全漏洞的补丁，当然也可以获得最新的硬件驱动。

（3）对重要信息进行加密。

打开 Windows 10 的资源管理器，在资源管理器操作窗口中找到需要进行加密的文件或者文件夹，右击，从弹出的快捷菜单中选择"属性"命令，随后 Windows 10 会弹出文件加密对话框，选择"常规"选项卡，然后依次选择"高级"→"加密内容以便保护数据"就可以了。

（4）使用"连接防火墙"功能。

依次选择"开始"→"设置"→"网络连接"命令，然后从弹出的对话框中选择需要上网的拨号连接，然后右击该连接图标，并选择"属性"命令，在随后弹出的拨号属性对话框中选择"高级"选项卡，在对应选项卡中选中"Internet 连接防火墙"复选框，然后单击对应防火墙的"设置"按钮，根据自己的要求设置防火墙，以便防火墙能更高效地工作。

（5）安装第三方杀毒软件、防火墙软件及上网安全软件。

防火墙软件的选用，首先要看实际的防护效果，能否有效及时地在程序访问外界的第一时间发出提示询问，并且在受到外界的各类攻击时能否有效地屏蔽、过滤掉数据包。杀毒软件是必须安装的，杀毒软件的效率也是需要考虑的问题，另外杀毒软件的实时防毒效果更应该受到关注。

（6）为自己分配管理权限。

分配管理权限时，先以普通用户身份登录到 Windows 10 的系统中，然后右击程序安装文件，同时按住键盘上的"Shift"键，在随后出现的快捷菜单中选择运行方式，最后在弹出的对话框中输入具有相应管理权限的用户名和密码就可以了。

（7）经常备份重要数据。

备份数据可以在出现意外（系统崩溃、人为破坏、硬盘损坏等）时把损失降到最低。一些重要的数据，必须经常备份，如重要的图片、个人信息等。大概一个月要刻录一次重要的资料，以防万一。

（8）不双击 U 盘。

如果你没有禁止所有磁盘自动运行，又或者你在别人的计算机上使用 U 盘，最好不要双击 U 盘。因为这样很容易触发 U 盘病毒，所以要先用杀毒软件扫描。

U 盘里的病毒的清除方法：通过资源管理器进入 U 盘，若 U 盘里有 autorun.inf 文件，删除 autorun.inf 文件及它所指向的程序，然后重新拔插 U 盘。

（9）经常检查开机启动项。

经常在"运行"对话框中输入"msconfig"查看启动项，发现有异常马上在网上找资料，看看是否为病毒。还可以使用"regedit"，找到"run"选项，检查启动项目。

（10）对系统进行跟踪记录。

为了能密切地监视黑客的攻击活动，用户应该启动 Windows 10 的日志文件，来记录系统的运行情况，当黑客在攻击系统时，其踪迹都会被记录在日志文件中。为了保证日志的安全，必须限制对日志文件的访问权限，禁止一般权限的用户查看日志文件。要小心保护好日志文件的密码，因为一旦被黑客知道，他们就可以修改日志文件来隐藏其踪迹。

当然，如果你不想这么麻烦，可以使用第三方软件去优化系统，如 360 安全卫士、QQ 腾讯管家、百度卫士等软件，它们都可以对系统进行优化和加固。

> **试一试** 从上面的 10 个策略中选择几个策略，动手试一试吧。

3）应用软件安全技术

（1）浏览器安全配置。

用户在浏览网页的时候，通常都是通过 IE 浏览器进行的，为了网页的安全，可以设置 IE 安全级别。下面介绍一些常用的 IE 浏览器的安全配置方法。

① 安全级别的设定。

IE 的安全机制共分为高级、中级、中低级、低级 4 个级别，分别对应不同的网络功能。高级是最安全的浏览方式，但功能最少，禁用 Cookies（小型文字档案）后，可能造成某些需要进行验证的站点不能登录；中级是比较安全的浏览方式，中低级的浏览方式接近于中级，但在下载潜在的不安全内容之前不能给出提示，适用于内部网络；低级的浏览方式不能屏蔽任何活动内容，大多数内容自动下载并运行，安全防护措施不够。另外，IE 浏览器提供了"自定义级别"安全等级设置，可以根据需要来设置安全等级。具体方法如下。

打开 IE 浏览器之后，选择"工具"→"Internet 选项"命令，弹出"Internet 属性"对话框。选择"安全"选项卡，如图 7-16 所示。可以选择安全等级，也可以单击"自定义级别"按钮来进行设置，弹出"安全设置"对话框，如图 7-17 所示。

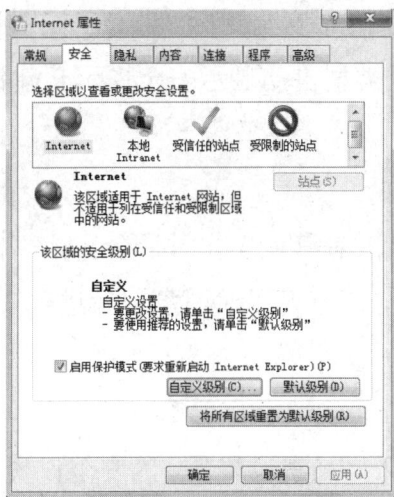

图 7-16　安全选项

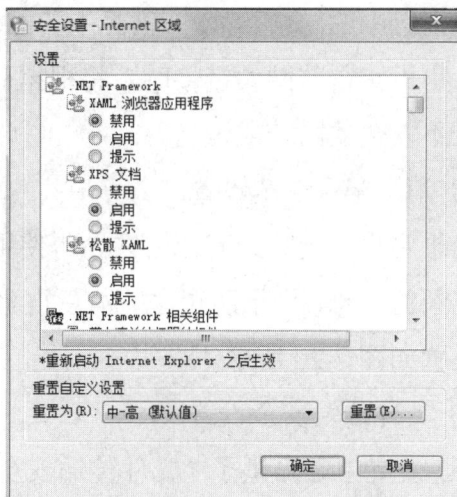

图 7-17　安全设置

② 下载安装 IE 零日补丁。

如何下载安装微软推送的重要更新——IE 零日补丁呢？

打开微软自带的"Windows 更新"功能，所有平台都可以通过控制面板找到"Windows 更新"，或是选择"控制面板"→"系统与安全"→"Windows 更新"，如图 7-18 所示。如果你是 Windows 8.8.1 用户，你也可以通过"WIN+S"组合键打开"搜索"窗口，然后搜索"Windows 更新"即可，如图 7-19 所示。

图 7-18　Windows 更新

图 7-19　搜索"Windows 更新"

如果没有推送更新，可以先单击"检查更新"按钮，再单击"1 个重要更新可用"按钮，可以看到，这个就是针对 IE 的补丁。然后单击"安装"按钮，会进入所需要的一个界面。安装完毕，提示重启。这样，IE 零日补丁就安装完成了。

（2）即时通信软件 QQ 的安全设置。

① 通过 QQ 配置提供的安全保护。

访问不良网站会造成用户的计算机被植入木马等严重后果，为了确保 QQ 用户可以安全地访问消息中的网站，QQ 在消息中的网站地址前添加了网站安全图标。当 QQ 识别到聊天消息中含有可点击的网站链接时，将根据后台记录的安全类型自动显示安全提示。建议用户不要打开不安全的网址或消息。

② 消息记录安全设置。

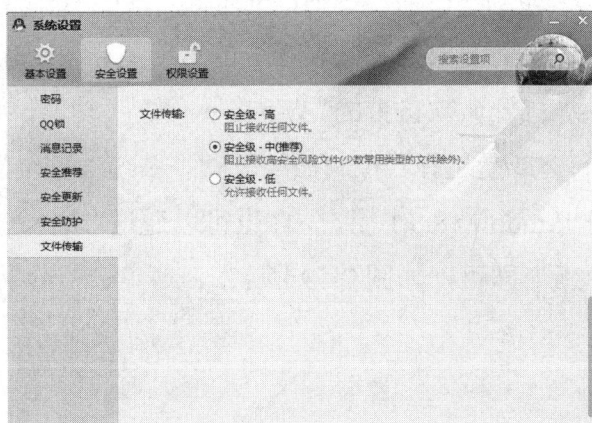

如果用户在网吧或其他公共场所使用 QQ 进行登录或者其他操作时，会在计算机中留下消息记录的信息，为了防止这些消息被恶意查看或使用，用户可以对消息记录进行安全设置，具体设置如图 7-20 所示。

③ 文件传输安全设置。

QQ 设置中心提供了"文件传输安全级"设置，进入"系统设置"→"安全设置"→"文件传输"进行传输文件的处理。用户可以根据使用场景，安全地处理传输文件，如图 7-21 所示。

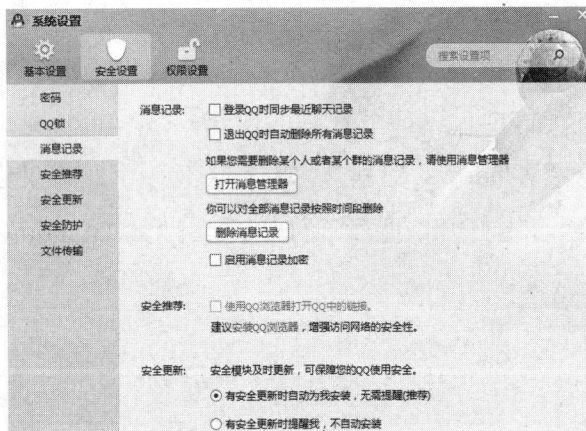

图 7-20　消息记录安全设置　　　　　图 7-21　文件传输安全设置

练一练

（1）把 IE 浏览器的安全级别设置为"中级"。

（2）把 QQ 设置中心的"文件传输安全级"设置为"中"。

2．支付安全技术

网络天生具有不安全性，特别是其网上支付领域有着各种各样的交易风险。但无论是何种风险，根本原因都是登录密码或支付密码泄露造成的。

因此，建议用户使用复杂的密码，降低被病毒破译密码的可能性，提高计算机系统的安全性。需要注意：一是密码不要设置为姓名、电话号码、生日等简单密码；二是应结合字母、数字、大小写共组密码；三是密码位数应尽量大于 9 位。

在登录支付资金时，应注意：一是确认该网站是否是官方网站；二是仔细核对该网站的域名是否正确，注意"1"与英文"1""字母 O"与"数字 0"等情况；三是保证良好的上网习惯，收藏常用的网址，减少网上链接。

（1）数字证书——U 盾。

数字证书的引入是在线支付安全问题的解决方案之一。它可以确认一个发送数字签字信息的人的身份，网上支付不安全，选择网下加以弥补。以工商银行推出并获得国家专利的客户证书 U 盾为例。从技术角度看，U 盾是用于网上银行电子签名和数字认证的工具，它内置微型智能卡处理器，采用 1024 位非对称密钥算法对数据进行加密、解密和数字签名。确保网上交易的保密性、真实性、完整性和不可否认性。它顺利地解决了当前网银密码泄露的问题。有了数字证书的应用，即使你的密码泄露了，没有证书，黑客也不能使用你的账户。

（2）动态电子密码。

动态电子密码的应用也可以确保电子银行账号的安全。现行的有两种措施：一种是在使用时查看当前的动态电子密码；另一种是临时通过绑定手机、密宝等通信工具，向账户所在银行申请临时密码。由于动态电子密码具有较强的时效性，可以保障账户资金的安全。还有其他防护措施。例如，某些网上银行交易金额限制，单次为 300 元，每日限额为 3000 元，主要是为了降低电子支付交易风险，但在一定程度上会给大额交易带来不便，这种措施治标不治本。

（3）"数字签名"及"信息摘要"可以证实一个信息是否被篡改。

（4）"双重加密"可以实行在线订货付款，而不让卖方看到信用卡号。

总之，技术的发展进步已经为电子商务支付安全技术提供了可行的解决方案。

3. 信息传输安全技术

随着信息时代的到来，人们的工作、学习和生活对信息技术的依赖达到了前所未有的程度。人们对信息技术的依赖程度越高，窃取信息、篡改数据、黑客攻击、病毒传播及形形色色的网络攻击造成的风险也越大，网络信息传输的安全性面临巨大的挑战，增强网络信息安全已是当务之急。

常见的方法有以下 3 种。

（1）信息传输加密。信息传输加密指发送方用加密密钥通过加密设备或算法，将信息加密后发送给接收方。接收方在收到密文后，用解密密钥对密文解密。

（2）数字签名。数字签名使用了非对称密钥加密技术。一套数字签名通常定义两种互补运算：一种用于签名；另一种用于验证。

（3）数字证书。数字证书是密钥与身份信息的结合体，多用于对信息真伪的验证。

另外也可以通过建立 Java Security 安全体系，做到不要忽略证书校验，保护好自己的密钥，尽量使用规范的 HTTPS 协议等，这些方法可以有效地保障信息传输的安全。

你知道吗？黑客，英文名为 Hacker，是指对计算机信息系统进行非授权访问的人员。人们通常认为黑客是指在计算机技术上有一定特长，并凭借自己掌握的技术知识，采用非法的手段逃过计算机网络系统的存取控制，而获得进入计算机网络进行未授权的或非法的访问的人。

黑客攻击的目的通常为窃取信息、获取口令、控制中间站点、获得超级用户权限。

防范黑客入侵的措施：①安全口令；②实施存取控制；③确保数据的安全；④定期分析系统日志；⑤不断完善服务器系统的安全性能；⑥进行动态站点监控；⑦用安全管理软件测试自己的站点；⑧做好数据的备份工作。

防范黑客入侵的步骤：①选好操作系统；②补丁升级；③关闭无用的服务；④隐藏 IP 地址；⑤查找本机漏洞；⑥防火墙软件保平安。

小贴士：

在开发第三方电子商务软件时，聘请外部审计人员来检查产品是否遵守了技术安全流程。向专业技术人员和非专业人员提供网络安全教育或培训，以确保他们了解所有针对 Web 应用程序的攻击威胁。在终端设备和基础设施上部署防火墙，用于控制进出流量，并部署入侵检测系统，以监控各种非法操作。确保网站符合 PCI 标准，该标准提供了在线金融交易安全的最佳安全实践。确保网站成功修复了已知的安全漏洞，并定期进行安全审计和软件更新。在用户输入支付卡信息时，始终检查网站是否受 SSL 保护，URL 是否带有绿色安全锁图标。

> **温馨提示**：上述有关数字签名、信息摘要、数字证书、双重加密等术语，请读者参照本书 7.2.1 的相关内容。

✖ 拓展学习

区块链将如何解决网上支付的安全问题

这是基于以太坊的 ERC-20 技术，该技术使其具有跨平台的功能，同时采用了 Pos 共识。KitPay 的工作原理是允许商家创建可以显示为 QR 码的支付请求。客户可以简单地扫描 QR 码，并发送所需的 Kit 代币作为支付。它还支持点对点汇款。

（1）安全。KitPay 基于区块链技术，这意味着它不会被野蛮的暴力黑客方法攻破。这给了用户和商家在线支付的安全保障。因为它是基于 POS 技术的，所以即使基于区块链的攻击，如 Sybil 攻击和 51% 的攻击，也不是问题。

（2）使用简单。KitPay 有一个使用起来很容易的网络平台和移动应用程序，它允许商家创建基于 QR 的支付请求，客户只需扫描就可以汇款。操作方便，即使那些不知道加密货币是如何运行的人也能够使用。

（3）跨平台支持。由于 KitPay 是基于 ERC-20 技术的，所以它还可以支持其他 ERC-20 代币，用户能够将法定货币和其他加密货币转换成 Kit 代币，因此可以用它来支付款项。

（4）机密性。KitPay 将使用唯一的加密假名代替真实姓名来保护敏感用户信息，这就阻止了网络钓鱼者为他们的用户信息锁定个人。

（5）交易费低。由于大多数系统都是通过智能合约和 SHA-256 散列函数实现自动化的，因此运行成本较低，KitPay 用户从而能够获得较低的交易成本。

另外，要注意使用环境免受不法分子侵害。

活动 7.2.3　技能训练：数字证书的安装和使用

数字证书就是互联网通信中标志通信各方身份信息的一串数字，提供了一种在互联网上验证通信实体身份的方式，其作用类似于司机的驾驶执照或日常生活中的身份证。它是由一个由权威机构——CA 发行的，人们可以在网上用它来识别对方的身份。

在客服的工作过程中，使用最多的是哪种数字证书？课前，请同学们以小组为单位，上网搜集资料，回答以下问题。

（1）什么是账户安全保护？

（2）支付宝证书支持的操作系统和浏览器分别有哪些？

（3）子账号安全保护方式有哪些？哪些是需要强制验证的？

各小组汇总学习结果，推荐代表在班级交流发言。

> **试一试**　选择一种方法，给自己的账号安装数字证书，具体的操作流程如表 7-10 所示。

表 7-10　安装数字证书

序号	选择安装数字证书的方法	具体的操作流程
1	通过手机短信	
2	接收邮件并回答安全保护问题	
3	提交客服申请单	

> **温馨提示**：每个账户安装数字证书的方法不一样，请你根据页面上提示的安装方法安装数字证书，优先推荐"通过手机短信"安装。

子账号的数字证书需要子账号自己安装,主账号要先为其打开数字证书保护开关,从 2013 年 11 月 22 日开始,异地登录的子账号需要进行手机验证或者子证书验证。

> **练一练** 安装子账号数字证书（包括绑定手机）的操作流程:
>
> _____
>
> _____

二维码一扫,钱没了;手机丢了,账户里的钱也跟着被盗了;接到伪装成银行官方客服的电话……当手机变成钱包给我们的生活带来诸多便利的时候,手机支付安全问题也日益凸显。我们该如何保障手机支付的安全呢?

保障手机支付的安全,你的做法: _____

_____

_____

> **教师点评**
>
>
>

任务 7.3 熟悉电子商务法律法规

问题引入

新《中华人民共和国消费者权益保护法》开始实施后,淘宝网为了更好地保护消费者的利益,默认为不支持"七天无理由退货"的有哪几个类型的商品?

_____

_____

_____

活动 7.3.1 了解电子商务法律法规

你知道吗?

在国家大力支持电子商务发展的背景下,有很多与电子商务相关的法律法规出台,如《中华人民共和国电子商务法》《网络购买商品七日无理由退货暂行办法》《中华人民共和国消费者权益保护法》。

做中学

● 在百度或搜狗等搜索引擎使用"电子商务立法""电子商务消费者权益""网上购物维权"等关键词搜索，在搜索过程中，把案例进行分类整理，把整理结果填入表 7-11 中。

表 7-11 搜索结果整理表

小 组 成 员	案 例	涉及的法律知识

● 讨论：在分类整理的案件中，主要涉及的法律法规有哪些？

必备知识

2018 年 8 月 31 日，第十三届全国人民代表大会常务委员会第五次会议通过《中华人民共和国电子商务法》（以下简称《电子商务法》），这是我国电子商务领域首部综合性法律，如图 7-22 所示。

图 7-22 《电子商务法》

1．将微商、代购、网络直播纳入范畴

《电子商务法》第九条规定：本法所称电子商务经营者，是指通过互联等信息网络从事销售商品或者提供服务的经营活动的自然人、法人和非法人组织，包括电子商务平台经营者、平台内经营者以及通过自建网站、其他网络服务销售商品或者提供服务的电子商务经营者。

2．电商平台不得删除消费者评价

《电子商务法》第三十九条规定：电子商务平台经营者应当建立健全信用评价制度，公示信用评价规则，为消费者提供对平台内销售的商品或者提供的服务进行评价的途径。电子商务平台经营者不得删除消费者对其平台内销售的商品或者提供的服务的评价。

3．制约大数据杀熟

《电子商务法》第十八条规定：电子商务经营者根据消费者的兴趣爱好、消费习惯等特征向其提供商品或者服务的搜索结果的，应当同时向该消费者提供不针对其个人特征的选项，尊重和平等保护消费者合法权益。电子商务经营者向消费者发送广告的，应当遵守《中华人民共和国广告法》的有关规定。

4. 禁止默认勾选，应当以显著方式提请消费者注意

《电子商务法》第十九条规定：电子商务经营者搭售商品或者服务，应当以显著方式提请消费者注意，不得将搭售商品或者服务作为默认同意的选项。

5. 押金退还不得设置不合理条件

《电子商务法》第二十一条规定：电子商务经营者按照约定向消费者收取押金的，应当明示押金退还的方式、程序，不得对押金退还设置不合理条件。消费者申请退还押金，符合押金退还条件的，电子商务经营者应当及时退还。

6. 规范电子商务合同的订立与履行中的难点问题

《电子商务法》第四十七条：电子商务当事人订立和履行合同，适用本章和《中华人民共和国民法总则》《中华人民共和国合同法》《中华人民共和国电子签名法》等法律的规定。

7. 电子商务经营者不得滥用市场支配地位

《电子商务法》第二十二条：电子商务经营者因其技术优势、用户数量、对相关行业的控制能力以及其他经营者对该电子商务经营者在交易上的依赖程度等因素而具有市场支配地位的，不得滥用市场支配地位，排除、限制竞争。

8. 电子商务平台经营者自营应显著标记

《电子商务法》第三十七条：电子商务平台经营者在其平台上开展自营业务的，应当以显著方式区分标记自营业务和平台内经营者开展的业务，不得误导消费者。电子商务平台经营者对其标记为自营的业务依法承担商品销售者或者服务提供者的民事责任。

9. 强化经营者举证责任

《电子商务法》第六十二条：在电子商务争议处理中，电子商务经营者应当提供原始合同和交易记录。因电子商务经营者丢失、伪造、篡改、销毁、隐匿或者拒绝提供前述资料，致使人民法院、仲裁机构或者有关机关无法查明事实的，电子商务经营者应当承担相应的法律责任。

10. 电子商务平台经营者未尽义务应依法担责

《电子商务法》第三十八条：电子商务平台经营者知道或者应当知道平台内经营者销售的商品或者提供的服务不符合保障人身、财产安全的要求，或者有其他侵害消费者合法权益行

为，未采取必要措施的，依法与该平台内经营者承担连带责任。

【案例7-7】

2019 年 4 月 28 日，王某在某店铺为公司购买了打印机色带，价格为 262 元。平台系统显示发票已经开出，但王某并未收到发票，经消费保诉处理专员核实，由于开票系统升级，这个订单的发票并未开具成功。

案例思考：

目前王某的发票已为其安排发货，如果你是客服，您将如何回复王某。

拓展学习

小组合作学习，掌握网络商务信息的方法。

● 登录百度、一搜、搜狗等搜索引擎，学习上面介绍过的任意一部法律法规，了解其具体内容。

● 结合生活中看到的一些电子商务法律案件，初步分析原因，小组交流后推荐代表在课内进行交流。

我们小组学习的一部法律法规是＿＿＿＿＿＿＿＿＿＿＿＿＿＿＿＿＿＿＿＿＿＿＿＿＿

＿＿＿＿＿＿＿＿＿＿＿＿＿＿＿＿＿＿＿＿＿＿＿＿＿＿＿＿＿＿＿＿＿＿＿＿＿＿＿

这部法律法规的相关内容是＿＿＿＿＿＿＿＿＿＿＿＿＿＿＿＿＿＿＿＿＿＿＿＿＿＿

＿＿＿＿＿＿＿＿＿＿＿＿＿＿＿＿＿＿＿＿＿＿＿＿＿＿＿＿＿＿＿＿＿＿＿＿＿＿＿

＿＿＿＿＿＿＿＿＿＿＿＿＿＿＿＿＿＿＿＿＿＿＿＿＿＿＿＿＿＿＿＿＿＿＿＿＿＿＿

相关的案例是＿＿＿＿＿＿＿＿＿＿＿＿＿＿＿＿＿＿＿＿＿＿＿＿＿＿＿＿＿＿＿＿＿

本小组推荐的代表：＿＿＿＿＿＿＿＿＿＿＿＿＿＿＿＿＿＿＿＿＿＿＿＿＿＿＿＿＿＿

活动 7.3.2　学习网络零售平台规则

做中学

● 通常，你会在哪些网络零售平台购物？为什么？

＿＿＿＿＿＿＿＿＿＿＿＿＿＿＿＿＿＿＿＿＿＿＿＿＿＿＿＿＿＿＿＿＿＿＿＿＿＿＿

● 在网络零售平台购物，你觉得遇到的最大的问题是什么？为了避免这些问题，你会怎么做呢？

＿＿＿＿＿＿＿＿＿＿＿＿＿＿＿＿＿＿＿＿＿＿＿＿＿＿＿＿＿＿＿＿＿＿＿＿＿＿＿

必备知识

1．目前国内比较成功的网络零售平台

目前国内比较成功的网络零售平台有淘宝、京东、当当网、苏宁易购、唯品会、乐蜂网、1号店、中酒网等。

2．淘宝平台规则

1）虚假交易定义

虚假交易定义是指卖家通过虚构或隐瞒交易事实、规避或恶意利用信用记录规则等不正当方式，获取虚假的商品销售、店铺评分、信用积分、商品评论或成交金额等不正当利益的行为。

2）常见的虚假交易方式

（1）发布无实质内容的商品：卖家发布免费获取或价格奇低的商品；卖家在搭配套餐等打包销售形式的商品描述中有明确表示仅部分商品会发货的文字内容。

（2）其他形式进行虚假交易：卖家将一件商品拆分为多个不同形式或页面发布；卖家将赠品打包出售或利用赠品提升信誉等；卖家使用虚假的发货单号或一个单号重复多次使用；卖家变更商品页面信息、大幅度修改商品价格或商品成交价格等。

（3）其他手段进行虚假交易：卖家自己注册或操纵其他账号，购买自己发布的商品；卖家利用第三方提供的工具、服务或便利条件进行虚假交易等。

3）虚假交易处罚

虚假交易处罚内容如表7-12所示。

表7-12　虚假交易处罚内容

严重程度	具体情形	违规纠正	扣分
涉嫌	单个商品涉嫌虚假交易（不论次数和笔数）	单个商品降权30天，多次发生的，降权时间滚动计算	不扣分
情节轻微	第一次或第二次虚假交易笔数<96笔	取消虚假交易产生的不当利益	2分
情节一般	第一、第二次虚假交易笔数≥96笔，第三次虚假交易笔数<96笔	取消虚假交易产生的不当利益	12分
情节严重	第三次且虚假交易笔数≥96笔；第四次虚假交易（不论笔数）	取消虚假交易产生的不当利益，下架全部商品	48分
情节特别严重	累计3次以上被认定为"情节严重"的虚假交易行为	取消虚假交易产生的不当利益	48分

4）虚假交易申述

（1）卖家可在系统发出虚假交易违规通知之时起3天内在"卖家中心→体验中心→待处理"页面提交相应凭证进行申诉。

（2）若商品存在虚假交易行为被搜索降权，可在降权期间进入"卖家中心→体验中心—违规处理"页面提交相应凭证进行申诉。

【案例 7-8】

某天猫店主老刘，最近获得了某品牌的经销权，在天猫注册了品牌店，运营了一个月，生意蒸蒸日上。

"哈哈，我成功报名了'双十一'主会场，这次活动我要主推这款榨汁机。"

"哇哦，和我同一个品牌的这个同行的图片做得超好看！太好了，拿来放在我的商品详情介绍一定能成为爆款！"

……

"双十一"前夕，老刘收到了盗图违规信息，使用同行的那张好看的图片居然涉嫌盗图了！

老刘联系品牌方出示了品牌经销商授权合同，并向平台反馈自己是获得品牌授权的，但是小二并未支持老刘的申诉请求。

案例思考：

请你联系所学内容，说说本案例给你的启示。

3. 京东商城平台规则

（1）如何区分京东商城销售的商品和第三方卖家销售的商品？发票由谁开具？

① 京东商城销售的商品：商品从京东库房出库，由京东安排配送，且商品发票由京东提供。如在 211 服务承诺范围内的订单，可享受限时达服务。可通过商品编号区分：价格上方的商品编号为 6 位、7 位、8 位（图书音像）；可通过商品库存显示信息区分：库存信息中显示发货方为京东，如图 7-23 所示。

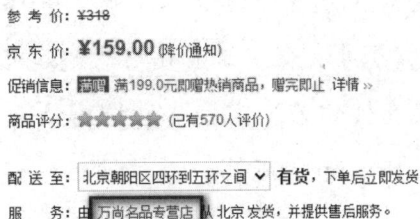

② 第三方卖家销售的商品：商品由第三方卖家直接安排快递公司发货，且商品发票由第三方卖家提供。暂不支持 211 限时达服务。可通过商品编号区分：价格上方的商品编号为 10 位；可通过商品库存显示信息区分：库存信息中显示发货方为第三方卖家，如图 7-24 所示，且发票由第三方卖家提供（个别商品可能由京东发货，详见商品页面信息）。

图 7-23　京东商城销售的商品　　　　图 7-24　第三方卖家销售的商品

（2）售后服务。

京东自营商品（指在商品详情页明确标识为"京东发货并提供售后服务"的商品），它提供七天无理由退货、售后上门取件、售后100分、售后到家、极售后服务、上门换新、生鲜"优鲜赔"、闪电退款、以换代修共9种特色售后服务。

> **议一议** 查看《京东开放平台总则》，了解京东商城售后服务及京东特色售后服务的相关内容。在售后服务上，京东商城与淘宝、天猫有何异同？

（3）配送。

京东推出了"当日达""次日达""隔日达"3种配送服务。

（4）支付。

支付可以选择货到付款、快捷支付、邮局汇款、支票支付、扫描支付等方式。

《京东开放平台行业标准》主要规范了服饰行业标准、箱包行业标准、鞋类行业标准，以及户外运动行业标准和母婴行业标准。

✂ 拓展学习

走近直播

近年来，大数据、云计算、人工智能、虚拟现实等数字技术快速发展，为电子商务创造了丰富的应用场景，正在驱动新一轮电子商务产业创新。

中国互联网络信息中心（CNNIC）发布的第45次《中国互联网络发展状况统计报告》数据显示，截至2020年3月，我国网络直播用户规模达5.6亿人，较2018年年底增长1.63亿人，占网民整体的62%。一个万亿元直播经济的风口正在逼近！"直播+"已是未来行业创新发展的趋势，它与电竞、综艺、文化、旅游、教育等产业相结合，努力构建多元化、差异化、高品质的直播生态体系，成为行业发展的主要动力。

以淘宝直播来看，天猫"6·18"活动从6月1日起正式开场，从0点开始后的1小时29分钟正式宣布破20亿元。这是阿里GMV突破1万亿美元之后的首个"6·18"活动，更是疫情之后拉动内需的一场重要节点。2020年天猫"6·18"活动期间，超过300个明星、4大卫视全部入局。值得一提的是，除了网红达人，天猫"6·18"活动首日，格力董事长董明珠就率3万多家门店参与淘宝直播等平台的活动。2020年，天猫"6·18"活动自5月25日预售启动以来，淘宝直播已超过140万场。

淘宝直播作为淘宝独立的电商App，近一年内用户规模呈现爆发式增长态势，2020年3月淘宝直播App活跃用户高达375.6万人，同比增长率高达470%，直播电商行业红利仍将持续。

● 请利用互联网查找淘宝、微信、快手、蘑菇街、红豆角5个直播平台，了解它们开通直播的条件，如表 7-13 所示。

表 7-13　直播平台及它们开通直播的条件

直 播 平 台	开通直播的条件
淘宝	
微信	
快手	
蘑菇街	
红豆角	

活动 7.3.3　技能训练：电子商务客服面临的交易风险的防范措施

通过采访和上网搜集资料的形式，小组合作开展训练，具体要求如下。

（1）分组分任务搜集电子商务客服面临的交易风险，填写完成表 7-14。各组长负责整理好相关的资料，小组推荐代表在班内进行交流。

表 7-14　电子商务客服面临的交易风险

客　服	平　台	交 易 风 险	处 理 方 法	对应的规则

（2）淘宝网"七天无理由退货"规则如表 7-15 所示。

表 7-15　淘宝网"七天无理由退货"规则

分　类	类　型	商 品 举 例
默认不支持"七天无理由退货"	定制类商品	个性定制、设计服务（要求属性：定制）
	鲜活易腐类商品	鲜花绿植、水产肉类、新鲜蔬果、宠物
	在线下载或者消费者拆封的音像制品、计算机软件等数字化商品	网游、话费、数字阅读、网络服务
	杂志、图书	杂志、图书
	服务性质的商品	本地生活、服务市场等，如家政服务、翻译服务等
	个人闲置类商品	个人闲置，一级类目为自用闲置转让
可选支持"七天无理由退货"（默认支持"七天无理由退货"，卖家可根据商品性质选择不支持"七天无理由退货"）	非生活类消费品，如商业用途类商品	房产、新车、网络服务器、商用物品等
	代购服务类商品	采购地为海外且库存类型为海外代购（无现货，需要采购）

分　类	类　型	商品举例
可选支持"七天无理由退货"（默认支持"七天无理由退货"，卖家可根据商品性质选择不支持"七天无理由退货"）	二手类商品	二手商品
	成人用品，有包装的保险套除外	成人用品
	贴身衣物	内裤、内衣、泳衣、袜子、打底裤等
	古董孤品类商品	古董、邮币、字画、收藏类等
	食品、保健品类商品	食品（含婴幼儿食品、零食、冲饮、酒类、粮油米面、干货、调味品）、保健品（含中药、膳食营养补充剂）、宠物医疗用品等
	贵重珠宝饰品类	珠宝、钻石、翡翠、黄金等
	家居、家电类	家具、大家电（如电视、空调、冰箱）等
必须支持"七天无理由退货"	除以上15类商品外的所有品类之外，其他商品品类均必须支持"七天无理由退货"	服装服饰、数码产品及配件、家纺居家日用、化妆品、婴童用品（除食品）等

做一做　关于邮费争议问题：

由买家发起的"七天无理由退货"服务的邮费承担原则：交易中的运费争议，根据"_____"的原则处理。

（1）若淘宝网判定卖家责任（如商品存在质量问题、描述不符合等），来回运费都需要由_____承担。

（2）买家责任（不喜欢/不合适等），买家承担_____；如商品为卖家包邮商品，买家只需要承担_____。

（3）如果交易存在约定不清的情形，淘宝网无法确定是谁的责任，交易做退货退款处理，发货运费由_____承担，退货运费由_____承担。

（3）淘宝网对部分商品完好的认定标准如表7-16所示。

表7-16　淘宝网对部分商品完好的认定标准

类目名称	认定标准
运动鞋	防盗扣、防损贴（若有）且不影响合理试用，不可剪掉、撕毁
洗护清洁剂/卫生巾/纸/香薰	洗护类商品一次性密封包装未拆封
美发护发/假发	美发护发类商品一次性密封包装未拆封
美容护肤/美体/精油	商品一次性密封包装未拆封
彩妆/香水/美妆工具	商品一次性密封包装未拆封
数码家电行业（除了相机、大家电）	1. 进网许可证未损坏（毁）； 2. 未有浸液
数码相机/单反相机/摄像机	单反相机类商品快门次数不超过20次

续表

类 目 名 称	认 定 标 准
大家电	1. 液晶电视、空调允许简单通电调试，不得上墙安装使用； 2. 洗衣机不得过水使用
ZIPPO/瑞士军刀/眼镜	ZIPPO 类商品棉芯不得注油使用，打火轮、火石无明显磨损
模玩/动漫/周边/COS/桌游	模型、手办、兵人、BJD 类商品内包装（若有）胶条、塑封不可拆
电子元器件	1. 未进行过焊接操作； 2. 集成电路未在 IC 底座上安装； 3. 易耗品（导热硅脂/导热膏、电子胶/灌封胶/密封剂/黏合剂、导电胶、导电墨水）一次性密封包装未拆封
一级类目"电玩/配件/游戏/攻略"下的二级类目"游戏软件"	商品外包装一次性密封包装未拆封
一级类目"宠物/宠物食品及用品"下的宠物食品、保健品和药品	商品外包装一次性密封包装未拆封
杂志/图书	1. 商品一次性密封包装未拆封； 2. 商品无折痕、水渍、污损、字迹、阅读痕迹
一级类目"畜牧/养殖物资"下的二级类目"饲料""动物保健品/兽药"	商品一次性密封包装未拆封
一级类目"农用物资"下的二级类目"种子/种苗""农药""肥料"	商品一次性密封包装未拆封
食品（含保健食品）、化妆品、医疗器械、计生用品、个人护理用品、成人用品、婴儿尿片、图书、音像制品外包装被一次性密封的，不得拆封	
"密封"是指商品外包装被生产厂商加以了封条（签）或整体塑（密）封的包装措施	

议一议

买家退货时换了商品，换的商品价格低于店铺出售的商品价格怎么办？

_____

卖家按照买家要求的新地址发货，结果买家说未收到货怎么办？

_____

买家因卖家拒绝退款而给的差评是否属于恶意评价？

_____

✖ 拓展学习

小林在××官方旗舰店买了几片面膜，是××补水保湿面膜组合30片深层滋润正品。可小林把收到的面膜跟官网上的面膜一对比，发现套餐中的海洋冰泉补水面膜与官网上的不一致。再对比其他平台的这款面膜，包装与官网上的无差别。小林怀疑自己买到假货，随后联系××官方旗舰店的客服，得到的回复是面膜换包装了。可是小林在××官方旗舰店的页面上并看见没有此项说明，于是小林决定维权。

如果你是××官方旗舰店的客服，你会怎么做呢？

_____

_____

_____

教师点评

项目小结

通过本项目的学习，我们认识到作为电子商务客服，在售中、售后过程中都会面临着各种交易风险（木马病毒、恶意评价等），电子商务客服既要有防范措施，又要具备根据具体情况灵活处理的能力，希望同学们在实际操作中多向有经验的电子商务客服学习，熟悉相应的操作规则，学会保护自己。电子商务系统中使用的安全技术包括加密技术、数字签名技术、数字时间戳技术、数字证书技术、防火墙技术、入侵检测技术、VPN技术、防病毒技术及一些相关的安全协议等。根据电子商务活动的过程，可以把这些安全技术归结为3类：客户端安全技术、支付安全技术、信息传输安全技术。这些安全技术和电子商务安全协议一起构成了网络安全体系。通过识别钓鱼网站、介绍常规杀毒软件、安装和使用数字证书等，可以初步保障电子商务客服的安全交易。

项目 8
电子商务客服职业倦怠调整

学习目标

通过学习本项目，你应该能够：

（1）了解电子商务客服所承受的各种压力，通过对各种压力成因的分析，能正确地对待电子商务客服工作；

（2）了解电子商务客服的情绪周期，在各种压力面前，能进行自我舒缓与调适；

（3）理解职业倦怠的含义，了解电子商务客服职业倦怠的外在表象；

（4）了解电子商务客服出现职业倦怠的表现，以及清楚其对企业和个人造成的危害；

（5）熟悉电子商务客服职业倦怠的类别，掌握有效消除职业倦怠的方法。

你知道吗？

近年来，我国电子商务持续快速发展，各种新业态不断涌现，在增强经济发展活力、提高资源配置效率、推动传统产业转型升级、开辟就业创业渠道等方面发挥了重要作用。数据统计显示，2018 年我国电子商务交易额达到 31.63 万亿元，同比增长 8.5%。其中，商品、服务类电子商务交易额达到 30.61 万亿元，同比增长 14.5%。截至 2020 年 3 月，电商直播用户规模达 2.65 亿人，占网购用户的 37.2%，占直播用户的 47.3%。我国网络购物已经进入高速增长期，成为具有代表性的新型消费模式，而依托于电子商务经营的新职业——电子商务客服也正在迅速崛起，图 8-1 所示为电子商务客服。

电子商务客服的工作内容多样，主要包括引导客户购物、解答客户问题、提供技术支持、消除客户不满情绪等。其工作方式主要通过各类聊天通信工具，在线上和客户实时交流及进行资料传送等。

随着电子商务行业的迅速发展，企业对服务质量关注度的逐渐提高，客户服务部门已成为企业加强与客户关系、提升服务质量的重要部门。

本项目主要完成两个任务：了解电子商务客服承受的压力；了解职业倦怠。

图 8-1　电子商务客服

任务 8.1　了解电子商务客服承受的压力

电子商务客服在商品的推广、销售及售后服务方面均起着极其重要的作用，而从事这个行业的人员因为工作的特殊性，也经受着不同于其他行业人员的心理压力，身心健康受到了影响。

问题引入

当地一家企业到学校招聘电子商务客服，听说工作环境不错，整天与计算机打交道，许多同学跃跃欲试，恨不得早日去上班。假如你也在录取之列，在上班之前，请思考下列问题：电子商务客服要面临哪些方面的压力？这些压力对他们的身心健康有什么影响？应该如何正确对待这些压力？

_____

_____

活动 8.1.1　分析电子商务客服压力的来源

做中学

● 请在你认识的从事电子商务客服工作的家人、朋友和同学中做个小调查，了解她（他）们对这项工作的认识，从事这项工作要面临哪些方面的压力，她（他）们是如何缓解或消除这些压力的。请将调查结果填入表 8-1 中。

表 8-1　电子商务客服的压力来源及缓解办法调查表

调 查 人 群	性　别	压 力 来 源	缓 解 办 法
20～30 岁	男		
	女		

● 请你依据表 8-1，设计一份电子商务客服的压力来源调查表。结合教材中的必备知识理解电子商务客服承受的各种压力及其对人身心健康的影响。

教师点评

📝 必备知识

1. 电子商务客服的心理压力表现

电子商务客服的心理压力具体表现在四大方面：一是生理方面，表现为一系列的生理症状，如失眠、入睡困难、头晕头痛、疲倦、肠胃失调、血压增高等，有时严重到需要就医；二是情绪方面，表现为焦虑、急躁、紧张等情绪过敏症状，同时心理可能会出现孤独感和厌倦感等，严重时会导致抑郁症；三是思维方面，表现为注意力不集中，大脑常常陷入迷茫状态；四是行为方面，长期或过激的消极压力可能会导致一系列的不良行为，部分人会以抽烟、酗酒，甚至攻击、破坏行为来缓解或转移压力。

2. 电子商务客服心理压力成因分析

议一议 造成电子商务客服心理压力大的内在原因有哪些？电子商务客服应该具备哪些心理素质以缓解内心的压力？

1）内在原因

一是电子商务客服能力不足。网络服务工作看似简单，实际操作却不易。电子商务客服多为文字客服，不但需要较高的计算机操作能力，还需要一定的语言组织能力和良好的沟通技巧。能力的不足常常使电子商务客服手忙脚乱，不断受到挫折，感到沮丧，从而造成心理压力大。

二是自我职业生涯发展规划受阻。电子商务客服是近年来的新兴工作，因其工作方式的特殊性，对从业人员的能力和技能都有较高的要求，从业人员的年龄多为 20～30 岁，正处于职业生涯的打基础阶段。但是，目前电子商务客服行业仍缺乏健全的职业晋升机制，大多数从业人员都感到个人发展空间不足，自我职业生涯规划发展缓慢或受阻。

三是性格职业匹配度低。电子商务客服工作最主要的工作内容就是和客户打交道。电子商务客服更是多以视频、语言或文字的形式与客户进行沟通，要想进行良好有效的沟通，就要求电子商务客服必须具有开朗、隐忍、善于倾听、思维敏捷、同理心等性格特质。

2）外在原因

想一想 造成电子商务客服心理压力大的外在原因有哪些？企业应该如何为电子商务客服减轻来自外界的压力？

据调查，电子商务客服面临的外在压力主要来自六大方面：客户期望值的提升、电子商务客服失误导致的投诉、超负荷工作的压力、同行业竞争加剧、客户提出的不合理需求、客户服务需求变动。

（1）客户期望值的提升。

> **议一议** 时下尽管企业的服务水平较之前有了很大的提升，客户获得的服务越来越好，但客户满意度不但没有提升，反而在下降，这是为什么呢？让我们一起来讨论一下。

企业的服务水平不断提升，客户满意度不升反降的原因在于客户对服务的期望值越来越高，以及客户的自我保护意识在不断加强。客户期望值的提高与同行业竞争加剧分不开，客户每天都被优质服务所包围，如此一来，他们对服务的要求也就越来越高了。

（2）电子商务客服失误导致的投诉。

一般情况下，客户投诉可以通过一些技巧方法，很好地处理。但是，有些投诉是非常难解决的，如电子商务客服失误导致的投诉就属于这一类。例如，客户如果快件有丢失，尽管快递公司会按《中华人民共和国邮政法》的规定，给予客户运费3倍的赔偿，但是由此给客户带来的损失很难弥补，即使电子商务客服道歉，也不能使客户满意。同时，在短时间内处理快件丢失带来的影响，会给电子商务客服带来巨大的压力。

（3）超负荷工作的压力。

现在很多企业的电子商务客服都在超负荷的工作压力之下，一个人做两个人的工作是很常见的。客户需求的变动会使企业很难按客户最大的期望值来安排电子商务客服的服务。因此，如何调整心态、提升解决难题的能力，是电子商务客服面临的又一个挑战。

【案例 8-1】

36岁淘宝"达人"猝死　电商圈引发"震荡"

淘品牌御泥坊前董事长吴立君，网名"三创"，中国电子商务高级专家，2009年度十大网络创业先锋。2013年7月15日下午因突发脑疾在长沙去世，年仅36岁。这条消息在电商圈引起"震荡"，一方面不少电商行业的人对这位敢吃苦的创业型人才英年早逝扼腕叹息，另一方面很多人也在对照自己繁重的工作压力，对连续加班的状态表达不满。

人称"淘宝大将军"的吴立君生前是湖南三创电子商务公司董事长，2005—2010年连续6年被评为百强网商，是淘宝网湖南商盟创始人之一。公开资料显示，2006—2008年9月，吴立君任"御泥坊"董事长兼营销总监，开业半年就获得淘宝最佳面膜排名第一，最终收购生产厂家，成为淘品牌50强。

2012年7月，一名年仅24岁的淘宝杭州卖家突然离世，曾引发了社会对淘宝店主这个群体健康状况的讨论。当时淘宝网官方曾发微博表示惋惜和哀伤，并呼吁淘宝店主们事业再重要，也不要透支生命，要多注意自身的健康问题。

电商行业是加班的重灾区。一家电商网站的负责人透露，电商行业基于客户服务、市场推广的需要，企业要面对订单大量增长的情况，往往为了保障良好的用户体验，员工不得不连夜加工订单、发货，确保客服在岗，以及配合促销调整网站页面等。加班已经成为这个行业的文化。

"电子商务的业态，改变了人们的生活方式，也改变了很多人的工作方式，它使改变成为一种常态。在这种变化以日计量的行业及时代，往往牺牲的是平常的休息及幸福的家庭生活。"本来生活网市场部负责人邹一波表示。

案例思考：

接连出现的淘宝店主猝死事件引发了社会对这个群体的关注。淘宝网曾对 74 名淘宝店主取样为身体状况专门做了健康调查，结果不容乐观。淘宝店主为什么容易猝死？淘宝店主们的生存状态堪忧。

（4）同行业竞争加剧。

同行业竞争导致的结果就是企业需要做得更好、提供更优质的服务。在这种背景下，电子商务客服的工作压力增大是必然的。

（5）客户提出的不合理需求。

有时候客户提出的不合理需求也会给电子商务客服造成很大的压力。企业不允许那么做，客户却偏要那么做，满足了客户，就违反了企业规定；遵守了企业规定，又会得罪客户。如何在遵守企业规定的前提下，让客户接受自己的合理解释，这就成了电子商务客服面临的又一难题。

> **议一议** 电子商务客服需要具备哪些能力？

（6）客户服务需求变动。

几乎所有的行业都会有服务的高峰期。当高峰期出现的时候，由于客户人数众多，电子商务客服的服务热情很难长期维持，但客户不会理解这些，他们要求在高峰期同样享受到优质服务，如若不然，就会表示不满，甚至向电子商务客服施压。对于上面的压力，电子商务客服如果不能很好地应对，就无法提供令客户满意的优质服务。从另一个角度来讲，企业也无法获得真正的服务竞争优势。

3. 压力对绩效的影响

> **议一议** 什么是压力？你在生活、学习中存在哪些压力？这些压力对你的生活质量和学习效率有什么样的影响？

压力是指个体在环境中受到各种因素刺激的影响而产生的一种紧张情绪，这种情绪会正向或负向地影响到个体的行为。工作压力过大往往导致员工出现经常性旷工、心不在焉、创造力下降、离职等情况，最终造成企业生产力的损失。据统计，美国仅因员工压力过大每年造成的企业损失就超过1500亿美元。当员工感觉压力越来越大时，企业应该想方设法减轻员工的压力，降低压力对员工的负面影响。

压力与绩效的倒U形关系如图8-2所示。当员工完成工作任务的压力非常小时，会觉得工作乏味、缺乏挑战性，注意力很难集中到工作上，从而绩效很低。

随着压力的逐渐增大，员工受到激发，绩效得到提高。在压力达到最佳点之前，压力越大，绩效越高。

当压力超过最佳点后，压力越大，绩效越低。随着压力的增加，依次出现过压、急躁、焦虑等状态，甚至使人崩溃。

在绩效最高点附近的绩效区，被称为最佳绩效区。在绩效最高点附近的压力区，被称为最佳压力区。如何通过压力管理，将压力保持在最佳压力区，进而使绩效处于最佳绩效区，是压力管理的主要任务之一。

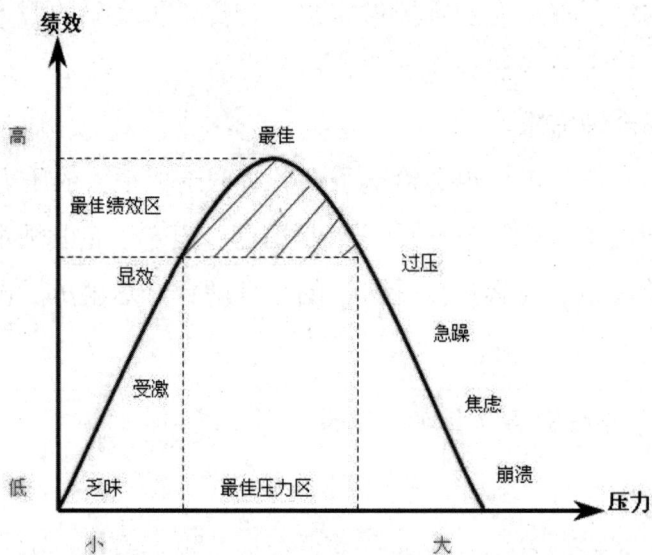

图8-2 压力与绩效的倒U形关系

你知道吗？

经调查，员工的压力主要来自以下四大方面。第一，压力来自工作本身。员工个人能力、个性与工作要求不匹配，可能会给员工带来压力。企业发展目标不明、部门间协调配合不力、员工角色定位模糊、岗位职责不清，都可能导致员工无所适从。对员工工作成果评价机制不健全，缺少有效的绩效反馈信息，也会给员工带来压力。第二，压力来自工作中的人际关系。工作中，员工之间人际关系紧张，不能处理好与客户的关系，下级不能适应上级的领导风格，以及上级不能有效管理下级，这些人际关系因素都会给员工带来压力。第三，压力来自职业发展前景。企业没有为员工提供有力的工作保障，没有充分考虑员工的职业发展需求，员工自身没有明确的职业生涯定位，职业发展前景方面的困境使员工陷入"心理泥沼"。第四，压力来自工作环境。企业文化氛围、企业内部管理制度、企业组织结构，甚至企业工作环境，这些因素都会给员工带来压力。

✎ 拓展学习

● 登录百度，输入关键词"电子商务客服的基本要求""电子商务客服技巧""当网店客服要注意什么"等进行搜索，了解企业对电子商务客服的素质要求，从而推断其压力来源，并将相关内容填入表 8-2 中。

表 8-2 电子商务客服的素质要求及带来的压力

电子商务客服的素质要求	带来的压力

● 小组讨论：电子商务客服面临的压力除了上述几项，还有其他方面的压力吗？推荐代表课内进行交流。

教师点评

🔍【案例 8-2】

1. 孩子刚满月，每天工作到 22:00，最忙的时候一天只睡三四个小时

"脚打后脑勺。"淘宝店主李刚这样形容自己忙碌时候的状态。"由于是自己开的小店，进货、拍照、商品描述、上架，都是我一个人在做，刚进货的时候会很忙，要亲自去批发市场挑选货源，然后打包发货回来，有时候都顾不上吃饭，一天只吃一顿饭的时候也是有的。"

不进货的日子，他也要从早上 6:00 一直忙到 0:00，中间只有一个小时的午休时间，基本上全天都守候在计算机旁，做客服，检查库存，订单整理。周末进货和周一、周二上新货更忙，最忙的时候他一天只睡三四个小时。"忙起来就不觉得饿。"他也因此患上了胃病。

皇冠级别店主小曹，最忙的一天要发 40 个快件。"衣服要去市场拿货回来，然后要熨烫，检查质量，修剪线头，40 个快件一般要中午边做客服边发货，发到晚上七八点才能发完。"

记者调查发现，一天工作 12 个小时以上，对淘宝店主来说是家常便饭。淘宝店主"夏天的梅园"的孩子刚满月，她现在一边照顾孩子，一边做客服，每天忙碌到 22:00，22:00 以后丈夫接班继续做客服。做活动时，连续几天忙到半夜更是常有的事情。平常孩子哭了，她就去隔壁房间给孩子喂奶，孩子吃饱不闹了，她又接着去做客服。生孩子之前，她和老公每天都工作 14~16 个小时。

2．担心差评和库存的压力让他们没法停下来

从 2020 年开始，李刚找了一份工程项目部预算员的工作，淘宝店就作为兼职在做，可疏于打理的淘宝店的生意很快就冷淡下来。之所以会放弃淘宝店，李刚说，是因为工作辛苦又赚不到钱，让 25 岁的他看不到希望。

但像"夏天的梅园"和小曹这样的淘宝店主，他们却很少有放弃的打算。他们把淘宝店作为他们的全职工作，"夏天的梅园"夫妇两人将全部的家当都投进淘宝店，挣了钱就进货，现在他们手里没有现金，但有价值 20 余万元的库存。好不容易用几年时间做起来的皇冠级信誉，也让他们没办法舍弃，这些都逼着他们做下去。

虽然是皇冠级的店铺，但小曹还是很担心中差评。小曹说："中差评积累多了，好评率也会下降，肯定会影响生意的。竞争太大了，这是没办法的事情。"

案例思考：

在电子商务行业风生水起之际，淘宝店主的工作压力却如此之大，即将走上电子商务客服岗位的你，做好充分的准备了吗？

活动 8.1.2　熟悉电子商务客服的情绪周期

做中学

查找相应的信息，结合教材中的必备知识掌握情绪周期的定义与调整方法。

● 登录百度，输入关键词"情绪周期"，掌握情绪周期的概念。

● 登录百度，输入关键词"人的情绪周期"，了解人的情绪周期有哪些具体表现。

● 小组讨论：根据以上调查所搜集到的资料，针对人的情绪周期对工作有哪些影响展开讨论，推荐代表课内交流。

必备知识

1．情绪周期的概念

所谓"情绪周期"，是指一个人的情绪高潮和低潮的交替过程所经历的时间。它反映人体内部的周期性张弛规律，亦称"情绪生物节律"。人若处于情绪周期的高潮，则表现出强烈的生命活力，对人和蔼可亲，感情丰富，做事认真，容易接受别人的规劝；人若处于情绪周期的低潮，则容易急躁和发脾气，易产生反抗情绪，喜怒无常，常感到孤独与寂寞。

你知道吗？

人的情绪周期与生俱来。从出生的那一天开始，一般 28 天为一个周期，周而复始。每个周期的前一半时间为高潮期，后一半时间为低潮期。在高潮期与低潮期之间，即由高潮期向低潮期或由低潮期向高潮期过渡的时间，称为临界期，一般为 2～3 天。临界期的特点是情绪不稳定，机体各方面的协调性能差。

2. 调整情绪周期

> **议一议** 电子商务客服应该如何正确认识情绪周期？在工作中应该怎样调整情绪周期，以提高工作效率？

情绪周期是人生情感的晴雨表，可据此安排好生活和工作。情绪高涨时可以安排一些难度大、较烦琐的任务，而在情绪低落时则可以多出去走走，多参加体育锻炼，放松身心，放宽心情，有了烦心的事多向亲人、同学、朋友倾诉，寻求心理上的支持，安全地度过情绪低潮期。同时，如果遇上低潮期和临界期，要提高警惕，运用意志加强自我控制，也可以把自己的情绪周期告诉自己最亲密的朋友，一方面可以让他们提醒你，帮助你克服不良情绪，另一方面可以避免不良情绪带来的误会。

你知道吗？

一个重要的心理规律是，无论多么痛苦的事情，都是逃不掉的。只能勇敢地面对它、化解它、超越它，最后和它达成和解。如果你自己暂时缺乏力量，可以寻找亲友的帮助，或寻找专业人士的帮助，让信任的人陪着你一起去面对这些痛苦的事情。

【案例 8-3】

美国心理学家罗杰斯曾是孤独的人，但当他面对这个事实并化解后，他成了真正的人际关系大师；美国心理学家弗兰克有一个暴虐而酗酒的继父和一个糟糕的母亲，但当他接受这个事实并最终原谅了父母后，他成为治疗这方面问题的专家；日本心理学家森田正马曾是严重的神经症患者，但他挑战自我并最终发明了森田疗法……他们生命中痛苦的事实最后都变成了他们的"财富"。

案例思考：

当你的生活中出现类似的问题和困难时，你会怎么解决？

教师点评

活动8.1.3　技能训练：压力的自我舒缓与调适

你知道吗？

调查显示：超半数淘宝店主颈椎异常。

据了解，2011年11月，淘宝网曾对74名淘宝店主取样为身体状况专门做了健康调查。其中：颈椎异常38人，超过50%；女性乳腺增生37人，占女性人数的94%；视力屈光不正26人；慢性咽炎21人；血脂异常19人；脂肪肝18人；甲状腺异常17人。这些结果显示，淘宝店主们的健康状况不容乐观。

做中学

● 登录百度，输入关键词"心理压力调适"，掌握有关心理压力调适的相关知识。

● 小组讨论：怎样从企业和个人的角度来缓解电子商务客服的心理压力？小组推荐代表课内发言。

● 登录百度，输入关键词"放松练习"，搜集各种放松练习的方法，并进行练习。

必备知识

1. 电子商务客服的心理压力调适

客户服务部门的运转主要依赖于电子商务客服的工作热忱和专业技能。因此，降低电子商务客服的压力、提高电子商务客服的工作满意度和工作投入度是客户服务部门重要的管理内容。

1）企业方面

企业领导和人力资源部门负责人应该充分关心电子商务客服的压力现状，从组织层面拟定并实施各种减压措施，有效管理和缓解电子商务客服的压力。

（1）改革不良工作制度、工作环境和条件。企业应该力求设置一套合理、高效的工作制度，鼓励内部良性竞争，营造和谐的工作氛围，塑造积极向上的企业文化。

（2）通过多种方式，提高电子商务客服的心理健康水平。企业应该通过购买与心理健康相关的书籍、开设宣传专栏、开设压力管理课程、请专家来做报告和提供免费心理咨询等方法，向电子商务客服普及压力管理知识和心理健康知识。运动和保健也可以达到宣泄和转移压力的目的，企业还可以开展保健或健康活动，建立专门的保健室，让电子商务客服免费使用各种锻炼、放松或宣泄器材（见图 8-3），鼓励电子商务客服养成良好、健康的生活方式。

图 8-3　压力宣泄

（3）加强过程管理，消除各类不利影响。企业在招聘环节需要注意选拔与工作要求相符的电子商务客服，避免电子商务客服上岗后因为无法胜任工作而产生心理压力。在人员配置中要做好人与事的搭配，清楚定义岗位角色，可减轻因角色模糊、角色冲突引发的心理压力。在对电子商务客服进行培训时，需要同时进行岗位技能、时间管理和职业规划等方面的培训，提前帮助电子商务客服消除各类潜在的压力源。在工作过程中，领导和电子商务客服要充分沟通，从而增强其可知感和可控感，减轻不确定性带来的压力。

2）个人方面

一是不断提高工作技能。电子商务客服只有不断提高自己的工作技能，全面掌握商品知识和销售情况，熟悉企业各类最新信息和网购流程，注重细节，才能从容面对客户的咨询和疑问，提高客户的满意度，避免因工作失误给企业带来损失，以及服务失败带来的挫败感和沮丧感。

二是培养积极心态，加强沟通能力的培养。除岗位能力之外，电子商务客服工作因其特殊性，对从业者的性格也有一定要求。因此，电子商务客服需要注重对自我性格的塑造，加强沟通能力的培养。要建立良好的沟通机制，电子商务客服需要耐心倾听客户需求，保持同理心，面对客户的不良情绪要做到处变不惊、态度良好，同时也要灵活应变。繁重琐碎的工作势必会影响到个体的心态，因此电子商务客服还要注重积极心态的培养。培养积极心态主要从感性和理性两个层面着手。感性层面如保持微笑、经常锻炼、保证睡眠、多吃健康食品等，理性层面如多角度看待问题、采用积极的思维模式、保持高度的自信心、保持心胸宽广等。

三是积极进行身心调适，缓解压力。压力有好有坏，有的可以促进个体成长，有的也可能破坏身心平衡。因此，电子商务客服在正确认识压力的前提下，要主动学习压力的调适方法，在遇到压力时，可以及时进行调适和缓解。

压力的缓解可以从生理放松、心理调节两方面进行。生理放松可以采用运动、听音乐、阅读书籍和观看视频等多种方式进行。适当的舒展运动和户外活动、简单的保健操、轻柔舒缓的音乐、优美的文字和赏心悦目的视频都会缓解人的压力，身心也会得到放松；心理调节是更有效的压力缓解方式，电子商务客服可以通过调整思维模式、改变对事物的认知和情绪的宣泄来减轻或消除压力。对压力的辨别和评价会直接影响到个体对其的感知和心理、行为反应，同样的压力事件在不同的个体身上可能会出现迥异的结果。因此，面对压力时，建立积极的思维模式和正确的认知相当重要，电子商务客服需要逐渐建立起良性的思维和认知模式，以提高抗压能力。

在感知压力后，电子商务客服还可以通过向他人倾诉、写日记等方式宣泄不良情绪，必要时可以寻求心理医生的帮助，以避免压力累积。

2．保持健康的心理状态

认识自己的内心，主动调适心理压力，发挥自身的潜能。

健康的心理状态具体表现为以下几点。

（1）充分的安全感。如果惶惶不可终日就会出现抑郁、焦虑等心理，并引起消化系统功能的失调，严重的会导致病变。

（2）充分了解自己。勉强做超越自己能力的工作，就会显得力不从心，不利于身心健康。

（3）生活目标应切合实际。如果生活目标定得太高，当达不到时，也会产生挫折感，不利于身心健康。

（4）保持与外界环境的接触。保持与外界环境的接触一方面可以丰富精神生活，另一方面可以调整自我行为，更好地适应环境。

（5）保持个性的完整与和谐。个性中的能力、兴趣、性格与气质等各种心理特征必须和谐而统一，保证心理健康。

（6）具有一定的学习能力。为适应新的形势，必须不断学习新东西，使自己在工作中得心应手。

（7）保持良好的人际关系。人际关系中有正向积极的关系，也有负向消极的关系，而人际关系的协调与否，对人的心理健康有很大的影响。

（8）能适度地表达和控制情绪。不愉快的情绪必须释放，以求得心理上的平衡。但不能过分发泄。

（9）发挥自己的才能与兴趣爱好。人的才能和兴趣爱好应该充分发挥出来，但不能妨碍他人利益或损害团体利益。

（10）在不违背社会道德规范的前提下，个人的基本需要应得到一定程度的满足。但必须合法，否则将受到舆论的压力乃至法律的制裁，这样自然毫无心理健康可言。

你知道吗?

官方说法：我国人力资源和社会保障部正研究为淘宝店主上工伤保险

针对淘宝店主猝死，是否会得到工伤保险的赔付的情况，相关部门负责人表示，未办营业执照的淘宝店主，可以以自由职业者的身份参加社会保险，包括养老、医疗、失业三个险种，并不包括工伤保险。

另据透露，随着这种个人开网店等新型劳动者人数的增加，下一步，我国人力资源和社会保障部将对其是否可以纳入工伤保险、如何确定缴费费率进行研究。

【案例 8-4】

专家：应减少长时间熬夜，合理调节工作强度

有媒体报道，2012 年媒体与知名企业联合进行的一项名为"2012 关爱职场白领·关注白领健康"的统计显示，在巨大的工作压力下，我国每年"过劳死"的人数已达 60 万人，平均每天约有超过 1600 人因劳累引发疾病离世，已超越日本成为"过劳死"第一大国。

结合某淘宝店主"过劳死"的案例，中国健康教育中心相关专家告诉记者，引发"过劳死"的主要原因是由于工作时间过长，劳动强度过大，心理压力得不到释放，加上饮食无规律，运动较少或基本没有，在长期违反生物钟正常运行的情况下，血管出现沉积问题。在久坐不动时下肢出现血栓，突然站起后有可能引发心梗、脑梗等突发疾病，引起猝死。

专家建议，淘宝店主、外企职工、医护工作者等工作强度大、工作时间长的人员应该合理调节工作强度，根据身体的反馈来调整工作时间，尽可能减少长时间熬夜或久坐等情况。

案例思考：

在从事电子商务客服工作的过程中，应如何处理好工作与生活的关系，做到劳逸结合，以保持健康的心理与生理状态？

3. 放松练习

在生活中每个人都会紧张。当处于紧张的状态时，人全身的肌肉都会变得紧张起来，而肌肉的紧张会引起身体上的各种反应：脸红、心跳、额头和手心出汗、手发抖、身体僵硬或颤抖等。这些反应也会进一步导致紧张，形成一种恶性循环。缓解身体紧张较有效的方法就是学会放松练习，身体放松后，就能消除或者缓解焦虑，以及身体的不适感，而且此时心理也能得到放松。

做中学

简易的放松练习

（1）预备（1分钟）：找一个舒适的姿势坐着或平躺着，放松你的手脚；掌心向上；轻轻转动脚踝；头慢慢侧向一边；感觉整个身体深深沉入地下；闭上双眼；全身放松。

（2）深呼吸（2分钟）：开始第一个深呼吸，先深吸气，使身体内充满空气，然后让气体从胸腔流动到喉部，再流动到鼻腔；保持（大约5秒钟），然后突然收腹，将胸腔、喉部和鼻腔内的气体全部吐出，感受一下全身放松的感觉；开始第二个深呼吸，慢慢地深吸气，呼气；开始第三个深呼吸，静静感受全身舒适放松的感觉。

（3）收紧脚趾（1分钟）：现在将脚趾弯曲，紧紧抓住地板；保持紧张状态（10秒钟）；松开脚趾，放松，深呼吸；然后将脚趾尽量张开，向上向外伸展；保持紧张状态（10秒钟）；恢复原状，放松；体会脚部舒适温暖的感觉。

（4）收紧腿部（30秒钟）：突然收紧双腿的肌肉；保持紧张状态（10秒钟）；松开；让双腿充分放松；深深沉入地下；继续缓慢地深呼吸（5秒钟）。

（5）收紧臀部（30秒钟）：收紧臀部肌肉；保持（5秒钟）；然后松开；让整个身体深深沉入地下；缓慢地深呼吸，全身放松。

（6）收紧腹部（30秒钟）：收紧腹部肌肉；挤出腹部的紧张感；保持状态（10秒钟）；松开肌肉；感受温暖放松的感觉。

（7）收紧双臂和肩膀（30秒钟）：高高耸肩，紧握双拳，拉紧手臂肌肉；保持状态（10秒钟）；突然松开手臂肌肉；背部沉入地下；感受放松和舒适的感觉。

（8）收紧全身肌肉（1分钟）：收紧全身肌肉；拉紧面部肌肉，皱眉；保持状态（10秒钟）；突然同时放松；身体深深沉入地下；全身充分放松，四肢放松；静静地躺上一会儿。

（9）使注意力集中在眉间（30秒钟）：现在，将头轻轻侧向一边，下巴放松；嘴唇张开；闭上眼睛，注意力集中在眉间；慢慢地深呼吸，放松；让自己所有的注意力、思想、感觉都集中在眉间；整个人沉入那个空间中去。

（10）想象自己置身于一个美丽的地方（2分钟）：在眼前开始出现你一直渴望见到的美丽景色；让景色逐渐变得越来越清晰；慢慢进行；让那个地方聚焦（10秒钟）；现在看到你已置身其中，进入了一个仙境一样的地方；感受身临其境的美好感觉；体验全身心的放松和舒适；静静地待在那个地方；像先前那样慢慢地进行深呼吸（1分钟）。

（11）结束（1分钟）：现在让你脑海中的美丽景色慢慢隐去（15秒钟）；睁开双眼；慢慢坐起来；结束放松练习。

练一练 学生在教师的指导下，开展放松练习，边练边体会。

你知道吗？

放松练习注意事项：

（1）坚持每天练习，才能起到效果。

（2）每天练习 2～3 次。不要空腹和饱餐后练习，房间里也不要太冷或太热。

（3）练习时需要找一个安静的环境，换一身宽松的衣服。要以"自然"的态度去练习，投入地体验，而不是时刻顾虑"我是否能达到放松"。

（4）练习时，请注意通过鼻子呼吸。深呼吸时注意要缓慢、均匀，而不是快速地呼吸。

按照上述要求，天天坚持练习，可以保持精神饱满、心情舒畅，学习效率、工作效率将大大提高！

拓展学习

● 通过上网搜索、查阅资料等方式，结合平时的学习与生活实践，每个同学至少搜集 3 种放松练习的方法，记录下来，课内与同学分享。

● 讨论：根据案例中电子商务客服的生存现状，国家制定了哪些政策以保障电子商务客服的权益？企业在管理方面应该做出哪些努力，以减轻电子商务客服的压力？各小组汇总学习结果，推荐代表在班级交流发言。

> **教师点评**
>
>

任务 8.2 了解职业倦怠

问题引入

小明从事电子商务客服工作已经两年了，近段时间感觉对工作总提不起兴趣，对于目前的职业状态，充满了厌倦情绪，曾经效率极高的他，现在的工作效率却明显降低，而且总感觉身体疲惫。你觉得他是否生病了？他应该如何做呢？

_____

_____

_____

做中学

小组合作，在百度或搜狗等搜索引擎中使用"职业倦怠""客服职业倦怠""电子商务客服职业倦怠"等关键词搜索，进行资料查找，把不同的搜索结果填入表8-3中。

表8-3 搜索结果汇总表

搜 索 内 容	定 义	具 体 表 现
职业倦怠		
客服职业倦怠		
电子商务客服职业倦怠		

必备知识

1. 职业倦怠的概述

职业倦怠是指人在工作重压下产生的身心疲劳与耗竭的状态。

> **想一想**　你是不是对工作总提不起兴趣？对于目前的职业状态，你是不是充满了厌倦情绪？曾经效率极高的你，现在是不是工作效率明显降低，而且身体疲惫？
>
> 如果你有上述"症状"，说明你已面临职业倦怠的危机。意识到这些危机并积极进行调节，将有助于你重新找到工作的激情。

人的行为背后，都存在着一种动力，心理学称为动机。

动机具有激起、调节、维持行为的功能，它的产生和人的需要、兴趣有密切的联系。当动机消失时，被它所推动的行为就会终止。因此，当人对所从事的工作没有兴趣或缺乏动机，却又不得不为之时，就会产生厌倦情绪，身心陷入疲惫状态，工作效率就会明显降低。长此以往，人将面临职业倦怠的危机。

职业倦怠因工作而起，直接影响到工作状态，然后又反作用于工作，导致工作状态恶化，职业倦怠进一步加深。它是一种恶性循环的、对工作具有极强破坏力的因素。因此，如何有效消除职业倦怠，对稳定员工队伍、提高工作绩效有着重要的意义。

2. 职业倦怠的表现

职业倦怠通常有以下表现。

（1）工作满意度低，出现离职和旷工现象。由于丧失了工作热情和兴趣，员工一旦产生职业倦怠就会在工作中缺乏职业道德和敬业精神，敷衍了事，甚至另谋他职。

（2）在人际关系方面表现为对同事、客户有情感上的疏远和冷漠。出现职业倦怠后，员工往往感到同事之间有太多的竞争，太多的矛盾；客户不好合作，故意刁难等。长此以往，员工就会不愿意与同事、客户沟通，把自己封闭和孤立起来，严重妨碍了工作效率。

（3）有巨大的压力感。心理学研究表明，适度的压力能使员工处于合理的应激状态，对员工的行为表现有积极作用。而过度的职业压力如果得不到合理释放和缓解，就会引起员工生理、心理上的疾病和不适。例如，生理上的症状有疲劳、食欲下降、睡眠质量变差、容易生病等；心理上的症状有挫折、愤怒、紧张、焦虑、神经质、恐惧等。另外，对员工有重大意义的突发事件引起的压力或长时间的过度压力，将极有可能影响员工的身心健康甚至生命。

> **测一测**　针对职业倦怠 3 个方面的表现，测一测你在平时的学习和生活中是不是也有这些表现。

3．职业倦怠的成因

导致职业倦怠的因素是多方面的，既有客观的，又有主观的。这些因素大体可以分为职场因素和个体自身因素两大类。职场因素是指产生职业倦怠的客观因素，包括工作任务过重、难度较大、晋升无望、工作前景不好、人际关系紧张、工作环境不利等。个体自身因素是指员工因年龄、性别、动机、能力、意志等方面存在个体差异对上述职场因素的感觉和评价有所不同。例如，成就动机强的员工喜欢承担有挑战性的工作，意志力强的员工更看重难度大、强度大的工作。

> **想一想**　工作中还有哪些因素会导致职业倦怠？

活动 8.2.1　了解电子商务客服职业倦怠的外在表象

任何市场波动带来的客户波动都会通过客户的种种行为直接作用于电子商务客服，给电子商务客服带来巨大压力。加之企业内部在机构设置、人员调配、决策机制、激励机制等方面的匹配度问题，也使电子商务客服出现心理失衡等负面情绪问题，因此近年来电子商务客服呈现出越来越明显的工作倦怠问题。

你知道吗？

电子商务客服会面临哪些职业倦怠问题？

做中学

在百度搜索栏中输入关键词"电子商务客服职业倦怠"，查找关于电子商务客服职业倦怠的外在表象的相关知识，结合教材中的必备知识进行本节内容的学习。

必备知识

电子商务客服职业倦怠的外在表象如下。

1．缺乏工作责任感造成工作低效能

工作效能即单位时间内的产出水平，一般是指工作的投入与产出之比，通俗来讲就是，在执行某个任务时，或在特定的时间内，取得的成绩与组织投入的各种时间、精力、金钱等的比值。效率与投入成反比，与产出成正比，即产出大于投入，就是正效率，产出小于投入，就是负效率。提高工作效率就是要求正效率值不断增大。

工作效能可以作为评价一个员工工作能力的重要指标，同时也是评价一个组织工作效率的重要指标。而一个组织工作效率的高低，又在相当程度上取决于员工工作效能的高低。电子商务客服工作效能低，主要有以下几个方面的体现。第一，工作时间长，效率低。第二，缺乏工作责任感，工作效果不理想。客户服务问题主要体现在服务态度生冷，对客户的咨询不耐烦，对客户的投诉搁置、不回复等。另外，客户提出的对企业和商品的不满之处，没有及时记录、整理和通知领导，往往错失圆满处理的最佳时机。第三，协调性、配合性差，电子商务客服不愿意付出大量的时间和精力为客户解决问题，怠于协商和沟通，知难就退，对客户提出的问题能推就推，导致客户的投诉迟迟得不到处理，激化和扩大了矛盾，所以不仅客户不满意，企业领导也不满意。

2．缺乏自我成就感，对抗情绪明显

成就感是个人在完成一项任务或工作时，心里感到满足和快乐，认为自己所做的事情有意义，认为自身有价值的一种思想表现。缺乏自我成就感是指由于每天重复同样的工作内容，觉得自己像"机器"，丝毫没有新意和挑战性，一部分员工在工作中常常得不到心理上的满足，觉得自己目前所做的工作没有意义，无法从工作中找到乐趣和价值。

电子商务客服的工作性质涉及明显的情绪劳动性质。电子商务客服自始至终协调销售部、市场部、工程部、物业部等部门为客户提供服务，因此电子商务客服付出的情绪劳动多。如果企业没有对电子商务客服付出的情绪劳动给予适当的支持资源，会导致电子商务客服在面对客户的批评、刁难、职责、蔑视和威胁时，不愿意付出更多的个人努力为企业争取更多的利益。大多数情况下，电子商务客服做的就是以合适的理由将矛盾尽快转移到下一个环节，或采用尽量满足客户的方式摆脱困境。在整个流程中，电子商务客服承担着巨大的工作量，不断被客户追问、质疑，甚至侮辱、谩骂，付出了巨大的耐心。当这些付出获得回报，电子商务客服就有力量承担进一步的压力，若付出没有获得回报，就会不可避免地产生工作倦怠。同时，作为一种自我保护的措施，很多电子商务客服都产生了明显的对抗情绪。大肆蔓延的还有抱怨、猜疑、较劲、虚荣、沮丧等一些负面情绪。下班之后抱怨无数，不断地衡量付出与回报的比例，觉得委屈、悲情。

3．缺乏职业兴趣感，与客户关系冷漠

俗话说："兴趣是最好的老师。"出现职业倦怠的人往往对自己的职业缺乏基本的兴趣，

在工作中常常觉得自己的工作内容、岗位职务等不是自己喜欢或者擅长的，所以对工作没有热情。

你知道吗？

在关于"你是否对自己的工作没有热情，做什么都提不起兴趣？"这个问题的调查中，有 22.3%的员工选择了肯定选项；在关于"你为什么进入企业工作？"这个问题的调查中，被调查的 240 名员工中，只有 15 名员工选择了是由于自己的兴趣所在，愿意在企业中工作并且喜欢当前的工作，仅仅占到总人数的 6.25%。另外，还有 43 名员工选择了择业时不知道自己喜欢做什么，随大流进入企业，这些人与客户的关系是组织外部公共关系中重要的一类，组织自身目标的最终实现与否直接取决于客服与客户的关系如何处理。

对客户而言，其购买行为具有盲目性、冲动性和抢购性。政策的波动牵动着客户的神经和情绪，客户开始思考是否保留商品，是否可以通过商品瑕疵补偿来弥补价格下跌的损失，这种消费心理通过消费行为体现了出来，就是客户不断地挑剔商品瑕疵，不断地通过各种手段给企业施加压力。而这些压力都是通过电子商务客服逐渐向企业管理者传递的，大部分的压力都是电子商务客服自己在消化和吸收。对客户利益和企业利益的权衡与斡旋，往往使电子商务客服身心疲惫，行为上表现在从最初的满腔热情逐渐转化为敷衍和冷漠，与客户的关系渐行渐远。

4．缺乏归属感，离职意愿明显

职业倦怠感还表现在员工在工作单位的人际关系问题和归属感问题上。在调查问卷中发现：对工作有倦怠感或倦怠程度较高的员工对周围同事和朋友也表现得比较冷漠，没有热情，对工作单位发生的事情漠不关心，不愿意参加集体活动，缺乏归属感和集体荣誉感。在采访中，有两名员工承认他们与同事的关系紧张，很难处理好人际关系。

你知道吗？

人是主要的生产要素，在现代企业制度中，成熟期的企业都有一套具有自己特点的人力资源管理系统，综合利用各种激励或约束手段培养员工、锻炼员工、筛选员工。将有潜力、能力强、有责任感的员工吸引到企业中来，不断培养、锻炼，放到最适合的岗位；将效率低下、庸碌无为的员工逐步淘汰。因此，企业保持合理的人员流动率对企业是有利的。研究认为，在中国，处于不同时期的企业，员工流动率不同。一般来说，处于经营成熟时期的企业，员工流动率保持在 6%～10%较为合理。处于初创期的企业，员工流动率保持在 10%～15%较为合理。同样，处于衰落期的企业，员工流动率就会变得较高。最新调查结果显示，中国员工平均流动率为 15.9%，这个比例在全球都处于高位。

✗ 拓展学习

小组合作学习，了解电子商务客服职业倦怠的其他表象。

● 登录百度、一搜、搜狗、3721、网易等搜索引擎，搜索"电子商务客服职业倦怠表象"词条，分析各搜索引擎的搜索结果有何分别。

● 将以上各种搜索引擎查找到的有关电子商务客服职业倦怠的外在表象进行搜集整理，小组交流后推荐代表在课内进行交流。

> 教师点评
>
>
>
>

活动 8.2.2　清楚电子商务客服职业倦怠的危害

✎ 做中学

● 利用各种搜索引擎（如百度、搜狗等）查找有关电子商务客服职业倦怠危害性的相关知识，清楚职业倦怠的危害。

● 结合教材中的必备知识，整理职业倦怠的识别方法。

✎ 必备知识

1. 职业倦怠的危害

职业倦怠的危害很大。出现职业倦怠的电子商务客服不仅影响工作效率，而且容易出现疲劳、头痛、失眠、记忆力减退、食欲下降、注意力不集中、烦躁易怒、抵抗力下降、容易感冒生病等状况。同时，焦虑、抑郁、自卑等消极情绪也较为常见。这些都会影响到电子商务客服的身心健康，以及工作状态和家庭关系，降低他们的自我评价和幸福感受。因此，及早识别职业倦怠，进行适当的调整，对于每一个电子商务客服来说都很重要。

2. 识别职业倦怠的信号

> 想一想　电子商务客服出现职业倦怠，会出现哪些前期信号？

1）职业倦怠的生理信号

（1）常常感觉疲倦和衰竭。

（2）频繁的头痛、背痛、肌肉痛。

（3）免疫力低下，经常感觉身体不适。

（4）饮食和睡眠习惯改变。

2）职业倦怠的情绪信号

（1）失败感和自我怀疑感伴随。

（2）丧失工作积极性。

（3）感到无助、困扰和挫败。

（4）越来越消极。

（5）感到孤独。

（6）成就感不足，幸福感下降。

3）职业倦怠的行为信号

（1）疏远人群。

（2）行事拖沓，工作效率降低。

（3）暴饮暴食或以烟酒解愁。

（4）把挫折归咎到别人身上。

（5）常迟到早退或者请假。

> **测一测**　结合上面的职业倦怠的前期信号，测一测自己是否也有职业倦怠前兆。

3. 走出职业倦怠的困境

> **议一议**　出现职业倦怠前兆后，应该如何走出职业倦怠的困境？

（1）拓展自己的职业空间。如果向上晋升拓展职业空间有困难，也可以试着向侧面拓展自己的职业空间。向上升不是每一个人都可以走的职业之路，寻找一个侧面发展的机会，也可以扩大工作范围，拓展职业空间。

（2）为工作设立一个边界。工作虽然重要，但还是要记得为工作设立一个边界，分清工作和休息的界限。时刻提醒自己工作是为了生活，平衡好工作和生活，不要因为忙于工作而失去了生活。

（3）发展有益于个人身心的兴趣和爱好。在某些时候，可以暂时放下工作，打打羽毛球、游泳或相约好友去钓鱼，多从工作以外汲取动力。

（4）当身心感到枯竭时，也可以通过自我进修、学习的方式提升自己的技能，同时放松身心，补充能量。

（5）另外，从企业的角度来讲，企业除了可以引入专业的心理咨询师团队，还可以定期对电子商务客服进行心理调查，以发现电子商务客服是否存在职业倦怠等心理问题，以及发生职业倦怠的严重程度。定期对电子商务客服进行心理培训，帮助电子商务客服提高抗压能力和自我情绪调节能力。

✕ 拓展学习

通过百度等搜索引擎查找相关资料，搜集走出职业倦怠困境的其他方法，思考如何提高电子商务客服自身的综合素质，减少职业倦怠的产生。

活动 8.2.3　熟悉电子商务客服职业倦怠的类别

✎ 做中学

- 通过百度等搜索引擎查找相关资料，了解电子商务客服职业倦怠的类别。
- 进一步搜索学习"情感衰竭""去人格化""无力感"等术语，加深理解。
- 小组讨论：自身是否存在"情感衰竭""去人格化""无力感"？应该如何正确对待？小组推荐代表在班级交流发言。

✐ 必备知识

职业倦怠一般包括以下 3 个方面。

1．情感衰竭

情感衰竭是指没有活力，没有工作热情，感到自己处于极度疲劳的状态。它的核心纬度具有最明显的症状表现。

2．去人格化

去人格化是指刻意在自身和工作间保持距离，对工作和环境采取冷漠、忽视的态度，对工作敷衍了事，个人发展停滞，行为怪癖等。

3．无力感

无力感是指倾向于消极地评价自己，并伴有工作能力体验和成就体验的下降，认为工作不但不能发挥自身才能，而且是枯燥无味的烦琐事物。

✕ 拓展学习

请利用互联网查找其他行业出现的职业倦怠表现。

┌───┐
│ 教师点评   │
│   │
│   │
│   │
│   │
└───┘

活动 8.2.4　技能训练：有效消除职业倦怠的方法

做中学

利用网络查找有效消除职业倦怠的方法。

方法一：_____

方法二：_____

方法三：_____

必备知识

> **想一想**　如何做到有效消除职业倦怠？

职业倦怠作为客观存在，已经成为许多人积极行为的障碍。告别倦怠，可从以下几个方面进行有效的尝试。

1. 改变产生职业倦怠的应激源

调查结果表明，"企业预定的工作目标过高"和"领导总是不信任我，授权不充分"是痛苦的应激源。因此，作为企业领导，首先应尽可能突出情感化的管理特色，真正体现"以人为本"的管理理念，而不是一味地施压；其次应尽可能营造宽松和谐的工作氛围，为员工提供人际交往的机会，使他们的郁闷和疑惑得到及时的排解；最后应建立新的评价体系，调整竞争机制，以满足大多数员工的成就需要，在一定程度上缓冲员工的心理压力，减少职业倦怠的产生。

2. 提高自身对心理健康的认识能力和运用心理策略的能力

1）认识自我

认识自我就是要认清自我价值，清楚自己的优势与不足，预测自己职业倦怠的征兆，了解自己的主观情绪是否影响了自己的生理和心理变化，有无做好应激的积极准备。有了积极的自我认识，才能正视应激情境的客观存在；才能勇于面对各种现象，正确对待周围环境中的一切人和事，有针对性地对自己进行心理控制，并尽量与周围环境保持积极的平衡，成为自身行动的主人，从而避免遭受应激给自己带来的生理和心理上的损伤；才能对可预见的应激进行自我调整，主动设置缓冲区，提高自己的心理应对水平。因此，只有从自我的阴影中摆脱出来，正确地认识自己及周围环境，才能把变化视为正常的事，不断接受变化的刺激，积极、愉快、主动地迎接生活的挑战，走出职业倦怠。

2）寻求积极的应对方式

应对是指成功地对付环境挑战或处理问题的能力。通常，积极的应对方式可以使人有效地面对心理应激、重新恢复生理与心理的平衡状态；消极的应对方式则往往会使人继续停留在应激状态，继续消耗自身潜在的能量，产生职业倦怠，甚至产生心理疾病。

（1）运用心理暗示的策略。

心理暗示指的是在无对抗态度的条件下，用含蓄间接的方法对人的心理和行为施加影响，这种心理影响表现为使人按一定的方式行动，或接受一定的意见、信念。心理暗示会对人的心理和行为产生很大的影响。积极的心理暗示可帮助被暗示者稳定情绪、树立信心。每个人可把自我暗示作为提高自己应付应激的策略。当不知所措时，绝不要抱怨、退缩、自怨自艾，否则人就很容易陷入职业倦怠，不可自拔。这时，要用言语反复提醒自己："一次一件事，我一定能做完所有的事""工作就是快乐的""与其痛苦地做，不如快乐地做""有人帮你是你的幸运，无人帮你是公正的命运，没有人会为你做些什么，你只有靠自己"。坚信"苦乐全在主观的心，不在客观的事""因为我觉得快乐，所以我快乐"……学会随时对自己说："太阳每天都是新的，即使是阴天也是别样的美好""积极的生活态度比生活本身更重要"。当面对孤独的、寂寞的、缺乏成就感的工作环境时，要学会奖励自己、为自己喝彩，哪怕是一丁点儿的进步，都不要忘记对自己说一声："啊，我做得真不错，明天继续努力哦！"在经常性的心理暗示下，人就会由急躁、泄气、灰心变为情绪稳定、有条不紊、信心十足，自信有能力。心理状态得到调节，心理健康水平得到提高，从而无论是在顺境中还是在逆境中，都能始终保持乐观向上的心态，不断在苦难中寻找新的乐趣，成为一个热爱生活、善待生命、对生活充满激情的人。

> **练一练** 对自己说："工作真有意思""我是优秀工作者，我一定能够解决这个工作难题""每天每一方面我都在变得越来越好"。

（2）学会适应的策略。

听过 NBC 电视节目主持人、"职业足球名人堂"播音员查理·琼斯故事的人往往会有一个很深的感触，那就是，因为害怕而拒绝变化，往往会使事情变得更糟；如果面对生活中的各种变化和挑战带来的应激，能积极应对、快速灵活地做出反应，必然会在迷宫中找到属于自己的路，也许它会让你付出很多的艰辛和代价，但它会帮助你在变化的时代获得成功。所以，在各种应激事件和压力面前，一定不要一味地抱怨，要及时调整心态、学会适应，换一种角度看压力。学会对压力心存感激，因为没有压力，生活也许会是另外一种模样。首创应激学说的西利曾说："很多人停滞在一个阶段感到失败，很大一个原因就是不愿改变现状。"随着应激而改变，这是适应的关键，只有自己才能帮助自己。要改变，那就行动吧！

运用心理策略来影响心理状态，可以不断提高自己的心理健康水平，告别职业倦怠。而对已经出现的、通过医院排查病理找不到任何异常的身体不适，应该主动考虑寻求心理医生的帮助，尽早防范，尽早治疗。

3．其他良方

很多人对职业倦怠往往故意视而不见，以为能像小感冒一样不治而愈。事实上，不找出真正原因，往往会让自己越来越不快乐，严重的话也许会陷入难以自拔的地步，以下是解决职业倦怠的良方，不妨一试。

（1）换个角度，多元思考。学会欣赏自己，善待自己。遇挫折时，要善于多元思考，"塞翁失马，焉知非福"，适时自我安慰，千万不要过度否定自己。

（2）休个假，喘口气。如果是因为工作太久缺少休息，就赶快休个假，只要能暂时放空自己，都可以为接下来的工作充电、补元气。

（3）适时进修，加强实力。职业倦怠很多情况下是一种"能力恐慌"，这就必须不断为自己"充电""加油"，以适应社会环境的压力。

（4）适时运动。运动是减压的绝佳方法。运动能让体内血清素增加，不仅助眠，还容易引发好心情，运动有"333"原则，就是 1 周 3 天，每天 30 分钟，心跳达 130 下，如快走、游泳都是很好的运动项目。

（5）说出困难。工作、生活、感情碰到困难要说出来，倾听者不一定能帮你解决，但这是抒发情绪最及时有效的方法，很多抑郁症患者因碰到困难不肯跟旁人说，自己闷闷地做事，最后闷出抑郁症。

（6）正面思考。把工作难关当作挑战，不要轻视自己，要多自我鼓励。不懂就问人，或寻求外援，只有解决了实际遇到的困难，才不会累积压力。"加油，我一定办得到！"和"唉，我只要不被老板骂就好"做出的工作绩效肯定不同，正面思考并非天生本能，可经过后天练习养成。

（7）培养幽默感。别把老板、主管、同事的玩笑想得太严肃，职场和谐需要幽默感。幽默对很多人来说，都是一件比较重要的事情，因为在处理尴尬事情的时候，如果可以使用幽默的话语来化解，结果会更好。培养自己的幽默感，有助于以后在工作和人际交往中，化解不利局面。那么，应该如何培养自己的幽默感呢？一起来看看吧！

① 多练习说一些幽默的话。平常可以多看一些综艺节目，培养自己的幽默意识，多注意平时的交谈。

② 多看看幽默的笑话。看一些幽默的笑话书和电视剧、电影，从中吸取一些比较有用的词语或语句。借鉴一下别人的幽默，从而说出自己想说的话。

③ 培养自己的幽默心态，遇事不慌张。在遇到事情的时候，多注意培养自己的幽默心态，别紧张，从容不迫地应对。

④ 多用一些诙谐词语，并可以试着玩文字游戏。在说话的时候，多使用一些比较诙谐的词语；平常的时候，多收录一些关于幽默的词语。

⑤ 坚持乐观的态度，培养良好的心态。用乐观的态度看世界，不要让自己轻易被外界打扰。

试一试 针对上述解决职业倦怠的良方，你试着做一做，过一段时间做一个自我比较，看看是否能改变现状。

拓展学习

通过网上查询搜集相关资料，结合自己的感受，寻找更多消除职业倦怠的方法，提高工作效率。

教师点评

项目小结

通过本项目的学习，我们认识到电子商务客服的心理压力表现在生理方面、情绪方面、思维方面、行为方面，电子商务客服能力不足、自我职业生涯发展规划受阻、性格职业匹配度低的内在原因和客户期望值的提升、电子商务客服失误导致的投诉、超负荷工作的压力、同行业竞争加剧、客户提出的不合理需求、客户服务需求变动的外在原因都是压力的主要成因，这严重影响了电子商务客服的工作效率。企业应努力降低电子商务客服的压力、提高电子商务客服的工作满意度和工作投入度。同时应意识到，电子商务客服承受的各种压力是造成职业倦怠的主要原因。电子商务客服一旦出现职业倦怠，会出现以下严重后果：缺乏工作责任感，工作效率低；缺乏自我成就感，对抗情绪明显；缺乏职业兴趣感，与客户关系冷漠；缺乏归属感，离职意愿明显；等等。因此，电子商务客服应通过自我压力调适，保持健康的心理状态，及时识别职业倦怠的各种生理、情绪及行为信号，通过各种途径消除职业倦怠危机，走出职业倦怠的困境。

项目 9
编制电子商务客服工作手册

学习目标

通过学习本项目，你应该能够：

（1）熟悉电子商务客服工作手册的主要内容；

（2）熟悉电子商务客服的行为规范；

（3）熟悉电子商务客服基本流程；

（4）编制电子商务客服工作手册；

（5）熟悉电子商务客服的销售、售后处理流程；

（6）绘制电子商务客服基本流程图。

编制电子商务客服工作手册能帮助电子商务公司梳理客服流程，有利于刚入职的电子商务客服快速融入服务角色，提高服务水平，为电子商务客服提供了工作依据。

本项目主要完成两个任务：了解编制电子商务客服工作手册的具体内容；掌握电子商务客服基本流程及电子商务销售流程。

任务 9.1 了解编制电子商务客服工作手册的具体内容

问题引入

张明在某电子商务公司客服工作中表现优异，被提拔为客服主管，公司让他牵头编制本公司的电子商务客服工作手册，为新员工培训提供便利。那么，电子商务客服工作手册应该包含哪些内容呢？

_____

_____

_____

活动 9.1.1 熟悉电子商务客服工作手册的主要内容

做中学

通过调查和小组讨论回答下列问题。

（1）假如你是刚入职的电子商务客服，你想了解哪些技能？

（2）在客服工作中你遇到过哪些常见的问题？

必备知识

1. 电子商务客服工作手册的作用与意义

电子商务客服工作手册有利于刚入职的电子商务客服快速融入服务角色，提高服务水平。明了的原则和清晰的流程更有利于电子商务客服工作效率的提高，使电子商务公司客服工作规范化、制度化和统一化，使部门管理有章可循，提高电子商务客服的工作效率、责任感和归属感。

2. 电子商务客服工作手册的组成部分

电子商务客服工作手册需要根据实际情况制定，一般包括以下几个方面。

（1）商品明细及销售准则。

这部分主要记录电子商务公司所销售商品的类目、规格、价格、数量、特点及包含其他各种必要属性的信息明细表，便于电子商务客服熟悉、学习、查阅、使用。

同时还要记录电子商务公司详细的商品销售规则，包含最低售价、优惠条件、促销方法、搭配手段、电子商务客服权限等内容。

（2）快递选择原则及资费标准。

这部分主要用于制定适合的快递选择原则。有些快递送货及时率很高，但价格稍高；有些快递价格非常有优势，但是送货不及时；有些快递某些区域能够送达，某些区域不能送达。

同时还要编写详细的快递资费标准，向各家快递公司收集相应的资费标准表。

（3）客户服务行为规范。

这部分是电子商务公司对电子商务客服的基本素质要求，主要包括礼仪规范、用语规范、服务规范、行政纪律规范、售后服务处理规范。

（4）销售、售后处理流程。

这部分一般是根据电子商务公司自身的特点，编制适合自身产品销售及售后服务的流程表，电子商务客服按流程办事，可大大提高工作效率，减少工作中错误的产生。一般应包含电子商务客服工作基本流程、销售流程。

（5）电子商务客服培训流程。

这部分是记录电子商务客服的培训流程，一般是根据培训计划记录每天的培训内容及每个培训内容适应的员工级别。

（6）电子商务客服必备技巧。

这部分一般是电子商务客服工作手册的核心内容，具有明显的电子商务公司特色，很多内容来源于电子商务公司客户服务部门实际客服工作的经验，通过多个客服案例提炼而来。具体包括售前技巧、售后技巧、话术技巧、聊天技巧、沟通技巧及销售技巧等。

【案例 9-1】

两个电子商务公司的客服工作手册目录

1. 电子商务公司（一）

第一条　总则

第二条　客户服务部门简介

第三条　客服行为准则

第四条　客服工作

第五条　客服培训流程

第六条　如何做好客服工作

第七条　客服必备技巧

第八条　如何处理售后/投诉问题

第九条　总结

2. 电子商务公司（二）

第一章　总则

第二章　公司简介

第三章　客服行为准则

第四章　客服操作流程

第五章　你的工作

第六章　如何面对客户刁难

第七章　沟通技巧

第八章　化解非好评

第九章　如何面对服务挑战

案例思考：

以上两个电子商务公司的客服工作手册的组成内容有所不同，但都主要包括哪些内容？

　　试一试　通过网络搜索、公司访问的方法搜集若干个电子商务公司的客服工作手册目录。

拓展学习

● 登录百度，输入关键词"电子商务客服工作手册内容"进行搜索，完成表9-1。

表9-1　电子商务客服工作手册内容记录表

活动 9.1.2　熟悉电子商务客服的行为规范

做中学

1. 电子商务客服礼仪规范

礼仪是人与人之间共同遵循的简单的、基本的道德行为规范与准则，它属于道德体系中社会公德的内容，是人们在长期共同生活和相互交往中逐渐形成的，并以风俗、习惯和传统等形式固定下来的。从广义上讲，礼是指一个时代的典章制度；从狭义上讲，礼是指人们的行为规范、规矩，它包括礼节、礼貌、仪表、仪式等内容。

（1）基本原则。基本原则包括互惠原则、平等原则、信用原则、相容原则、发展原则。

（2）在线交流礼仪。一部分电子商务客服以在线交流的方式与客户进行沟通，在线交流礼仪包括信息简明、主题突出、就事论事、谈吐大方、自信时尚、思维敏捷、尊重隐私等。

（3）电话礼仪。还有一部分电子商务客服是通过与客户电话沟通的方式开展业务的，交流时必须注意电话礼仪、谈话技巧，使用恰当的措辞能够提高客户的满意度。具体包括声音运用和通话行为规范。

① 声音运用。

声调：进入高声区，显得有朝气，且便于控制音量。

音量：正常情况下，应视客户的音量而定，但不应过于大声。

语气：轻柔、和缓。

语速：适中，应保持每分钟120个字左右。

② 通话行为规范。

通话过程中应始终微笑，并保持良好的服务态度。

话音清晰，精神饱满，自然诚恳，语速适中。

耐心、细致、诚恳地对待客户。

不随意提供其他客户的资料，不擅改客户数据。

遇到不能解答的问题应详细记录，给客户提供确切的回应范围、时间。

对每一次的通话负责，对每一次的回答负责。

善于引导客户，挖掘客户潜在的需求。

具备基本的专业知识，能够全面、耐心地回答客户提出的问题。

有较强的解决问题的能力，能够详细、准确、迅速地处理客户的咨询与投诉。

2．电子商务客服用语规范

电子商务客服应保持热情主动的客户服务意识，针对不同的情况，及时对光临的客户礼貌问候，主动介绍，让客户在愉快的气氛中接受推荐，促成购买。电子商务客服在整个销售过程中，要尽量做到热情大方，用热情的服务来打动客户。工作中要使用礼貌用语，做到彬彬有礼。

【案例 9-2】

电子商务客服用语规范实例

1．欢迎用语

客户第一句话绝大多数是：在吗？有人在吗？您好……或者直接询问商品信息。

电子商务客服回复实例：

您好，我是××网客服小×，很高兴为您服务，请问有什么可以为您效劳？

您好，我是您的××顾问小×，很高兴为您服务，您刚才咨询的××商品，目前我们正在进行促销活动，满××元就可以包邮，欢迎订购哦！

您好，我是××网顾问小×，很高兴为您服务，您想订购的这款商品需要定制，时间大概为××天，方便的话您可以留下联系方式，我们会第一时间与您联系。

2．对话用语

针对客户提出的个性化要求，回答需要随机应变。

电子商务客服回复实例：

亲，因为我们的商品是个性化定制的，所以公司规定我们不能为客户推荐商品呢，还希望您谅解。

亲，您说的我的确无法做到哦，希望我下次可以帮到您。

亲，您的眼光真不错，我本人也特别喜欢这个××呢。

亲，您说的××这款××是最新款式的，其材质、工艺方面比其他款式要好看很多，所以价格自然也高一点儿哦。

3. 讨价还价用语

客户在购买商品的过程中，会存在讨价还价的情况。

电子商务客服回复实例：

您好，我能给的最大优惠就是××元以上可以打××折，要不我给您打××折吧，谢谢您的理解啦！

您说的真的让我很为难哦，我请示一下我们主管，看能不能给您打××折，不过估计有点难哦，您稍等……非常抱歉，您说的折扣真的很难申请到，要不您看××元可以吗？我也可以再问下，否则我真的不好办了。

您好，您说的真的让我很为难哦，不过我可以送您一件××作为赠品，您看这样可以吗？

4. 支付用语

电子商务客服经常会遇到"已下单，未付款的订单"，先要分析客户没有付款的原因：①客户账户或银行卡里的余额不足；②客户支付遇到问题了；③客户觉得价格太高了，不想要了；④工作人员没及时修改邮费。

电子商务客服回复实例：

您好，我已经为您修改好了价格，一共是××元，您在方便的时候付款就可以了，感谢您购买我们的商品，祝您生活愉快！

亲，您好，邮费已经修改好了，一共是××元，您可以在方便的时候付款，如有疑问，可以随时联系我。

亲，我注意到您已经付款了，工作人员会在1~2个工作日为您发货，发的是××快递哦。感谢您购买我们的商品，期待再次为您服务，祝您生活愉快！

5. 物流用语

通常客户将商品加入购物车并支付后，一般希望知道商品的物流信息。

电子商务客服回复实例：

您好，请问您要发到哪个城市呢？一般我们发××快递，在××快递无法到达的地区转发××快递。

您好，由于您所在城市××快递目前没有网点，我们帮您改发××快递，一般2~5天即可到达。

您好，由于××快递目前没有在您的城市开设网点，公司默认选发××快递，如您对××快递不满意的话，我可以帮您转发××快递。

6. 欢送用语

订单达成后要记得感谢客户的光顾。

电子商务客服回复实例：

亲，感谢您在百忙之中光临××网，我是客服小×，期待再次为您服务，祝您生活愉快！

亲，感谢您选择我们的商品，如果您觉得商品不错的话，记得和您的朋友分享哦，祝您生活愉快！

亲，非常感谢您选择我们的商品，期待您的再次光临，祝您开心，祝您快乐！

案例思考：

案例中电子商务客服的用语，你做到了哪些？还有哪些方面需要加强？如何规范自己的用语？

3. 电子商务客服服务规范

（1）言语举止符合规范。

（2）对商品及相关专业知识谙熟，当客户的好参谋，不过分夸大商品的功能或功效。

（3）热情、自信地待客，不冷落客户。

（4）客户较多时，应"接一、待二、招呼三"，要借机造势，掀起销售高潮。

（5）耐心待客，不得有不耐烦迹象。

（6）为客户解答时应熟练、正确。

（7）无论客户是否购买，都应文明待客、礼貌送客。

（8）严禁直接拒绝客户或与客户发生争吵。

【案例 9-3】

成功案例与失败案例对比

一、成功案例

客户：您好，我对比了其他商家的保温杯，但是觉得您家的保温杯略贵呀，能便宜点吗？

客服：亲，您购买的是×××品牌的保温杯，绝对保证正品哦！同时，这也是一款大容量的保温杯，上班、旅游都可以用！最关键的是它还具备顺滑杯口、抗菌内胆、舒适手感和耐磨杯底的特征，性价比绝对很高。一分价钱一分货，真的是物有所值哦。

客户：可是真的蛮贵的，那您这边能送个小礼物之类的吗？

客服：亲，您可以购买一款使用一下，如果感觉很好，您可以推荐朋友来买，下次您再购买，可以给您赠送一个小礼物哦！

二、失败案例

客户：您好，我对比了其他商家的保温杯，但是觉得您家的保温杯略贵呀，能便宜点吗？

客服：不贵呀，才29.8元，30元都不到呢，还给您包邮呢，亲！

客户：可是真的蛮贵的，那您这边能送个小礼物之类的吗？

客服：亲，这个我做不了决定，很抱歉！

案例思考：

分组讨论，成功案例成功在哪里？失败案例又失败在哪里？如果是你，你还会怎么说？

4．电子商务客服行政纪律规范

（1）准时上下班，上班时间内不允许出现空岗现象。

（2）请假应遵守公司的考勤规定。

（3）就餐时间严格遵照公司的规定。

（4）上班不得闲聊、吃东西、看报刊、唱歌、喧哗等。

（5）不得在公共场所剪指甲、梳头、化妆等。

（6）不得以任何理由与他人发生争吵。

5．电子商务客服售后服务处理规范

（1）对于客户的咨询，应热情、耐心地予以解答。

（2）对待投诉，应热情地接待，确认投诉内容是否因本公司的商品或服务引起，若不是也应耐心解释。

（3）投诉内容是否因本公司的商品或服务引起，应确认是否因使用不当引起的，若是使用不当引起的，应悉心讲解，并表示歉意。

（4）投诉内容确因商品质量问题引起的，应予以退货、换货，并表示歉意，但要遵守有关规定。

（5）问题较严重的，应先安抚好客户情绪，并马上向业务主管或其他上级汇报。

（6）业务主管或其他上级必须迅速核定事实，与客户取得联系，表示歉意，安抚其情绪，了解其需要，商洽合适的解决办法，达成初步谅解；注意不可拖延，以防事态扩大。

（7）填写《投诉处理办法申请表》，向销售总部提出申请，获准后方可执行；销售总部必须迅速做出决策，不可拖延。

（8）及时与客户协调处理，并取得相关部门的证明，签订《投诉处理协议》，达成正式谅解。

拓展学习

● 结合教材中的必备知识，通过上网搜索、查阅资料等方式，完成表9-2。

表 9-2　电子商务客服行为规范案例分析

问　　题	解 决 方 案
客户：你好！奶粉已收到，不过奶粉罐子已经凹了一个坑！郁闷！	
客户：我已经付款了，什么时候能发货？ 客服：我们会在周一为您安排发货哦！ 客户：今天不能发货吗？我急用！	

● 讨论：根据案例提炼出电子商务客服在工作过程中的注意事项，同时进行电子商务客服工作过程的模拟训练。除了必备知识中的分类，还有其他分类方法吗？各小组汇总学习结果，推荐代表在班级交流发言。

活动 9.1.3　技能训练：编制电子商务客服工作手册

小组合作开展训练，选定一种网店类型（如服装网店、数码产品网店等），根据本组网店的实际要求，编制电子商务客服工作手册，具体要求如下。

1. 商品明细及销售准则

编写本组网店所销售商品的类目、规格、价格、数量、特点，以及包含其他各种必要属性的信息明细表。

制定详细的商品销售规则，应包含最低售价、优惠条件、促销方法、搭配手段、电子商务客服权限等方面的内容。

2. 快递选择原则及快递资费标准

制定适合本组网店和商品的快递选择原则，编写详细的快递资费标准。

3. 客户服务行为规范

结合教材中的必备知识，编写本组网店电子商务客服的行为规范条例。

4. 销售、售后处理流程

可以结合自身网店的特点，搜集适合自身网店商品销售和售后服务的流程表。让电子商务客服按流程办事，可以避免电子商务客服有时候不知道如何是好的情况，大大提高他们的工作效率，减少在工作中的失误。

5. 电子商务客服培训

小组合作，针对自身网店搜集合适的电子商务客服培养流程。

汇总上述内容，撰写个人职业生涯规划书，并以简报或展板的形式在班级展示交流。

6. 电子商务客服必备技巧

结合前面的学习内容，整理归纳电子商务客服的必备技巧，提高电子商务客服的工作效率。

汇总上述内容，编制电子商务客服工作手册，分小组完成，并在班级展示交流。

教师点评

任务 9.2 掌握电子商务客服基本流程及电子商务销售流程

📓 问题引入

电子商务客服的工作是规范性的工作，只有遵循规范才能确保电子商务客服的努力与付出是有价值的，而规范应该建立在事先制定好的流程中，电子商务客服必须非常熟悉基本流程及电子商务销售流程，以便针对处于不同阶段的客户采取不同的处理方法，而张明对此还不是很明确，你觉得包括哪些内容呢？

_____

_____

_____

👥 你知道吗？

有这样一个故事，一个人到长白山天池旅游，做了 3 件事：在天池里洗了个脚；洗了把脸；用水瓶打了瓶水，带回去给母亲喝。他的流程对吗？如果按照他的流程，则他的母亲只能喝洗脚水。其实，正确流程也很简单：先打水；再洗脸；后洗脚。

这个故事告诉我们如果流程错了，再努力也是没用的。要确保电子商务客服的努力与付出是有价值的，就必须确保客户服务部门的前进方向是正确的，设计流程是合理的。

客户服务重在客户体验，要将售前服务、售中服务、售后服务有机地串联起来，实现一体化，才有可能使客户满意。这就需要客户服务部门设计完整、标准、合理的电子商务客服流程，规范电商平台的客户服务，提升电子商务客服的水平。

活动 9.2.1 熟悉电子商务客服基本流程

做中学

小组合作，在百度或谷歌等搜索引擎使用"电子商务客服基本流程""客服流程""网店客服流程"等关键词搜索，进行资料查找，将搜索结果填入表 9-3 中。小组互相讨论，根据查找的资料总结一份电子商务客服基本流程，将讨论结果填入表 9-4 中。

表 9-3　搜索结果

文 章 标 题	URL

表 9-4　讨论结果

组　　别	
电子商务客服基本流程：	

必备知识

1. 售前服务、售中服务和售后服务

（1）售前服务是指在客户付款前要做的导购工作，促进客户下单付款，主要工作包括等待客户、接待客户、订单成交、欢送客户等。

（2）售中服务是指在客户下单并付款后的跟进工作，为安排发货做准备，主要工作包括填制出库单、确认快递单和制作发货信息报表等。

（3）售后服务是指在客户签收商品以后与客户的交流工作，解决收到货物后产生的一系列问题，主要处理的问题包括少货、错货、运输破损、质量问题、投诉维权、退货等。

售前服务、售中服务、售后服务的流程如图 9-1 所示。

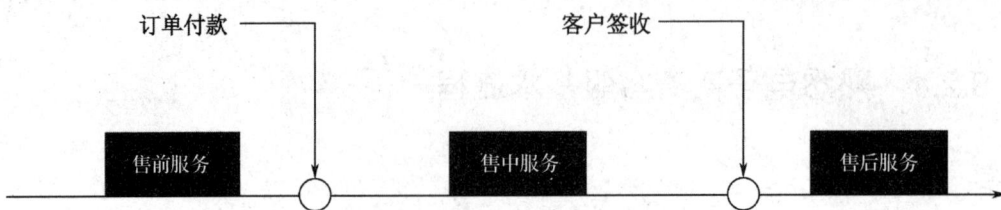

图 9-1　售前服务、售中服务、售后服务的流程

2．售前服务的注意事项

1）接待客户

（1）欢迎语。

（2）活动介绍：介绍店铺促销活动，并尽量引导客户参加店铺活动。

（3）商品介绍：回答或向客户介绍商品知识，给客户推荐其他商品，实现关联销售，提高客单价。

（4）解答问题：回答客户常见问题，如库存、尺寸、议价、色差、邮费、发货等，修改价格和邮费，做到快速回答，并整理归纳快捷回复短语。

（5）商品推荐：在聊天中了解客户的性格，尽量推荐符合客户需求的商品或者以适当方式推荐同款代替商品，给予客户专业的卖点推荐。

（6）确认库存：在客户咨询时、下单后都要确认商品有无库存，若客户下单后商品无库存，要及时下架并通知其他同事；若发现无库存还上架的商品，要将库存改成零然后下架。

（7）接待登记：登记成交失败的原因。成交失败指客户未下单、客户下单未付款。

【案例 9-4】

客户下单未付款的催款流程

某淘宝店客服在售前服务中处理客户下单未付款的催款流程如图 9-2 所示。

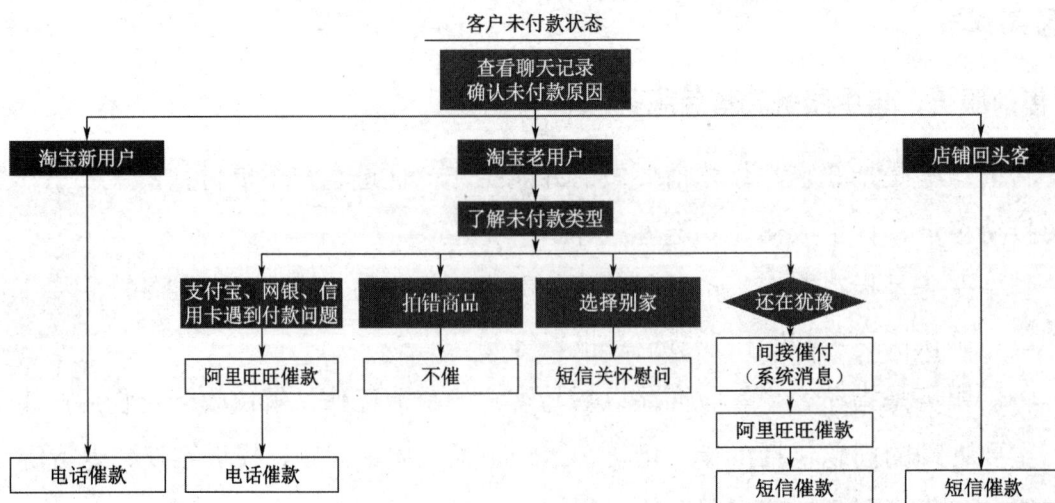

图 9-2　客户下单未付款的催款流程

案例思考:

以上的催款流程是唯一的吗? 如果客户下单未付款的情况发生在你们店里, 作为客服的你应该如何处理, 你的处理流程又该如何呢?

2) 订单成交

(1) 确认付款: 客户下单后, 如果较长时间没有付款, 客服应提醒客户付款。

(2) 核对订单: 下单后及时跟客户核对物流信息, 告知客户大致发货时间和到达时间、如何查询物流等。

(3) 快递确认: 告知客户常用的快递及运费情况, 跟客户确定什么快递可到, 避免错发快递。

(4) 特别备注: 客户的特殊要求 (如颜色尺码、合并订单、快递、礼物、改地址/收件人/电话等订单信息), 及时备注, 并提交发货人员配合处理。

(5) 销售报表备份: 管理客户信息, 登记售后, 跟踪退货退款, 直到交易完成。

3) 欢送客户

(1) 加好友: 每次回复完客户都要加为好友, 并做好相应的客户分组归类, 便于管理。

(2) 感谢客户: 付款成功, 要对客户表示感谢, 并给客户发送祝福语。

(3) 给予提示: 委婉提示客户收藏本店、给五星好评、加关注等, 欢迎下次光临。

3. 售中服务跟进工作的注意事项

1) 出库单

(1) 选择正确的出货仓库、业务员和部门。

(2) 将客户的特殊要求 (如颜色、尺码、礼物等) 在出库单备注中注明。

(3) 结合订单详情, 仔细核对出库单金额。

(4) 缺货要及时联系处理。需调货的要及时通知相关仓库配货, 晚班的客服还要与早班的客服交接跟踪货物。

2) 快递单

(1) 注意修改快递单的地址。

(2) 客户反映填错地址, 要及时修改订单信息, 避免快递公司送不到。

(3) 后台点发货。

(4) 制作发货信息报表。

4. 售后服务处理工作的注意事项

1) 查件、催件

(1) 查件: 搜集好常用的快递查询网址, 或直接与快递公司电话联系, 及时回复查件客户，做好记录跟进。

（2）催件：在店铺承诺的时间内发货，没能及时发货的，及时给客户留言或电话通知客户并表示抱歉。还没有到承诺时间客户催发货的，请客户耐心等待，并说明原因，及时发货。

2）查少货

（1）一查出库单底单，二查快递单称重，三查库存数量。若证实确实少发，立即处理，可以打出库单冲单或者补发重新打出库单。

（2）如果少货的商品金额较小，且体积小重量轻，无法查实，可以直接给客户退款。

（3）如果少货的商品金额较大，可以和客户商量退款或补发，并向客户道歉。

（4）少货需要做相应的售后登记，并跟踪到交易确认。

3）查错货（发错商品或颜色、尺码等）

（1）先确认客户拍的商品和商家发的商品是否一致，可以请客户告知收到的商品的条形码，如果不一致，应是客户拍错了，仔细与客户解释。

（2）还可以通过查少货的方式来判断是否错发。

（3）错发的商品和运费比较。如果高于运费，联系客户退换；如果低于运费，和客户商量折价处理；如果客户说不需要，那就赠送，并且马上给客户补发或者退款。

4）运输损坏

（1）让客户提供图片确认损坏情况，如果是轻微损坏，和客户商量部分退款，并说明签收验货可以避免双方损失。

（2）如果是严重损坏，让客户退回，商量运费承担问题，如果可以不退换，协商部分退款或者全部退款。

（3）做好相应的售后登记，并跟踪到交易确认。

5）质量问题

（1）首先要和客户确认是不是因为使用不当。

（2）和客户商量折价。

（3）如果客户坚持要退换，就包邮退换。

6）投诉维权

（1）遇到投诉问题，首先要了解情况，如果是商家问题要及时道歉，控制好客户的情绪，给出解决方案。

（2）若有疑难问题应立刻上报部门主管，说明情况，做好投诉备注，及时解决问题。

议一议 你觉得如何处理投诉维权才能两全其美，让客户满意，让商家损失降到最低？谈谈自己的看法。

7）退货签收流程

（1）检查退货商品的数量。数量正确的，在原出库单上备注业务员姓名，与仓库人员交接退货商品并拿回退货单。数量有误的，按少货、错货流程查明原因并做相应的单据库存调整，或与快递公司沟通理赔。

（2）退货商品收到后应及时与客户沟通，并联系财务退款或做相应的补发等操作。

（3）在售后登记表中记录售后进程，及时跟进。

（4）售后问题必须当日给客户解决方案，疑难问题 3 天内给客户解决方案，售后问题必须整理到每日的售后登记中，并跟踪到位。

读一读

某网店客服培训经理的论坛帖子（有删减）

对于很多卖家来说，受资金和实力的限制，员工流动性相对较大，于是关于客服的培训，基本上都是空白状态，很少有卖家开展专门的培训课程，在招客服的时候，都要求有相关淘宝从业经历。本人曾就职于淘宝一家比较有名的店铺，期间负责公司的新员工培训，根据自己的从业经验，整理了一套淘宝客服培训教程，由于每个店铺情况不一，可能会跟大家所在的行业有些偏差。因此，大家可以参考本文，建立适合自己的流程。

（1）熟悉产品，了解产品相关信息。对于客服来说，熟悉店铺的产品是最基本的工作，以前公司在每一个新产品上市之前，都要开展相关的产品培训，客服是连接店铺和客户之间的桥梁，一旦桥梁没搭好，也许店铺就永远失去了这个客户。客服对产品的特征、功能、注意事项等要做到了如指掌，只有这样才能流利地解答客户提出的各种关于产品的问题。

（2）接待客户。一个优秀的客服要懂得如何接待好客户，同时还能引导客户进行附带消费。对于那些讨价还价的客户，首先需要阐明一个店铺立场：产品的价格都是很低的，不好再还价了。如果客户坚持讨价还价，看情况决定是否接下这单生意，即使最终给了客户优惠，也要顺水推舟让客户觉得这个优惠来之不易，是店铺对他个人的特殊优惠。

在接待客户这个环节主要有两种途径实现：一是利用阿里旺旺、QQ 等即时通信工具和客户进行沟通；二是接听客户打进来的电话。对于电话沟通，要求客服更具活变性，毕竟没有足够的时间进行思考。

（3）查看产品数量。店铺页面上的库存跟实际库存是有出入的，所以客服需要到网店管家中查看产品的实际库存量，这样才不会出现缺货发不了订单的情况。现在利用一款淘宝卖家专用的浏览器——网店奇兵，可以在页面上同步库存数据，非常方便。

（4）客户下单付款，跟客户核对收件人信息。很多客服容易忽视这一点，虽然大部分客户在购买的时候，地址是正确的，但也有一部分客户因收件人信息发生变动而忘记修改，所以在客户付款之后，客服记得跟客户核对一下收件人信息，不仅可以降低损失，还可以让客户觉得你是在很用心地做事情。在核对客户信息的同时，还要提供店铺可以发的快递名称，询问客户喜欢发什么快递，不同快递公司在每个城市、每个区域的服务水平都是不一样的，要根据客户的需求，一切以客户为中心，如果客户没有明确表示，快递就选择默认的。

（5）修改备注。有时候客户的订单信息，或者收件人的信息有变，作为客服有义务将变动反馈出来，制单的同事就会知道这个订单信息有变动。一般情况下，默认用小红旗来备注，里面写上变动事由、修改人工号和时间，这样变动情况就一目了然了，后面用网店管家做单的时候也能直接抓取出来。

（6）发货通知。货物发出去之后，用短信猫给客户发条信息，告诉客户包裹已经发出，也可以增加客户对店铺的好感。对于拍下产品未付款的客户，如果是阿里旺旺在线的客户，可以在下午的时候给客户发个信息提醒客户快到截单时间了，现在付款，今天就可以发货，这叫作"催单"。对于那些下单后忘记付款的客户，客服稍微提醒一下，让他想起这件事，这样就等于多了一个客户；对于那些没打算购买，只是一时冲动拍下的客户，客服可以手动关闭订单（淘宝系统到时也会自动关闭），方便其他同事工作，重复拍下的订单类似此法，关键要跟客户确认其购买意向。

（7）客户评价。交易完成之后，记得让客户写评价，这是免费给店铺做广告的机会。

✖ 拓展学习

- 利用网络或者其他资料查找，搜集客服处理差评、中评或者投诉维权的案例。
- 找出3个相应的案例，将案例给予的启示进行整理并在课堂交流。

案例1：_____；来源：_____；

启示：_____

_____

_____

案例2：_____；来源：_____；

启示：_____

_____

_____

案例3：_____；来源：_____；

启示：_____

_____

_____

教师点评

活动 9.2.2　熟悉电子商务销售流程

做中学

小组讨论回答以下两个问题。

（1）在电子商务产品销售的整个过程中涉及哪些部门、哪些岗位？

（2）涉及的哪个部门、哪个岗位较重要？为什么？

必备知识

1. 销售流程

销售流程指目标客户产生销售机会，销售人员针对销售机会进行销售活动并产生结果的过程。销售流程是整个企业流程的一个部分，企业从内到外的主流程是研究开发、生产制造、物流运输、市场和销售、技术支持和服务等流程。在这个主流程外，还有人力资源、财务管理等支持性的流程。市场和销售流程主要包括以下 3 个流程。

（1）市场推广流程。它处于最上端，根据企业定位锁定的目标客户群，通过市场推广活动，培养客户需求，树立品牌形象，产生销售机会。

（2）销售流程。销售团队将通过各种渠道收集到的销售机会转变为订单。

（3）订单处理流程。它与销售流程紧密相连，包含合同管理、收款等过程。订单处理流程与企业的生产制造、物流运输流程相连，构成了企业内部与外部客户流程重要的一环。

2. 电子商务的商业模式

目前，电子商务整体的商业模式可以分为直销、网络渠道销售两种。直销包括个人销售、团体客户销售；网络渠道销售包括经销、代销、网络联盟销售。

1）直销

客户在淘宝等网络平台中进行消费，销售订单由平台完成处理。

团体客户通过网络联系的方式联系客服，客服按照团体销售规则在平台中创建销售单据，完成销售、物流等过程。

2）网络渠道销售

客户订购商品，客服由仓库出货或者向集团采购，待商品到仓库并在经销商支付货款后，通过销售模块创建销售单据，通过物流系统发货给经销商，完成整个流程。

3．直销商业模式简介

直销商业模式主要有以下几个业务模式。

（1）官网业务：客户在官方网店下订单生成销售。商家负责订单处理物流配送、售后退换货及货款支付等业务。

（2）直营网店业务：目前直接运营的网络店铺有淘宝 B2C 网店、淘宝 C2C 网店等。

对于淘宝 B2C 网店，客户能在网店中查看商品的库存数据，在网店下订单生成销售，订单和客户信息传输到平台，进入销售流程、物流流程，营运团队负责物流配送、售后退换货及货款支付等业务。

淘宝 C2C 网店的销售订单方式和淘宝 B2C 网店一致，但是其可以修改商品价格。

> **议一议** 在直销商业模式里除以上业务模式之外，还有其他业务模式吗？

4．直销电商的常见部门及工作内容

1）物流配送部门

（1）订单下载：将当日未发货订单下载后核对客户信息及收货地址，确认无误后将订单信息和客户信息分别打印配货单和物流单。

（2）配货：仓库配货人员将打印好的配货单和物流单依据对应商品进行拣货，检查商品的质量，配货完成后将发货单、快递单和商品放在包装盒中，做好打包准备。

（3）打包：将包装盒中的商品进行核对，主要核对发货单信息（商品编码、规格、数量）和快递单信息（收件人、地址、联系方式）。

（4）发货：跟快递人员确认包裹重量、商品加包装重量、邮资等，将发货完成的快递单号和对应的订单编号发给客服部门，完成发货操作。

2）电商运营部门

（1）负责电商平台的整体规划、营销、推广等系统经营性工作。

（2）负责电商平台日常改版策划、新商品上架、推广、销售等经营与管理工作。

（3）负责电商平台日常维护，保证平台的正常运作，优化店铺及商品排名。

（4）负责执行和配合公司的相关营销活动，策划店铺的促销活动方案。

（5）负责收集市场和行业信息，为店铺提供有效的应对方案。

（6）负责制订销售计划，带领团队完成销售业绩目标。

（7）负责客户关系维护，处理相关客户投诉及纠纷问题。

3）电商美工部门

（1）负责电商平台上传商品的文字编辑及上传商品的相关工作、图片拍摄制作。

（2）根据主题需要完成店铺整体的美化。

（3）根据文字需求完成网页平面设计，完成网页 HTML 编辑。

（4）负责商品拍摄图片的美化、编辑排版。

4）电商推广部门

（1）负责不定期策划电商平台营销活动。

（2）负责电商平台推广工作。

（3）负责策划并制定网络店铺及商品推广方案等营销工作。

（4）负责研究竞争对手的推广方案，向运营专员提出推广建议。

（5）负责对数据进行分析和挖掘。

（6）负责对店铺与标题关键字策略优化、橱窗推荐、搜索引擎营销等。

> **想一想** 如果你是一家网店的负责人，在网店会设置以上哪些部门？每个部门你想招聘多少人？对他们有何具体要求？

5．网络销售流程

某品牌电商部门淘宝运营的销售流程如图 9-3 所示。

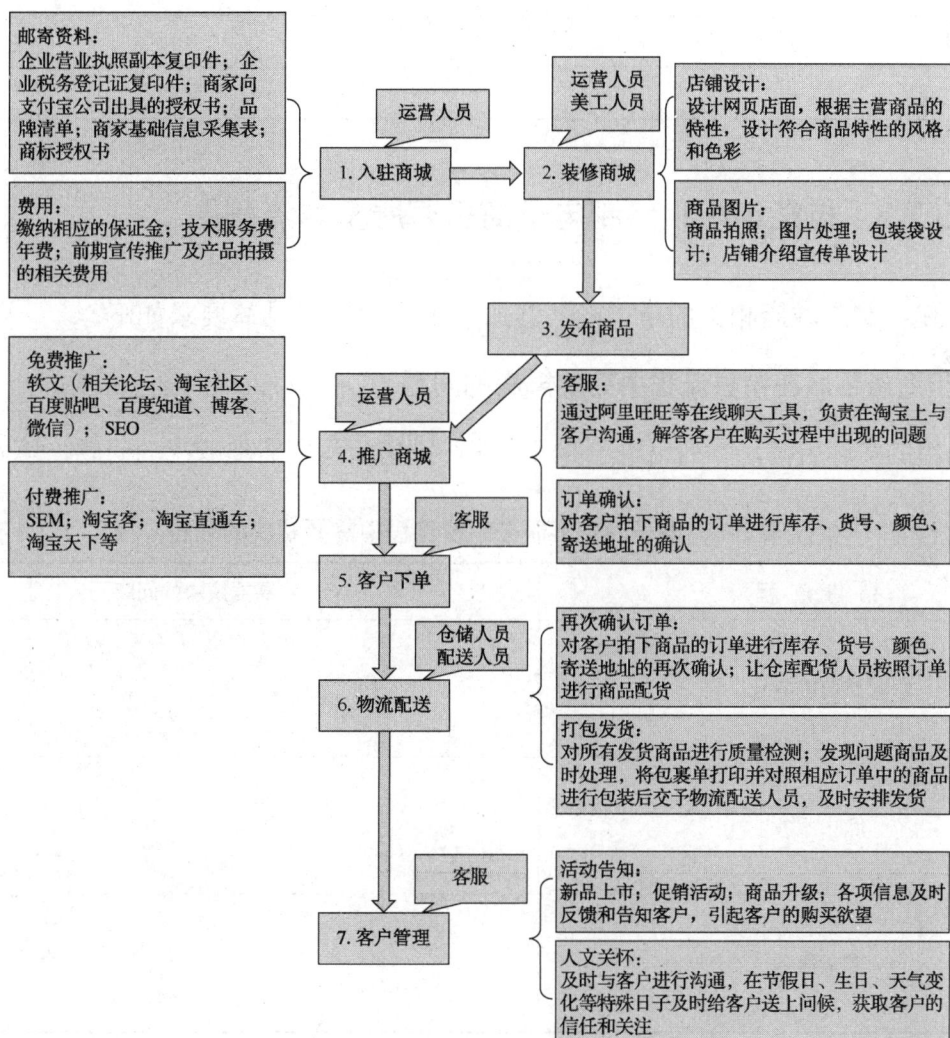

图 9-3 某品牌电商部门淘宝运营的销售流程

● 利用网络或者其他资料查找、搜集要使电子商务销售流程完整，需要哪些具体的岗位，以及岗位名称和主要职责。

● 整理后，填入表9-5中，进行课堂交流。

表9-5 电子商务岗位

岗 位 名 称	主 要 职 责

活动 9.2.3 技能训练：绘制电子商务客服基本流程图

团队合作绘制与本店相关的电子商务客服基本流程图，具体要求如下。

1. 电子商务客服在销售流程中需要解决的问题

根据小组的实际店铺，罗列出电子商务客服在销售流程中需要解决的问题，填入表9-6中。

表9-6 电子商务客服在销售流程中需要解决的问题

销 售 流 程	需要解决的问题
售前服务	
售中服务	
售后服务	

> **议一议** 哪些问题是电子商务客服会遇到的？需要设计怎样的标准流程来有效地解决问题？

本小组最希望解决的问题是＿＿＿＿＿＿＿＿＿＿＿＿＿＿＿＿＿＿＿＿＿＿＿＿＿＿＿＿＿

＿＿

2. 讨论写出解决方案

小组共同研讨如何解决以上问题，写出解决方案。要注意解决方案的合理性、逻辑性。

> **想一想** 如何做到解决方案能够按流程来设计，做到合理，并具有一定的逻辑思维，请同学们讨论。

小组解决方案：＿＿＿＿＿＿＿＿＿＿＿＿＿＿＿＿＿＿＿＿＿＿＿＿＿＿＿＿＿＿＿＿＿

＿＿

＿＿

＿＿

＿＿

＿＿

＿＿

＿＿

3. 绘制电子商务客服基本流程图

根据前面写出的解决方案，绘制电子商务客服基本流程图。流程图的绘制请参考网络资料，工具不限，可以用 Word、Excel、Photoshop 等。

> **绘制电子商务客服基本流程图区**

4. 交流网上购物体会

各小组推荐代表在班级交流。

教师点评

项目小结

通过本项目的学习，我们了解了电子商务客服工作手册的主要内容包括商品明细及销售准则、快递选择原则及资费标准、客户服务行为规范，以及销售、售后处理流程、电子商务客服培训流程、电子商务客服必备技巧。电子商务客服的基本素质要求主要包括礼仪规范、用语规范、服务规范、行政纪律规范、售后服务处理规范。电子商务客服的工作是规范性的工作，只有遵循规范才能确保电子商务客服的努力与付出是有价值的，而规范应该建立在事先制定好的流程上。电子商务客服必须非常熟悉电子商务客服基本流程及电子商务销售流程，以便针对处于不同阶段的客户采用不同的处理方法。客户服务重在客户体验，要将售前服务、售中服务、售后服务有机地串联起来，实现一体化，才有可能使客户满意，这就需要客户服务部门设计完整、标准、合理的电子商务客服流程，规范电子商务平台的客户服务，提升电子商务客服的水平。